CLAUDIA MÜLLER UND ISABEL SORG

ÜBER GELD SPRICHT MAN DOCH!

CLAUDIA MÜLLER UND ISABEL SORG

ÜBER GELD

SPRICHT MAN DOCH!

Wie Kinder spielerisch einen guten Umgang mit Geld lernen

KÖSEL

MIX
Papier | Fördert gute Waldnutzung
FSC® C083411

Penguin Random House Verlagsgruppe FSC® N001967

Umschlag: FAVORITBUERO, München
Umschlaggestaltung: FAVORITBUERO, München
Umschlagmotiv: U1 – Dean Drobot / Shutterstock.com;
U4 – Ranta Images / stock.adobe.com
Innenteil: stock.adobe.com: 8, 22, 25, 69, 123, 125, 126, 152, 154, 224, 230, 233 (Zoran Milic); 14, 15, 45, 59, 114, 186 (Arseniy Ivanov); 20, 28, 30, 50, 64, 77, 81, 90, 100, 116, 121, 133, 138, 140, 145, 149, 184, 188, 198, 201, 202, 205, 207, 208, 215, 220 (anuwat); 40, 243 (Ольга Гладій)
Redaktion: Katharina Theml
Satz: Satzwerk Huber, Germering
Druck und Bindung: CPI books GmbH, Leck
Printed in Germany
ISBN 978-3-466-31217-7

www.koesel.de

Für meinen Sohn Leo,
der mir die Welt bedeutet.

Isabel Sorg

Für meine Patentöchter,
die mir eine neue Welt eröffnen.

Claudia Müller

Inhalt

Vorwort

Über Geld spricht man nicht. Dieser Satz hat mich geprägt und mir immer das Gefühl gegeben, es sei unanständig, über Geld zu sprechen. Damit bleibt es in der Gesellschaft häufig ein ignoriertes Thema in Familien, unter Freunden und Kollegen.

Aus meiner Sicht ist es lange überfällig, dieses Schweigen zu durchbrechen. Denn: Wenn wir über Geld sprechen, beschäftigen wir uns aktiv mit Themen wie Sparen, Investieren und Vorsorgen. Das Sprechen über Geld ist daher mehr als nur eine Aufzählung von Zahlen; es ist ein Schlüssel zu Bildung, Unabhängigkeit und unzähligen Möglichkeiten für jeden Einzelnen.

Auch meine Eltern sprachen in meiner Kindheit selten über ihre eigenen finanziellen Entscheidungen. Dennoch lehrten sie mich, wie man mit Geld umgeht – eine Lektion, die über das bloße Sparen hinausging. Sie zeigten mir, wie man selbst mit kleinen Beträgen, wie meinem Taschengeld, sinnvoll umgeht, investiert und es arbeiten lässt. Mein Highlight war es, am Weltspartag in die Sparkasse zu gehen und mir Bundesschatzbriefe zu kaufen. Ich wusste erst nicht wirklich, was das ist, aber meine Eltern motivierten mich, zu fragen. Diese Lektionen haben mir den Mut gegeben, meine eigenen finanziellen Entscheidungen zu treffen und zu verstehen, dass Geld nicht nur ein Mittel zum Zweck ist, sondern ein Werkzeug für Wachstum und Unabhängigkeit – vor allem für Frauen.

Zu oft wird das Thema Geld an Männer delegiert, wodurch Frauen in eine Abhängigkeit geraten können. Gleiches gilt für

Kinder: Sie bleiben viel zu lange im Unklaren über ihre finanziellen Möglichkeiten und dass nicht nur sie selbst irgendwann arbeiten können, sondern auch ihr Geld.

Mit meinen Kindern spreche ich daher offen über Geld. Wir überweisen ihnen ihr Taschengeld online – und wir diskutieren gemeinsam und spielerisch über all die verschiedenen Einsatzmöglichkeiten. In den Gesprächen betonen wir vor allem die Bedeutung von Geld als Werkzeug. Es geht nicht nur darum, wie man Geld ausgibt, sondern auch darum, wie man es klug einsetzt und für sich arbeiten lässt. Mithilfe von Büchern und Apps erklären wir ihnen die Unterschiede zwischen Sparplänen, Aktien und ETFs.

Als Eltern spielen wir eine entscheidende Rolle im Finanzwissen unserer Kinder. Und wie dieses Buch zeigt: Es geht nicht darum, ein Finanzexperte zu sein, über viel Geld zu verfügen oder viel Zeit zu investieren.

Es geht vielmehr um die Vorbildrolle, um gemeinsames Lernen und darum, wie wir mit unseren Kindern Gespräche über Geld führen können. Es geht darum, eine Diskussionskultur zu fördern und alltäglich notwendiges Finanzwissen zugänglich zu machen. Es geht darum, Chancengerechtigkeit für die nächste Generation zu schaffen.

Wir können die finanzielle Situation eines jeden Einzelnen nicht direkt verändern, aber wir können das Wissen und die Werkzeuge bereitstellen, um mit finanziellen Herausforderungen umzugehen und die eigene Situation zu verbessern. Das ist für mich Chancengerechtigkeit.

Deshalb ist es auch ein großer persönlicher Wunsch von mir, das Tabu um Geld zu brechen. Geld sollte nicht nur besessen, sondern auch besprochen werden. Es gehört in die Mitte der Familie und der Gesellschaft. Durch Offenheit und Bildung kann jeder von uns finanziell klug und unabhängig handeln.

Es beginnt bei uns – bei unseren Gesprächen, bei unserer Haltung gegenüber Geld und bei der Art, wie wir dieses Wissen an die nächste Generation weitergeben.

Lassen Sie uns gemeinsam für eine Zukunft arbeiten, in der finanzielle Bildung und Unabhängigkeit für alle erreichbar sind.

Verena Pausder, im Dezember 2023

Einleitung

»Über Geld spricht man nicht.« Dieses Sprichwort kennen sicher viele von Ihnen, es ist eines der am weitesten verbreiteten Sprichwörter in Deutschland. Auch wir kommen mit dem Sprichwort und seinen Auswirkungen fast täglich in Berührung, beruflich wie privat. Wir finden, es ist an der Zeit, damit endlich aufzuräumen.

Denn was schätzen Sie? Wie viele Menschen sind unglücklich mit ihrer aktuellen Jobsituation, sind aber nicht in der Lage, etwas zu verändern?[1] Oder: Wie viele Menschen verharren nur in unglücklichen Beziehungen, weil sie es sich finanziell nicht leisten können, zu gehen?[2] Denken Sie auch mal an Ihr eigenes Umfeld. Spoiler: Es sind zu viele. Anonyme Zahlen sind das eine, aber wie fühlte es sich an, wenn das eigene Kind, Patenkind oder Enkelkind betroffen wäre? Sie würden eine solch missliche Lage für Ihren Schützling sicher um jeden Preis verhindern wollen. Alles, was Sie dafür brauchen, steht in diesem Buch. Dafür sind wir hier.

Wir, das sind Claudia Müller und Isabel Sorg vom Female Finance Forum. Wir haben es uns zur Mission gemacht, finanzielle Bildung an den Mann beziehungsweise die Frau zu bringen. Wir engagieren uns in der finanziellen Schul- und Erwachsenenbildung und stehen regelmäßig in Funk und Fernsehen als unabhängige Quelle für nachhaltiges Finanzwissen Rede und Antwort. Auf dem gleichnamigen Blog informieren wir auf unterhaltsame und niedrigschwellige Weise über finanziell relevante Themen – 2023 hat es unser Blog sogar unter die Top 3 der deutschsprachigen Finanzblogs geschafft! Claudia Müller bringt als studierte Ökonomin und ehemalige Bundesbankerin ihre Leidenschaft für das

Thema nachhaltige Geldanlage mit. Ihr umfangreiches Expertinnenwissen teilt sie mit der Welt als Chefin des Female Finance Forum. 2020 zählte Claudia Müller zusammen mit Namen wie Angela Merkel und Ursula von der Leyen zu den Focus 100 Frauen des Jahres. Isabel Sorg ist als zertifizierte Geldlehrerin und alleinerziehende Mutter gleich in mehreren für dieses Buch relevanten Bereichen Expertin und hat sich zusammen mit Claudia Müller den Themen Finanzen und Kinder verschrieben.

Als der Kösel-Verlag wegen dieses Buchprojekts auf uns zukam, waren wir hocherfreut: Nicht nur wir hatten im Rahmen unserer Arbeit und unserer Erfahrungen die Dringlichkeit des Themas »Finanzielle Bildung für Kinder« erkannt, auch andere Stellen und Akteure sahen also den enormen Bedarf! Auch in der Politik zeichnet sich langsam, aber sicher der Trend ab, diese Themen nicht länger auszusitzen, sondern aktiv anzugehen. Die Welt (und wir) sind bereit für den nächsten Schritt. Es gibt zwar noch kein Schulfach und keine nationale Bildungsstrategie, und es ist noch ein weiter Weg, aber dafür gibt es jetzt dieses Buch – und Sie halten es in Ihren Händen. Laufen wir gemeinsam los!

1

Keine Angst vor der eigenen Ahnungslosigkeit!

Wir leben in einem Wirtschaftssystem, in dem Geld Macht bedeutet, aber auch Entscheidungsfreiheit und Lebensqualität. Geld prägt uns und unsere Beziehungen zu anderen; zudem beeinflusst es unsere Entscheidungsmöglichkeiten. Solide Finanzbildung ermöglicht ein selbstbestimmtes Leben und ist in unserer Gesellschaft lebensrelevant.

Doch Finanzbildung findet in der Schule wenig bis gar nicht statt. Umso wichtiger ist es, dass Sie auch zu Hause darüber reden. Dieses Buch ist ein Aufruf zur Veränderung, zur Übernahme der Verantwortung für die eigenen Finanzen und zur Weitergabe dieses lebenswichtigen Wissens an die nächste Generation.

Geld ist ein Privileg, das auf den ersten Blick ungerecht wirken mag. Es kann scheinbar unüberwindbare Unterschiede zwischen Menschen schaffen, die von Geburt an mit finanziellen Mitteln gesegnet sind, und denen, die mit begrenzten Ressourcen aufwachsen. Doch in Wirklichkeit ist Geld mehr als nur ein Maß für materiellen Wohlstand. Es ist ein Schlüssel, der Türen öffnet und Chancen schafft.

Es ist kein Geheimnis: Finanzielle Bildung und die Fähigkeit, Geld effektiv zu verwalten, können das Leben eines Kindes grundlegend verändern. Es verschafft ihm nicht nur einen Vorsprung, sondern eröffnet auch eine Welt von Möglichkeiten und Freiheiten. Es ermöglicht den Zugang zu Bildung, Gesundheitsversorgung und die Verwirklichung von Träumen. Ein solides finanzielles Fundament kann das Leben weniger stressig und die Zukunft sicherer machen.

Wir nehmen an, Sie wünschen sich für Ihr Kind, dass es lernt, mit Geld umzugehen, kluge (finanzielle) Entscheidungen zu treffen und später einmal gut abgesichert zu sein. Sonst hätten Sie dieses Buch vermutlich erst gar nicht zur Hand genommen. Und Sie selbst? Wie steht es um Ihre finanzielle Bildung?

Sie haben keine oder kaum Ahnung vom Thema »Finanzen«? Vielleicht kümmert sich Ihre Partnerin, Ihr Partner oder ein anderer Mensch in Ihrem Leben um das Finanzielle, und Sie sind froh darüber? Mathe war vielleicht auch nicht Ihr Lieblingsfach? Oder haben Sie Ihre eigenen Finanzen so weit im Griff, sind aber unsicher, wie Sie Ihr Kind auf den richtigen Weg bringen? Die gute Nachricht: Das macht alles überhaupt nichts! Dafür sind wir da, und genau deshalb haben wir dieses Buch geschrieben! Wir werden uns gemeinsam von Ihren hinderlichen Glaubenssätzen (und unschönen Geschichten) rund ums Thema »Geld« verabschieden und Ihnen zeigen, wie Sie Ihr Kind im Alltag spielend leicht finanziell bilden können, ohne großen Mehraufwand und ohne erhobenen Zeigefinger.

Ein weiterer Trost: Sie sind damit nicht allein. Laut einer Studie des Bundesverbands deutscher Banken aus dem Jahr 2017 verfügen 60 Prozent aller Befragten laut Selbsteinschätzung über »schlechte« oder »eher schlechte« Finanzkenntnisse. Gerade jüngere Menschen unter 30 Jahren fallen dabei durch eine geringe Finanzkompetenz auf.[3] Gleichzeitig haben junge Menschen großes Interesse, sich über finanzielle Themen, wie zum Beispiel die

Inflation, auszutauschen, und das wollen wir uns zunutze machen.[4] Also von wegen »Über Geld spricht man nicht«! Diesen Glaubenssatz können Sie schon mal streichen.

EXKURS: SPRACHE

Sprache ist so alltäglich wie mächtig. Nicht erst seit der Debatte ums Gendern wissen wir, wie emotional aufgeladen Sprache und Sprachwahl sein kann. Es ist uns ein wichtiges Anliegen, Sie dafür zu sensibilisieren, achtsam mit Ihrer Sprache – nicht nur, aber vor allem auch in Bezug auf Geld – umzugehen. Sie entscheiden selbstverständlich selbst, welche Worte Sie wählen, Ihnen sollte allerdings die Tragweite bewusst sein. Ein kleines Beispiel soll verdeutlichen, wie Sprache und Wortwahl wirken können, denn Sprache schafft nicht nur Realitäten, sondern kann auch Grenzen schaffen, die unüberwindbar scheinen können:

Fragt man Grundschülerinnen, ob sie sich vorstellen können, »Arzt« oder »Pilot« zu werden, dann trauen sich das die wenigsten Schülerinnen zu. Werden in der Befragung allerdings die weiblichen Berufsbezeichnungen »Ärztin« oder »Pilotin« verwendet, trauen sich Schülerinnen viel eher zu, diese Berufe zu ergreifen.[5] Spannend, oder?

Zur besseren Lesbarkeit verwenden wir in diesem Buch das Wechselmodell: Wir wechseln beliebig zwischen weiblichen und männlichen Formen. Nicht weiblich oder männlich gelesene Menschen sind explizit mitgemeint.

Überraschen sollten uns diese Zahlen allerdings nicht. Über solides Finanzwissen zu verfügen, ist in Deutschland eher Glückssache: Weder Schule noch Politik sehen sich aktuell in der Pflicht, das Thema anzupacken und es so in der Bildungslandschaft zu verankern, dass es so selbstverständlich erworben werden kann wie die Grundrechenarten.

Fast alle der 38 Mitgliedsstaaten der OECD verfolgen eine nationale Strategie, die finanzielle Bildung fördern und sicherstellen soll. Nur vier Staaten sahen bisher keine Notwendigkeit, Deutschland war bislang einer davon.[6] Es überrascht daher auch wenig, dass Deutschland und seine Schülerinnen und Schüler nicht an der PISA-Studie zur finanziellen Bildung[7] teilnehmen, denn was nicht vorhanden ist, kann auch nicht evaluiert werden.

Erst im Jahr 2023 hat die deutsche Bundesregierung die »Initiative Finanzielle Bildung« ins Leben gerufen, ohne bisher allerdings einen konkreten »Fahrplan« und/oder Ergebnisse vorzulegen.[8] Kurze Randnotiz: Das Female Finance Forum wirkt als Key Stakeholder an der Entwicklung dieser nationalen Finanzbildungsstrategie mit. Die entsprechende Anfrage des Bundesministeriums für Finanzen und des Bundesministeriums für Bildung und Forschung haben wir dankend angenommen.

Kinder haben in Deutschland aktuell kaum Gelegenheit, fundiertes explizites Wissen rund um die Themen »Geld« und »Finanzen« zu erwerben. Sie lernen vor allem implizit – durch das eigene Elternhaus und ihr Umfeld – wie Finanzen funktionieren.

Zu wissen, dass man nichts oder nur wenig über Finanzen weiß, ist also kein Versagen oder ein Zeichen von »Dummheit«, sondern eine ziemlich logische Konsequenz unseres aktuellen Bildungssystems. Wir alle sollten akzeptieren, dass es okay ist, sich für Themen extern Expertise zu holen. Das ist kein Zeichen von Schwäche, sondern ganz im Gegenteil! Sie sparen im Zweifelsfall nicht nur Ihre Zeit und Ressourcen, sondern sind damit auch ein starkes Vorbild für Ihr Kind, denn Sie leben vor, dass es ein Zeichen von Stärke ist, Hilfe zu suchen, wenn man sie benötigt. Keiner kann oder muss alles selbst wissen, man sollte nur wissen, wo es (verlässlich) steht.

Wir wollen Sie, liebe Leserinnen und Leser, deshalb entlasten: Sie müssen diesen Weg nicht allein gehen, wir begleiten Sie gern.

Um Berührungsängste gegenüber dem Thema »Finanzen für Kinder« abzubauen und es für Sie maximal verständlich zu machen, verwenden wir eine einfache und klare Sprache und schnüren übersichtliche Informationspakete, die Sie nach eigenem Tempo und Interesse auspacken können. Sie finden sowohl anschauliche Erklärungen für Erwachsene als auch kindgerechte Erklärungen und Beispiele, auf die Sie im täglichen Miteinander zurückgreifen können. Und denken Sie daran: Bevor Sie (Groß-)Eltern wurden, hatten Sie auch keinen Plan davon. Man wächst an seinen Aufgaben, Sie schaffen das!

Wir nehmen Sie an die Hand und gehen die ersten Schritte gemeinsam mit Ihnen, bis aus dem kleinen, zarten Trampelpfad Kapitel für Kapitel ein breiter Weg wird, den Sie in Kürze schon ganz selbstverständlich allein beschreiten werden.

Wenn Sie sich bisher wenig oder gar nicht mit dem Thema Finanzen auseinandergesetzt haben, mag das anfangs ungewohnt für Sie sein. Es dauert, bis sich eine neue Gewohnheit nachhaltig etabliert hat. Auf die Sprünge helfen können Sie dem Ganzen, indem Sie sich folgende Fragen stellen[9] (und gute Antworten für sich finden!):

1. **How can I make it obvious?** Wie kann ich es angehen oder besser: anstellen, dass das Beschäftigen mit meinen Finanzen naheliegend wird und leicht umzusetzen ist (zum Beispiel einen regelmäßigen Termin im Kalender mit Erinnerung einstellen)?
2. **How can I make it attractive?** Wie kann ich es angehen, dass mir das Beschäftigen mit meinen Finanzen Spaß macht (zum Beispiel einen Massagetermin buchen, um sich für die erledigte Vorsteueranmeldung zu belohnen)?

3. **How can I make it easy?** Wie kann ich es so gestalten, dass es mir leichtfällt, mich mit meinen Finanzen zu beschäftigen (zum Beispiel Zahlungen automatisieren, Sparpläne einrichten, überflüssige Konten zusammenlegen/kündigen; alles an einem »Ort« organisieren)?

Und falls Sie sich ärgern, nicht schon früher damit angefangen zu haben, machen Sie sich klar: Der beste Zeitpunkt ist immer jetzt! Sie haben mit diesem Buch alles in der Hand, was Sie brauchen, um loszulaufen. Kommen Sie mit?

Kinderfragen und Kinderwissen

Das Thema Geld ist fester Bestandteil in unser aller Alltag, und auch unsere Kinder kommen auf vielfältige Weise damit in Berührung: Sei es beim gemeinsamen Einkaufen und dem anschließendem Bezahlvorgang, wenn Pfandflaschen zurückgebracht werden oder wenn Sie zu Hause über die Steuererklärung sprechen.

Kinder entwickeln schon früh ein Gespür dafür, mit welchem Gefühl das Thema Geld in ihrem Umfeld belegt ist: Wirkt Papa angespannt und legt die Stirn in Falten, wenn die Nachzahlung des Energieversorgers ins Haus flattert? Zaubert die Urlaubsplanung den Eltern ein fröhliches Lächeln ins Gesicht? Hat Oma Spaß daran, ihre Kontoauszüge zu checken und ihre Finanzen zu managen? Geld ist neutral, es ist weder gut noch schlecht. Geld erhält erst durch unsere individuelle Wahrnehmung bestimmte Zuschreibungen, und unsere Kinder übernehmen diese in der Regel ungefiltert. Für das (jüngere) Kind meist kognitiv (noch) nicht greif- und/oder artikulierbar, wirkt die Stimmung rund um finanzielle Themen wie eine Art »Anstrich«, der dem ganzen Thema anhaftet.

Fragen Sie Ihr (jüngeres) Kind doch mal, mit welcher Farbe es Geld in Verbindung bringt. Vielleicht erhalten Sie Aufschluss darüber, was Ihr Kind auf der Gefühlsebene über Geld denkt. Ältere Kinder können Sie fragen, welche (Sprich-)Wörter ihnen zum Thema Geld einfallen und was sie bedeuten. Oder tragen Sie verschiedene Bezeichnungen für Geld zusammen (Mäuse, Kröten, Asche, Kies …).[10] Und stellen Sie sich diese Fragen auch gern selbst! Überlegen Sie gemeinsam, ob die zusammengetragenen Sprichwörter und Bezeichnungen eher positiv oder negativ behaftet sind und in welchen Kontexten oder bei welchen Anlässen Ihr Kind diese schon einmal gehört hat. Decken sich Ihre Erfahrungen? Oder erlebt Ihr Kind hier etwas anders als Sie selbst? Spannende Einblicke und jede Menge Anknüpfungspunkte sind Ihnen garantiert.

Denn dabei entdecken Sie den unbewussten Part, den Teil vom Eisberg, der sich unter der Wasseroberfläche befindet und mit bloßem Auge nicht so leicht erkennbar ist. Doch wofür interessieren sich Kinder beim Thema Geld? Was bringen sie an Vorwissen und Erfahrungen schon mit? Wo gibt es Unsicherheiten beziehungsweise was wurde vielleicht falsch aufgeschnappt/verstanden? Sie sind die Expertin für Ihr Kind und kennen es am allerbesten. Kenntnisse und Erfahrungen im Umgang mit Geld variieren von Kind zu Kind, abhängig von seinem Alter, seinem Umfeld und seinen Interessen. Es gibt allerdings Situationen und Themen, mit denen jedes Kind früher oder später in Berührung kommt. Sei es durch seine eigenen Erfahrungen oder durch Freundinnen und Freunde.

Folgende Themen oder Situationen können relevant sein und Ihnen als Gesprächsanlässe dienen, um Ihrem Kind in Sachen Geld auf den Zahn zu fühlen:

- Das Kind äußert bestimmte Wünsche, kleinere oder auch größere, wie zum Beispiel Süßigkeiten, die Zeitschrift an der Supermarktkasse, ein neues Handy …
  → *Nutzen Sie die Situation, um mit Ihrem Kind über den Unterschied von Brauchen versus Wollen beziehungsweise Bedürfnis versus Wunsch zu sprechen. Es mag banal erscheinen, aber eventuell ist Ihrem Kind der Unterschied (noch) nicht klar oder nicht immer bewusst. Das bedeutet natürlich nicht, dass Ihr Kind mit diesem Wissen sofort von seinem Wunsch ablassen wird, aber eventuell schaffen Sie ein anderes Bewusstsein bei Ihrem Kind. Mehr dazu im Kapitel 3 »Von Bedürfnissen, Wünschen und Werten«.*
- Beim gemeinsamen Bummeln sehen Sie und Ihr Kind eine Obdachlose in der Fußgängerzone, die um Geld bittet.
  → *Mögliche Fragen, die Ihr Kind dazu haben könnte und die Sie gemeinsam besprechen können: Warum ist Geld nicht fair/gleichmäßig verteilt? Warum gibt es Armut? Was kann man dagegen tun? Das sind komplexe Themen, auf die es keine einfachen Antworten gibt. Haben Sie jedoch keine Angst vor »großen« Themen! Wenn Sie selbst unsicher in Bezug auf ein Thema sind oder sich überfragt fühlen, spielen Sie die Frage an Ihr Kind zurück und gehen Sie in die aktive Zuhörerrolle. Sie könnten zum Beispiel entgegnen: »Was denkst du denn, warum es Armut gibt?« Anhand der Antworten Ihres Kindes können Sie seinen ungefähren Kenntnisstand einschätzen und es da abholen, wo es steht.*

Geld geben – ja oder nein?

Wie Sie auf einen obdachlosen Menschen reagieren wollen, ist eine – Ihre – ganz persönliche Entscheidung. Wenn Sie etwas geben wollen, kann es trotzdem eine Hemmschwelle geben: Habe ich das passende Kleingeld zur Hand? Oder schüre ich mit dem Öffnen des Geldbeutels falsche Hoffnungen, wenn ich nur zu großes Scheingeld mit mir führe? Unser Tipp: Bewahren Sie in einem Extrafach im Geldbeutel oder in Ihrer Tasche ein paar abgezählte Münzen für genau solche Anlässe auf. So können Sie direkt auf dieses Geld zugreifen, wenn Sie etwas geben möchten. Sie ersparen sich dadurch auch unangenehmes Kramen oder mehr zu geben, als sich für Sie passend anfühlt.

- Warum bekomme ich von Onkel Werner immer nur etwas Kleines geschenkt? Warum erhalten manche meiner Klassenkameraden gar keine größeren Geschenke? Oder fahren nicht mit auf Klassenfahrt? Was ist angemessen und was kann alles ein Geschenk sein? (Stichwort Zeit versus Zeug.)
  → *Überlegen Sie gemeinsam, welche Arten von Geschenken es gibt, zum Beispiel Geschenke, die sich verbrauchen und einen bestimmten Nutzen haben, wie eine duftende Seife, oder Geschenke, die ein gemeinsames Erlebnis schaffen, zum Beispiel ein gemeinsamer Kinobesuch. Überlegen Sie gemeinsam, welche Art von Geschenk sich für wen am besten eignen würde und welche eher nicht. Warum? Warum nicht?*
- Dauerbrennerthema Taschengeld: Warum bekomme ich so wenig? Meine Freunde bekommen alle mehr! Warum bekomme ich gar kein Taschengeld?
  → *Das Thema Taschengeld wird in Kapitel 3 ausführlich behandelt.*

- Woher kommt das Geld im Geldautomat? Darf ich mir mein eigenes Geld drucken? Warum nicht?[11]
  → *Nehmen Sie Ihr Kind so oft wie möglich mit auf die Bank, an den Geldautomaten und an die Bankterminals. Sie werden staunen, wie viele Fragen Ihrem Nachwuchs dabei einfallen. Auch Einblicke ins Online-Banking können Anlass für interessante Gespräche sein. Sollten Sie selbst oder Ihr Kind bereits ein Depot haben, können Sie zusammen reinschauen und überprüfen, ob es sich um einen guten Börsentag handelt (viele oder die meisten Positionen sind im Plus, also grün hinterlegt) oder um einen »Sauren-Gurken-Tag« an der Börse (viele oder die meisten Positionen sind im Minus, also rot hinterlegt). So bekommt Ihr Kind ein Gefühl für die Entwicklungen an der Börse. Nutzen Sie diese Gelegenheiten unbedingt!*
- Mama, wie viel verdienst du? Ist das denn viel? Warum verdient man in manchen Berufen so viel mehr als in anderen?
  → *Recherchieren Sie mit Ihrem (älteren) Kind zusammen die Gehälter bestimmter Berufe oder Berufsgruppen. Was verdient eine Mitarbeiterin bei der Müllabfuhr? Was ein Erzieher? Hätten Sie diese Zahlen vermutet? Warum? Warum nicht? Warum verdienen Frauen in Deutschland immer noch 18 Prozent weniger als Männer? (Stichwort Gender Pay Gap.) Was denkt Ihr Kind darüber? Ist es überrascht?*

Entwickeln Sie ein Gespür für solche Redeanlässe und nutzen Sie sie, wo es passt. Wenn Sie gerade gestresst den Wocheneinkauf mit übermüdetem Geschwisterkind zu meistern versuchen, ist das eher kein guter Zeitpunkt, um die ungleiche Verteilung von Geld zu diskutieren. Vielleicht können Sie jedoch am Abend vor dem Schlafengehen oder in einem anderen geeigneten Moment den Gesprächsfaden noch einmal aufnehmen. Diese Anlässe können

Ihnen dabei helfen, den individuellen Kenntnisstand Ihres Kindes herauszufinden, falsche Annahmen aufzuspüren und zu besprechen. Und keine Angst: Wenn Sie bei gewissen Themen selbst unsicher sein sollten, gibt es eine Vielzahl an Ressourcen, auf die Sie zurückgreifen können. Eine kuratierte Auswahl selbiger finden Sie im Anhang dieses Buches.[12] Recherchieren Sie gemeinsam mit Ihrem Kind und begeben Sie sich zusammen auf Spurensuche!

Kleiner Tipp am Rande:
Es gibt neben der wohl bekanntesten Suchmaschine der Welt auch nachhaltige Alternativen, wie zum Beispiel Ecosia. Das Berliner Unternehmen pflanzt pro 45 Suchanfragen einen Baum an. Mithilfe eines Trackers können Sie jederzeit sehen, wie viele Bäume durch Ihre Suchanfragen schon gepflanzt wurden. Vergleichen Sie mit Ihrem Kind, wer in einem bestimmten Zeitraum wie viele Bäume hat pflanzen lassen. Weitere Tipps, wie Sie und Ihre Familie Ihren digitalen Fußabdruck reduzieren können, finden Sie in unserem Blogbeitrag »Nachhaltig online: 5 Tipps für einen kleineren digitalen Fußabdruck«.[13]

Geld in unserer Gesellschaft

Geld spielt in unserer Gesellschaft eine zentrale, (fast) alle Bereiche durchdringende Rolle. Deshalb ist es so wichtig, die ursprüngliche Bedeutung von Geld zu verstehen. Geld erfüllt drei zentrale Funktionen:

1. Geld ist ein allgemein akzeptiertes Zahlungsmittel. Mit einem Zehn-Euro-Schein können Sie sowohl in der Bäckerei als auch in der Apotheke bezahlen; er wird überall akzeptiert.

2. Geld ist eine Recheneinheit. Sie wissen ziemlich genau, wie viel zehn Euro wert sind; egal, ob im Gegenwert von Brötchen oder von Nasenspray aus der Apotheke. Geld hat für uns alle denselben Wert; die Dinge, die wir davon kaufen, haben unterschiedlichen Wert, je nachdem, wie dringend wir sie benötigen. Wenn Sie gerade hungrig sind, ist Ihnen das Brot mehr wert als das Nasenspray; die zehn Euro sind dagegen neutral.
3. Geld ist ein Wertspeicher. Wenn Sie das Geld gerade nicht brauchen, können Sie es in Ihrem Portemonnaie mit sich herumtragen oder es unter Ihr Kopfkissen legen. Der Wert bleibt zwar nicht langfristig derselbe, aber kurzfristig hat er Bestand. Das frische Brot hat dagegen schon nach wenigen Tagen seinen Wert verloren.

Dabei kann Geld alles sein, was wir als solches definieren. Bis weit ins 14. Jahrhundert wurden Tiere, Gegenstände und natürliche Ressourcen wie Korn und Getreide als Zahlungsmittel verwendet.[14] Diese Tauschwirtschaft, also der direkte Tausch von Gegenständen, Dienstleistungen oder Naturalien, hatte zwei große Nachteile: Erstens war es unpraktisch, zum Beispiel ständig eine Kuh zum Tauschen herumzutreiben. Zweitens verdarben diese Naturalien nach einer gewissen Zeit, das Zahlungsmittel wurde somit unbrauchbar. Die Funktion des Wertspeichers, die unser heutiges Geld neben den anderen Funktionen ausmacht, wurde also nicht erfüllt.

So früh, wie Menschen miteinander handelten, so früh gab es auch Banken: Die frühesten Vorläufer der heutigen Banken schrieben Forderungen auf und verrechneten diese, vergaben Kredite und wechselten die frühen Versionen von Währungen. Neben der Tauschwirtschaft verbreitete sich bereits früh das erste Geld nach heutigem Standard: Muscheln, Kakaobohnen oder Getreide erfüllten die Funktion des Zahlungsmittels, der Recheneinheit und auch des Wertspeichers. Kurz darauf wurden Edelmetalle, insbesondere Gold und Silber, als Zahlungsmittel vor allem in den späteren römischen und mittelalterlichen Kulturen verwendet. Im Mittelalter führten Banken die Banknote ein, die als Geldersatz fungierte und als Zahlungsmittel verwendet werden konnte. Die leichte und handliche (Papier-)Banknote ermöglichte es, Geld in größeren Mengen zu transportieren, und setzte sich daher mengenmäßig gegenüber den schweren Münzen durch.

Im 19. Jahrhundert begann die Industrialisierung, und der Handel boomte mit unvergleichbarer Geschwindigkeit. Dies führte zur Entwicklung des modernen Geldsystems. Mit der weiteren Entwicklung der modernen Technologie kamen Kreditkarten, Debitkarten und elektronisches Geld auf den Markt.

Insbesondere für kleine Kinder ist der Wert von Geld schwer greifbar: Warum ist ein lilafarbenes Stück Papier so viel mehr wert als ein Grünes? Warum ist ein Stück Papier überhaupt etwas wert? Diese Fragen werden selten so offen gestellt, aber sie spiegeln eine wesentliche Thematik unseres Geldsystems: Es beruht auf Vertrauen. Nur weil wir alle vertrauen, dass das lilafarbene Stück Papier auch bei der nächsten Verwendung den hohen (gleichen) Wert haben wird, hat es auch diesen Wert.

Ähnliches gilt für elektronisches Geld, das sogenannte Giralgeld. Das Guthaben auf dem Konto ist genauso real und damit genauso endlich wie das Geld im Portemonnaie. Gleichzeitig sind Mama oder Papa nicht pleite, nur weil sie kein Bargeld dabeihaben; im besten Fall gibt es noch Geld auf dem Konto.

Wir möchten Ihnen einige Tipps mitgeben, um Kindern zu erklären, dass elektronisches Geld genauso real, genauso wertvoll und genauso endlich ist wie Bargeld:

Money Talk: Karte versus Kröten

Wenn Sie kein Bargeld dabeihaben, erklären Sie das Ihrem Kind. Sagen Sie nicht: »Ich habe kein Geld mehr«, sondern sagen Sie lieber: »Ich habe kein Bargeld dabei.« Dann können Sie im nächsten Schritt entscheiden, ob Sie am Geldautomaten Bargeld abheben möchten oder nicht. Dadurch lernt Ihr Kind, dass es einen Unterschied zwischen dem Bargeld in Ihrem Portemonnaie und dem Vermögen auf Ihrem Konto gibt.

Wenn Sie Bargeld abheben, erklären Sie Ihrem Kind, dass das Geld im Geldautomaten nicht gratis ist und dass Sie nur so viel Geld abheben können, wie Sie besitzen. Für kleinere Kinder kann der Vergleich mit einem Sparschwein helfen: Der Geldautomat hat Zugriff auf das Sparschwein der Eltern. Daher kann nur so viel abgehoben werden, wie sich Geld im Sparschwein befindet. Wenn das Kindersparschwein leer ist, kann das Kind kein Geld mehr herausnehmen; ebenso kann der Geldautomat kein Geld mehr ausgeben, wenn das Elternsparschwein (also das Konto) leer ist.

Geldgespräche und die Rolle von finanzieller Bildung

Im deutschen Kulturraum wird wenig und vor allem wenig positiv über Geld gesprochen. Das vermutlich am weitesten verbreitete Sprichwort, das wir eingangs schon einmal zitiert haben, lautet: »Über Geld spricht man nicht!«, gern mit dem Nachsatz: »Man hat es.« Aber was, wenn man es nicht hat? Dann darf man offenbar nicht darüber reden, wie man diesen Umstand ändern kann.

Die Privatsphäre wird bei uns generell großgeschrieben: Personen in der Politik werben selten mit ihrer religiösen Zugehörigkeit, und auch ihre Partnerschaft oder sexuelle Orientierung spielt eine untergeordnete Rolle. In Bezug auf Geld herrscht da schon etwas mehr Uneinigkeit: Einerseits erwarten wir vom Staat, für die Absicherung und die Altersvorsorge zu sorgen, andererseits wollen wir nicht darüber reden, ob oder wie wir privat mit unserem Geld umgehen. Generell löst das Thema häufig ein unangenehmes Gefühl aus: Menschen mit viel Geld fühlen sich manchmal schuldig, wenn sie mit weniger vermögenden Menschen zusammenkommen. Und Menschen mit wenig Geld schämen sich manchmal dafür, dass sie armutsbetroffen sind oder wenig Geld haben. Vielfach geht es nicht um die absoluten Zahlen, sondern um das Einkommen im Vergleich zum Umfeld. Ungleiche Gehälter und Vermögen werden als gegebene Ungerechtigkeit betrachtet: »Natürlich verdient sie weniger; sie arbeitet im Pflegebereich, da konnte sie nichts anderes erwarten.« Es gibt Bestrebungen, Ungerechtigkeiten beispielsweise im Steuersystem oder bei Gehältern zu reduzieren; allerdings brauchen gesellschaftliche und politische Veränderungen ihre Zeit, und wir haben noch einen weiten Weg vor uns.

In anderen Ländern, beispielsweise im angelsächsischen Sprachraum, wird anders mit privaten Informationen umgegangen: Die Familienmitglieder von Politikern werden aktiv in den Wahlkampf eingebunden, und auch Geschäftsbeziehungen erstrecken sich häufig bis in die Familie. Auch die Gehälter werden im Freundes- oder Bekanntenkreis offener thematisiert und sind weniger emotional behaftet. Da die Altersvorsorge oft nicht als originäre Staatsaufgabe gesehen wird, werden Möglichkeiten der individuellen Altersvorsorge und des Vermögensaufbaus offener und selbstverständlicher diskutiert.

Insbesondere in Bezug auf Gehälter sind die Gespräche weniger neidgetrieben als bei uns. Wenn in Deutschland jemand ein hohes Einkommen hat, wird häufig argumentiert, so viel Geld brauche man nicht oder es gehe nicht alles mit rechten Dingen zu. In den USA ist die Betrachtung eine andere: Es wird gefragt, wie diese Person dieses Einkommen erreicht hat und was man von ihr lernen kann. Während bei uns Neid dominiert, sehen wir dort mehr Begeisterung und Veränderungswillen.

Diese unterschiedliche Herangehensweise an Geld kann eine Tatsache nicht verharmlosen, die in den meisten Kulturen vorhanden ist: Menschen messen Erfolg unter anderem an der Höhe des Gehalts, obwohl das Gehalt manchmal nicht im Verhältnis zum Wert der jeweiligen Arbeit steht.

Money Talk: **Wie viel verdienen Ihre Freunde?**

Lassen Sie uns ein kleines Experiment machen: Wissen Sie, welches Gehalt Ihre beste Freundin bekommt? Und vielleicht sogar, welchen Anteil davon sie monatlich beiseitelegt und ob/wie sie investiert?

Gleiche Frage, anderer Adressat: Wissen Sie, welches Gehalt Ihr bester Freund bekommt, wie viel er spart und wie er sein Geld investiert?

Falls Sie eine durchschnittliche Frau sind, kennen Sie die Antworten auf diese Fragen vermutlich nicht. Frauen bekommen weniger Gehalt (der Gender-Pay-Gap im Jahr 2022 beträgt 18 Prozent pro Arbeitsstunde), investieren ihr Geld seltener und reden seltener über Finanzen. Als Mann haben Sie vielleicht eine ungefähre Vorstellung vom Gehalt Ihres Freundes, denn Männer reden mehr über Geld als Frauen. Vermutlich wissen Sie aber auch nicht, wie viel er spart und investiert.

Das deutsche Tabu »Über Geld spricht man nicht!« ist ein großes Hindernis auf dem Weg zu einem unbeschwerten Umgang mit Geld. Daher an der Stelle der Appell an Sie von uns: Seien Sie die Person, die das Tabu bricht! Reden Sie mit Ihren Freundinnen, Ihren Kollegen und natürlich Ihren Kindern über Geld. Das müssen keine konkreten Zahlen sein; eine allgemeine Frage kann häufig ein guter Türöffner sein. Als Beispiel: »Ich stehe gerade vor der Frage, wie ich mein Geld am besten investieren kann. Wie gehst du das Thema an?«

Möglicherweise werden Sie anfangs schräge Blicke ernten, aber im Zweifelsfall sind einige Personen dankbar, wenn Sie den Stein ins Rollen bringen und sie mitnehmen auf Ihrer Finanzreise.

Warum thematisieren wir an dieser Stelle diesen deutschen, sehr privaten Umgang mit Geld? Können wir es nicht einfach dabei belassen, eben nicht über Geld zu reden?

Leider nein. Mit Geld kann Macht ausgeübt werden, und damit ist auch das Wissen in Bezug auf den Umgang mit Geld Macht. Bislang sind Geldgespräche und Finanzbildung private Angelegenheiten. Familien mit mehr Vermögen und höherem Einkommen reden im Schnitt mehr über Geld und geben ihren Kindern mehr Finanzbildung mit. Wer mehr über Geld weiß, kann dieses Geld besser investieren und vermehren. Außerdem lernen Kinder aus diesen Familien durch ihre familiären Vorbilder, dass es sehr einfach ist, aus Geld mehr Geld zu machen. Kinder aus ärmeren Familien reden mit ihren Eltern seltener über Geld und sehen zudem an ihren Vorbildern, dass sich mit Gelddingen zu beschäftigen, eher anstrengend ist und zu Sorgen führt. Damit verfestigen sich bestehende Machtstrukturen oder, anders ausgedrückt: Wohlhabende Menschen haben mehr Geld, das sie investieren können, und investieren häufiger; damit werden sie reicher. Von Armut betroffene Menschen haben wenig Geld und sparen dieses höchstens, investieren aber nicht; damit bleiben sie arm. Fehlende (leicht zugängliche) Finanzbildung verfestigt also die strukturelle Ungleichheit.

In diesem Buch schlagen wir immer wieder Anlässe für »Money Talks« vor: Geldgespräche, die Sie in Ihrer Beziehung, Ihrer Familie, Ihrem Freundeskreis oder weiteren Umfeld führen können. Diese Money Talks können anfänglich herausfordernd sein und sich merkwürdig anfühlen; schließlich brechen Sie ein gesellschaftliches Tabu, was sich irgendwie verboten oder ungehörig anfühlen kann. Mit der Zeit werden Sie aber Übung in Geldgesprächen bekommen und sich wohler dabei fühlen, diese Gespräche anzuregen und zu führen. Planen Sie für sich und Ihr Kind regelmäßige Money Talks ein, einmal im Monat, einmal im Quartal oder wie es für Sie passt. Nehmen Sie sich fest vor, dass Sie zusammen mit Ihrem Kind über Themen reden, die mit Geld und Finanzen zu tun haben, die bei Ihnen vielleicht gerade aktuell anstehen (Urlaubsplanung, Taschengeldanpassung, etc.). Und auch, wenn es keinen aktuellen äußeren Anlass gibt, lassen Sie den Money Talk nicht platzen. Recherchieren Sie zum Beispiel zusammen, wer der reichste Mensch der Welt ist, welche Aufgaben die Bundesbank hat oder ähnliche spannende Fragen. Akzeptieren Sie es aber auch, wenn Ihr Kind keine Lust auf Geldthemen hat und das »Gesprächsfenster« vorübergehend geschlossen ist. Das Thema sollte seine Leichtigkeit behalten und nicht mit Druck oder Widerwillen verbunden sein.

Schulbildung

An Schulen gibt es bislang keine flächendeckende Finanzbildung. Nur zwei Bundesländer, NRW und Baden-Württemberg, haben »Wirtschaft« als Schulfach oder als Unterrichtsinhalt eingeführt. Und das, obwohl laut Kultusministerkonferenz »die ökonomische Bildung ein unverzichtbarer Bestandteil der Allgemeinbildung (ist) und […] somit zum Bildungsauftrag der allgemeinbildenden Schulen (gehört)«.[15] Bisher bleiben die Inhalte jedoch meist auf der strukturellen Ebene, was zwar dabei hilft, die Wirtschaftskreisläufe oder die Entwicklung der letzten Finanzkrise zu verstehen, jedoch nicht ausreicht, Schülerinnen und Schüler vor Überschuldung zu schützen und einen gesunden Alltagsumgang mit Geld zu lehren. Das Schulsystem verändert sich nur langsam, und der Föderalismus erschwert flächendeckende Veränderungen zusätzlich. Es gibt einzelne Initiativen, die diese Bildungslücke schließen wollen, wie beispielsweise der Geldlehrer e. V., das Female Finance Forum, Schulgold oder diverse bankeigene Stiftungen. Trotz der beachtlichen Erfolge, die diese Initiativen bereits vorweisen können, bleiben es Tropfen in einem riesigen Meer; strukturelle Veränderungen sind notwendig! An den Schülerinnen und Schülern selbst sollte es nicht liegen, denn laut Studie wünschen sich knapp neun von zehn Befragten, dass z. B. das Thema Altersvorsorge fester Bestandteil eines Schulfachs »Wirtschaft und Finanzen« sein sollte.[16]

Finanzielle Bildung in der Schule ist auch aus verteilungspolitischen Gründen wichtig. Schülerinnen und Schüler, die in einem schwierigeren finanziellen Umfeld aufwachsen, erfahren weniger häufig familiäre Unterstützung beim Thema Geld und Vorsorge: Die Eltern »fehlen« als wichtiges Rollenmodell oder verlässliche Informationsquelle. Die Schule kann hier einen wichtigen Ausgleich schaffen, indem sie als bildungspolitisches Korrektiv für die »Start-Nachteile« mancher Schülerinnen und Schüler fungieren kann.[17]

Die Rolle des Finanzsektors

Der Finanzsektor hat die Expertise und könnte theoretisch die Finanzbildung abdecken; einerseits durch Pro-Bono-Projekte wie Schulbildung, andererseits in den regulären Beratungsgesprächen mit Kundinnen und Kunden. Bei diesen Gesprächen kommt uns allerdings das deutsche Provisionsgeschäft in die Quere. Beim Provisionsvertrieb geht es darum, dass Vermittlerinnen und Vermittler von Finanzprodukten (zum Beispiel Versicherungen oder Investmentfonds) Provisionen von den Anbietern erhalten. Diese Provisionen sind oft sehr hoch und werden vom Anbieter als Marketingkosten verbucht. Die Vermittlerin oder der Vermittler erhält also eine Belohnung dafür, dass sie/er das Produkt des Anbieters an die Kundin oder den Kunden vermittelt hat.

Das kann dazu führen, dass Vermittlerinnen und Vermittler nicht im Interesse der Kundin/des Kunden handeln. Denn je höher die Provision, desto größer ist der Anreiz, ein bestimmtes Produkt zu verkaufen – unabhängig davon, ob es wirklich zu den Bedürfnissen und Zielen der Kundin oder des Kunden passt. Der Vermittler oder die Vermittlerin hat also einen Konflikt zwischen den eigenen finanziellen Interessen und den Interessen der Kundschaft.

Ein weiteres Problem des Provisionsvertriebs ist, dass er oft dazu führt, dass Kundinnen und Kunden zu teure oder unnötige Produktverträge abschließen. Denn die Vermittlerin oder der Vermittler wird eher teurere Produkte verkaufen, da sie oder er dadurch eine höhere Provision erhält.

Der Finanzsektor profitiert also tendenziell davon, wenn die Kundinnen und Kunden finanziell eher ungebildet sind und sich leichter Produkte verkaufen lassen. Zugespitzt ausgedrückt: Mit Ihrer Ahnungslosigkeit wird Geld verdient! Es gibt sicherlich viele Personen aus dem klassischen Finanzsektor, die sich aufrichtig für solide Finanzbildung an Schulen einsetzen und die sich auch ernsthaft bemühen, ihren Kundinnen und Kunden das beste Produkt zu vermitteln. Strukturell besteht aber immer der Verdacht, dass ein teurer Produktvertrieb das (langfristige) Interesse ist.

Geschlechterrollen

Frauen kümmern sich durchschnittlich weniger um ihre Finanzen als Männer. Das hat verschiedene Gründe. Zum einen fehlen in vielen Familien weibliche Vorbilder, wenn es um Finanzen geht. Häufig ist die Rollenverteilung relativ klar: Die Mutter trifft alle Haushaltsentscheidungen und verwaltet das Budget für Essen, aber die größeren Ausgaben (Auto und teurer) werden maßgeblich vom Vater entschieden. Dasselbe gilt für das Einkommen: Die Mutter bringt den Nebenerwerb nach Hause, der Vater das Hauptgehalt. Natürlich gibt es viele Zwischentöne, aber die Tendenz ist eindeutig. Dieser Trend wird durch viele Strukturen verstärkt. So sehen wir bis heute weniger Frauen in MINT-Berufen (Mathematik, Informatik, Naturwissenschaften, Technik); es fehlen also auch hier die Vorbilder. Der Themenbereich Finanzen zählt zu diesen von Männern dominierten Feldern. Das führt dazu, dass die Kommunikation und das Design des Finanzsektors auf männliche Bedürfnisse zugeschnitten sind, was wiederum mehr Männer anspricht; der Kreislauf verstärkt sich. Dadurch erhalten Frauen oft weniger Beratung, gleichzeitig aber unpassende und teurere Finanzprodukte als Männer. Dies ist in der Tat eine weit verbreitete Praxis, die von Finanzinstituten oft nicht beabsichtigt und nicht einmal bewusst wahrgenommen wird. Viele Banken und Kreditinstitute gehen davon aus, dass Frauen weniger risikobereit sind als Männer und stellen ihnen daher die lukrativen, dabei aber riskanteren Finanzprodukte gar nicht vor. Dies führt dazu, dass Frauen oft nur eine begrenzte

Auswahl an Finanzprodukten angeboten bekommen, die in der Regel weniger rentabel und gleichzeitig teurer sind als die Angebote, die Männern zur Verfügung stehen.

Ein weiteres Problem ist, dass Frauen oft weniger Zugang zu Finanzberatung und -bildung haben als Männer. Das bedeutet, dass sie nicht ausreichend über die verschiedenen Finanzprodukte und -optionen informiert sind und somit Schwierigkeiten haben, fundierte Entscheidungen zu treffen. Ohne angemessene Beratung kann es auch schwieriger sein, erfolgreich zu investieren und finanzielle Ziele zu erreichen.

Ein weiteres Hindernis für Frauen in Bezug auf Geld ist die Lohnlücke. Frauen verdienen aktuell in der Regel weniger als Männer (18 Prozent pro Stunde), was bedeutet, dass sie weniger Geld zur Verfügung haben, um in Finanzprodukte zu investieren. Das hat Auswirkungen auf ihre langfristigen Finanzen und ihren Vermögensaufbau, da sie durchschnittlich weniger investieren und damit weniger Wohlstand aufbauen können.

Um diese Herausforderungen zu bewältigen, müssen Finanzinstitute und Regulierungsbehörden sich bewusst machen, dass Frauen und Männer gleichermaßen von Finanzprodukten profitieren können. Es ist wichtig, dass Frauen die gleichen Finanzprodukte und -optionen wie Männer erhalten, damit sie die Möglichkeit haben, ihr Vermögen aufzubauen und zu schützen.

Außerdem sollten Frauen in der Finanzbranche stärker vertreten sein, um sicherzustellen, dass ihre Bedürfnisse und Interessen berücksichtigt werden. Eine größere Anzahl von Frauen in der Finanzbranche kann dazu beitragen, dass Frauen besser über Finanzprodukte informiert sind und bessere Entscheidungen treffen können.

Schließlich müssen wir als Gesellschaft auch die Ungleichheiten beseitigen, die dazu führen, dass Frauen weniger verdienen als

Männer. Durch eine Verringerung der Lohnlücke können Frauen mehr Geld sparen und investieren, was dazu beitragen kann, ihre finanzielle Zukunft zu sichern.

Stellen Sie sich vor, Ihre Tochter verdient einmal weniger als die Männer in ihrem Umfeld. Finden Sie das gerecht? Und stellen Sie sich vor, was diese Lohnlücke für Auswirkungen haben kann: Weniger Möglichkeiten, Rücklagen aufzubauen, weniger Karrierechancen und letztlich keine Aussicht auf finanzielle Unabhängigkeit. Was macht das mit Ihnen?

Ihre Rolle als Eltern

Sie werden in diesem Buch immer wieder lesen, dass Sie die oberste Priorität in Ihrem Leben haben sollten. Es beginnt immer mit Ihnen! Im Kontext dieses Buches gilt das natürlich vor allem in Bezug auf Ihre Finanzen.

Kümmern Sie sich um Ihre eigenen Finanzen. Damit bieten Sie Ihren Kindern die beste Vorsorge und sind gleichzeitig ein wichtiges Vorbild. 65 Prozent der jungen Erwachsenen, deren Eltern »sehr viel Wert« auf die eigene Altersvorsorge legen, sparen selbst fürs Alter. Bei den jungen Menschen, deren Eltern diesem Thema »keinen Wert« beimessen, sind es weniger als ein Drittel.[18] Behandeln Sie dabei Ihre Tochter und Ihren Sohn gleich. Gesellschaftlich sind es oft die Väter, die das Gespräch anregen; sie sprechen häufiger mit ihren Söhnen über Geld als mit ihren Töchtern. Dies führt dazu, dass sich schon früh eine Schere zwischen den Geschlechtern öffnet, wenn es um finanzielle Bildung geht. In der Schule setzt sich dieser Trend fort, denn auch dort erwerben Jungen häufiger Finanzwissen als Mädchen. In einer aktuellen repräsentativen Studie (2023) konnten nur 36,3 Prozent der Frauen drei relativ einfache Fragen zu Zinsen, Inflation und Kursrisiken allesamt korrekt beantworten – bei den Männern waren es hingegen 54,6 Prozent.[19] Zudem vererben Eltern den Söhnen häufig den größeren Anteil ihres Erbes. Machen Sie sich dieses meist unbeabsichtigte Verhalten bewusst und entscheiden Sie dann aktiv, wie Sie sich verhalten wollen. Seien Sie realistisch in Ihren Erwartungen, die Sie an Ihr Kind haben; agieren Sie als Team oder Sparringspartner, nicht als Gegner. Tauschen Sie sich mit anderen gleichgesinnten Personen aus, die sich ebenfalls für finanzielle Bildung engagieren. Fragen Sie andere (Groß-)Eltern oder Betreuungspersonen in Ihrem Umfeld, wie sie mit dem Thema Geld umgehen und welche Ideen sich bewährt haben. Sport fällt vielen auch leichter, wenn sie sich dafür einen Buddy suchen. In Patchworkszenarien kann es, abhängig von der Beziehungsqualität, sinnvoll sein, die Expartnerinnen und Expartner einzubeziehen, um sicherzustellen, dass man grob am selben Strang zieht, wenn es um finanzielle Bildung geht.

Sehen und fördern Sie die Talente und Begabungen Ihrer Kinder. Von der Entwicklungspsychologin Alison Gopnik stammt der Ausspruch »Be the gardener, not the carpenter!« in Bezug auf Kindererziehung. Seien Sie die Gärtnerin oder der Gärtner, nicht die Schreinerin oder der Zimmermann! Der Gärtner sorgt dafür, dass jede Pflanze in seinem Garten, das bekommt, was sie braucht. Die eine braucht vielleicht mehr Wasser, eine andere mehr Sonne oder Schatten oder einen anderen Boden. Der Gärtner tut sein Bestes, damit alle gut versorgt sind, lehnt sich zurück und schaut zu. Ähnlich können Sie es mit Ihrem Kind handhaben: Sorgen Sie gut für Ihr Kind und schaffen Sie die idealen Wachstumsbedingungen. Vertrauen Sie darauf, dass die Talente, Interessen und Begabungen wachsen, die organisch wachsen wollen. Was machen die Zimmerleute hingegen? Sie bauen ein Möbelstück nach einem vorgefertigten Plan und bearbeiten das Holz nach den eigenen Vorstellungen.

Hierin steckt die Idee, dass Kinder in bestimmte Muster oder Erwartungen gepresst werden sollen, um ein bestimmtes Ziel zu erreichen. Welcher Ansatz Ihnen mehr zusagt, bleibt natürlich Ihnen überlassen.

Versuchen Sie, es simpel und einfach zu halten, wenn Sie mit Ihren Kindern über Geld sprechen. Greifen Sie gern auf die vielen verschiedenen Redeanlässe in diesem Buch zurück, passen Sie sie für sich und Ihre Familie an oder finden Sie selbst spannende Beispiele und Analogien, die mit der Lebensrealität Ihres Kindes zu tun haben und das Interesse Ihres Kindes aufrechterhalten. Nehmen Sie sich Zeit für Ihre Kinder. Denn nur so können Sie wirklich erfahren, wie die Lebensrealität Ihrer Kinder jenseits von Fragen wie »Wie war's heute in der Schule?« aussieht. Außerdem ergeben sich während gemeinsam verbrachter Zeit vielfältige Redeanlässe, um über Geld ins Gespräch zu kommen und zu bleiben. Dabei muss der Fokus der gemeinsamen Zeit nicht unbedingt auf Quantität liegen, sondern eher auf Qualität. Wir wissen, Ressourcen können knapp verteilt und der Mental Load erdrückend sein.[20] Sehen Sie »Quality Time« mit Ihrem Kind als Zeit, in der Sie unvoreingenommen ganz für Ihr Kind da sind und seine Bedürfnisse sehen. Das Handy hat Pause, die piepsende Waschmaschine wird ignoriert, der Job kann warten: Jetzt zählen nur Sie und Ihr Kind.

Fühlen Sie sich etwas erschlagen von diesem »Anforderungskatalog«? Keine Panik, Sie setzen sicher einiges davon bereits ganz intuitiv um. Wir wollen Sie einladen, eine kleine Selbsteinschätzung vorzunehmen, um zu sehen, wo Sie schon ganz gut aufgestellt sind und auf welche Bereiche Sie künftig (noch mehr) Ihren Fokus legen wollen.

Test

Bewerten Sie sich selbst auf einer Skala von 1 bis 5, wie gut Sie den jeweiligen Bereich bereits zum jetzigen Zeitpunkt umsetzen:

1 = nie
2 = selten
3 = manchmal
4 = immer öfters
5 = regelmäßig und oft

Vorbild: Sie gehen für Ihr Kind sichtbar mit gutem Beispiel voran: Sie kümmern sich um Ihre eigenen Finanzen und leben ein positives Verhältnis zu Geld vor. Sie reden offen über Geld.

1 2 3 4 5

Erwartungen: Sie haben realistische Erwartungen an Ihre Kinder, wenn es um den Umgang mit Geld geht.

1 2 3 4 5

Austausch: Es gibt in Ihrem Leben Gleichgesinnte, die sich ebenfalls mit dem Thema »Finanzielle Bildung« auseinandersetzen, und Sie tauschen sich regelmäßig miteinander aus.

1 2 3 4 5

Förderung: Sie sehen und fördern die Interessen und Begabungen Ihres Kindes.

1 2 3 4 5

Interesse: Sie holen das Kind in seiner Welt ab und schaffen es, mit spannenden Anknüpfungspunkten das Thema Finanzen interessant und ansprechend zu gestalten.

1 2 3 4 5

Quality Time: Sie verbringen aktiv und bewusst Zeit mit Ihrem Kind.

1 2 3 4 5

Nach dieser kleinen Selbsteinschätzung haben Sie sicherlich ein Gefühl dafür bekommen, wo Sie auf dieser Reise stehen. Eventuell noch ganz am Anfang, vielleicht sind Sie aber auch schon gut unterwegs. In den nachfolgenden Kapiteln geben wir Ihnen genug Input, um die einzelnen Bereiche (weiter) auszubauen.

Finanzbildung in den Medien

In den Medien sehen wir häufig zwei Tendenzen: seriöse Quellen, die Vorwissen erfordern, um die Informationen einsortieren zu können; und unseriöse Quellen, die Halbwahrheiten verbreiten und mit schnellen Gewinnen locken. Für beide Kategorien benötigt es ein Minimum an finanzieller Bildung, um verantwortungsvoll mit den Informationen umgehen zu können.

Erst langsam kommen mehr niedrigschwellige und gleichzeitig seriöse Angebote auf den Markt. Überraschenderweise haben vor allem typische Frauenzeitschriften wie *Brigitte*, *Cosmopolitan* oder *Emotion* das Thema Finanzen für ihre Zielgruppe entdeckt.

Einzelne Initiativen wie der Weltspartag oder der (als Gegenentwurf entstandene) Tag der Aktie sorgen dafür, dass die Aufmerksamkeit auf das Thema gelenkt wird. Allerdings finden diese

Initiativen bislang nur punktuell statt und wirken nicht nachhaltig. Der Weltspartag legt zudem wieder einmal den Fokus lediglich aufs Sparen, ohne den essenziellen Schritt zum Investieren zu gehen.

Unser Wunsch als Autorinnen dieses Buches ist es, dass in jeder Lebenslage Finanzinformationen geboten werden: In der Schule und der weiteren Ausbildung, als Weiterbildung im Berufsleben, im familiären und freundschaftlichen Umfeld und im Kontext von Finanzbildung, die wir situativ selbst suchen. Das Thema Finanzen bleibt im ganzen Lebensverlauf relevant: Vom Taschengeld zum ersten Gehalt, Mietvertrag, Versicherungen, Immobilienkauf, Testament … Finanzen sind wie kaum ein anderes Thema mit dem Konzept von lebenslangem Lernen verbunden. Bleiben Sie offen, neugierig und lernen Sie dazu!

Warum ist Finanzwissen so wichtig?

In Deutschland gibt es noch ein weit verbreitetes Sprichwort: »Geld ist Macht.« Zunächst einmal ist es wichtig, zu verstehen, dass Geld an sich keine Macht hat. Es ist lediglich eine Ressource, die verwendet werden kann, um Macht und Einfluss zu erlangen oder auszuüben. Im Geschäftsumfeld kann finanzielle Unabhängigkeit eine starke Verhandlungsposition gegenüber Geschäftspartnern und Kunden bedeuten. In der Politik kann Geld dazu verwendet werden, um politische Entscheidungen zu beeinflussen oder um sich selbst eine Position in der Regierung zu sichern.

In der Gesellschaft kann Geld dazu verwendet werden, um einflussreiche Positionen zu erreichen und Menschen zu beeindrucken. Macht muss nicht schlecht sein; Sie können selbst entscheiden, wie Sie diese Macht einsetzen: Durch finanzielle Unterstützung in der Familie (oder den Entzug dieser Unterstützung), durch Lobbyismus oder auch durch Spenden. Tatsächlich ist jeder Kassenzettel auch ein Stimmzettel. Ein Stimmzettel dafür, ob es ein bestimmtes Produkt oder eine Herstellungsart weiterhin geben soll (Stichwort Tierwohl). Zudem ist Geld auch die Eintrittskarte zu unserer Gesellschaft: Egal, ob es das Eis mit dem Patenkind ist, der Kaffee mit einer Freundin oder das Busticket in die Stadt: Alles kostet Geld.

Geld ist in unserer Gesellschaft ein Mittel, um Macht auszuüben; sowohl hinsichtlich der Teilhabe an unserer Gesellschaft als auch hinsichtlich der Prägung und Beeinflussung. Umso wichtiger ist es, dass diese Macht gerecht verteilt ist und dass sie bewusst genutzt wird. Sonst wächst der Unterschied zwischen wohlhabenden und weniger wohlhabenden Menschen immer weiter: Es ist leichter, bereits vorhandenes Geld zu vermehren und dadurch ein Vermögen aufzubauen, als es durch Arbeit zu verdienen.

Die Tatsache, dass Männer eher lernen, über Geld zu sprechen und mit Geld umzugehen als Frauen, verstärkt die diversen Gender Gaps: die geschlechterspezifische Lohnlücke (Gender Pay Gap); die daraus resultierende Sparlücke (Gender Savings Gap); die Investitionslücke (Gender Investing Gap); die Rentenlücke (Gender Pension Gap); die Vermögenslücke (Gender Wealth Gap).

In unserer Gesellschaft kann Geld Macht und Teilhabe bedeuten. Es geht also um nichts Geringeres als die grundlegende Entscheidungsfreiheit, unser Leben nach unseren Vorstellungen und Werten zu gestalten. Finanzwissen schafft diese Entscheidungsfreiheit. Es gibt uns quasi einen Vorsprung im Leben. Egal ob als Elternteil, Patentante, Lehrer, Nachbarin oder andere Bezugsperson – Sie können den jungen Menschen in Ihrem Umfeld dieses Wissen vermitteln und den Zugang zum Thema Geld öffnen.

Gleichzeitig können Ungleichheiten im System reduziert werden, wenn Finanzwissen nicht mehr hauptsächlich vererbt, sondern von öffentlicher Stelle zur Verfügung gestellt wird. Bis dahin ist es hilfreich, wenn Sie die Sache in die eigenen Hände nehmen. Vielleicht machen Sie es sich zur Gewohnheit, nicht nur mit Ihrem eigenen Kind, sondern auch mit dem Nachbarskind Geldgespräche zu führen? So können Sie einen Teil dazu beitragen, das System von innen heraus gerechter zu gestalten.

2

Glaubenssätze: Was schlummert da unter der Oberfläche?

> *»Auf die Dauer der Zeit nimmt die Seele die Farbe deiner Gedanken an.«*
>
> Marcus Aurelius

Denkmuster, Überzeugungen und Glaubenssätze zum Thema »Geld« haben wir alle. Doch was genau sind Glaubenssätze? Es handelt sich dabei um tief verwurzelte Überzeugungen, die eine Person über sich selbst, andere Menschen und die Welt hat. Glaubenssätze können positiv oder negativ sein und beeinflussen maßgeblich, wie wir uns selbst einschätzen, welche Ziele wir verfolgen und wie wir mit Herausforderungen umgehen. Einige davon sind uns bewusst, andere nicht. Ob bewusst oder unbewusst, Glaubenssätze spiegeln sich in der eigenen Wahrnehmung, dem Verhalten, unseren Emotionen sowie in der Selbst- und Fremdbewertung wider. Sie werden beeinflusst durch Erfahrungen, Erziehung und Kultur; häufig schon in der Kindheit. Aber auch Märchen, Sprichwörter oder bestimmte Vorbilder können unsere Glaubenssätze nachhaltig prägen.

Dabei verfügen keine zwei Menschen über die exakt gleichen Denkmuster; selbst unter Geschwistern kann es abweichende Glaubenssätze geben. Denn Glaubenssätze sind so individuell und unterschiedlich wie die Erfahrungen, die die Menschen im Laufe ihres Lebens machen. Denken Sie nur mal an die unterschiedlichen Erfahrungen, die ein erstgeborenes Kind im Vergleich zum Zweit- oder Drittgeborenen macht. Glaubenssätze und Denkmuster sind also so individuell wie Ihr Fingerabdruck.

Und unser Gehirn spielt das Spiel prima mit! Es liefert uns nämlich Beweise für das, was wir glauben, und nicht für das, was wahr ist. Stellen Sie sich Ihren Verstand wie einen Papagei vor. Er sitzt auf Ihrer Schulter und krächzt Ihnen die immer gleichen Sätze ins Ohr – Sätze, die Sie ihm selbst beigebracht haben!

Dieses Kapitel will Ihnen dabei helfen, Ihre eigenen Denkmuster und Grundüberzeugungen zum Thema Geld aufzuspüren, zu hinterfragen und – falls nötig – zu verändern.

Aber es spielt nicht nur eine Rolle, was wir glauben, sondern auch, was wir nicht glauben. Es ist an der Zeit, Ihnen Roger Bannister vorzustellen. Nie von ihm gehört? Das ändern wir jetzt: »Alle sagten: ›Das geht nicht!‹ Dann kam einer, der wusste das nicht, und hat es einfach gemacht.«

Diesen Spruch haben Sie vielleicht so oder so ähnlich schon mal gehört, aber ist da was dran?

Der britische Profi-Sportler Roger Bannister (1929–2018) schaffte es als erster Mensch weltweit, eine englische Meile (1,6 km) in unter vier Minuten zu laufen. Weltrekord! Das war im Jahr 1954 und galt bis dahin unter Medizinern als für den menschlichen Körper schlichtweg unmöglich. Doch das Erstaunliche an dem Ganzen kommt erst noch: Nachdem Roger Bannister diesen Rekord geschafft hatte, gelang es auf einmal auch anderen Sportlern, diese vermeintliche sportliche »Schallmauer« zu durchbrechen.[21] Doch wie kann das sein? Hatten sich die genetischen und körperlichen Voraussetzungen der Menschheit auf einen Schlag verändert? Wohl kaum …

Was als Roger-Bannister-Effekt bekannt wurde, zeigt, dass die Grenzen des Möglichen fließend und keinesfalls in Stein gemeißelt sind. Viel zu oft wird jedoch genau das fälschlicherweise suggeriert und angenommen. Es braucht allerdings häufig wie im Beispiel oben einen sichtbaren Impuls, der den Stein ins Rollen bringt. Jemand, der zeigt »Hey, das ist ja doch möglich!«, kann Sie dazu inspirieren, Ihre eigenen Grenzen zu verschieben und über sich hinauszuwachsen. Genau deshalb ist es so immens wichtig, sich mit den eigenen persönlichen Glaubenssätzen, auch zum Thema Geld auseinanderzusetzen. Denn wenn Ihr Kind »Hey, das ist alles möglich!« erlebt, könnte es zu ungeahnten Höhenflügen ansetzen. Seien Sie Impulsgeber und Vorbild für Ihr Kind!

Und bitte lassen Sie sich nun nicht abschrecken, weil Sie denken: Ich kann meinem Kind doch nicht vorleben, dass es Millionär sein kann, ich bin schließlich selbst keiner!

1. Sind Sie sich da wirklich sicher …?
2. Keine Sorge, so ist das nicht gemeint, und es ist auch gar nicht notwendig, Millionär zu sein. Es geht viel niedrigschwelliger, als Sie denken!

Die Idee ist es, Ihrem Kind, wann immer es Ihnen möglich ist, ein »Growth Mindset«[22] zu vermitteln. Was das ist, fragen Sie sich? Wir wollen es Ihnen erklären, denn es könnte das größte Geschenk sein, das Sie Ihrem Kind machen können!

Menschen reagieren unterschiedlich auf die Herausforderungen und Misserfolge, die das Leben so mit sich bringt: Die einen verzweifeln, resignieren und haben große Angst, zu scheitern. Fehler sind für sie gleichbedeutend mit einem Mangel an Kompetenz und bedeuten schlichtweg Versagen. Diese Menschen werden von einem sogenannten »Fixed Mindset« geleitet. Andere Menschen werden erst richtig warm und fühlen sich geradezu herausgefordert, wenn Probleme auftauchen. Sie akzeptieren weder Misserfolge, noch kommt Aufgeben für sie infrage. Sie vergleichen sich nicht mit anderen, sondern nur mit sich selbst beziehungsweise mit einer früheren Version ihrer selbst. Fehler werden eher neutral als Entwicklungsmöglichkeiten gesehen. Ihr Denken und Handeln wird von einem sogenannten Growth Mindset bestimmt. Sie denken, das ist Zufall oder Charaktersache? Weit gefehlt! Fähigkeiten und Fertigkeiten sind ausbaufähig und keine feststehenden Qualitäten, mit denen wir geboren werden. Babys und Kleinkinder kommen auf diese Welt und sind ab der ersten Sekunde in einem Growth Mindset: Sie drehen und strecken sich, robben und krabbeln, ziehen sich hoch und lassen sich weder von Stürzen, Schrammen noch sonstigen Rückschlägen davon abhalten, weiterzumachen und sitzen, laufen oder sprechen zu lernen. Kämen Sie auf die Idee, zu einem Kleinkind zu sagen: »Boah bist du schlau, deshalb hast du so schnell Laufen gelernt. Laufen liegt dir einfach!« Nein? Wir auch nicht! Unsere »Werkseinstellung« ist also das Growth Mindset, es kommt uns nur leider allzu häufig im Laufe unseres (jungen) Lebens abhanden. Hallo, reformbedürftiges Schulsystem!

Stellen Sie sich einmal folgende Situation vor: Sie schlendern mit Ihrem Kind durch die Elektronikabteilung, und es erzählt Ihnen voller Begeisterung und Elan, warum es ganz dringend das neueste Smartphone braucht. Wie ist Ihre spontane Reaktion darauf? Rollen Sie mit den Augen? Schweres, genervtes Ausatmen? Was sagen Sie in solchen Situationen reflexartig zu Ihrem Kind? »Das können wir uns nicht leisten!«

Gehen wir mal davon aus, Sie können es sich aktuell wirklich nicht leisten. Dann entspricht dieser Satz zwar der (momentanen) Wahrheit, er ist aber auch absolut.

Sie.können.sich.das.nicht.leisten. Uargh!

Wie fühlt sich das für Sie an? Nach Mangel? Enge? Sicher eher ungut … Formulieren Sie die Aussage weniger endgültig, indem Sie sagen: »Das kannst du dir/können wir uns NOCH nicht leisten«, passiert etwas ganz Erstaunliches: Diese Aussage eröffnet Spielraum für Überlegungen, wie Sie doch noch ans Ziel gelangen könnten. Neue Perspektiven und Möglichkeiten können irgendwann zum Ziel führen. Sie können sich das Smartphone zwar momentan immer noch nicht leisten, aber der Fokus liegt nun ganz klar auf der Frage: »Wie ginge es trotzdem (irgendwann)?« Und genau das ist es, was Sie Ihrem Kind mitgeben sollten: in Lösungen und nicht in Problemen zu denken. Stärken Sie seinen Glauben an seine eigene Lern- und Entwicklungsfähigkeit! Kinder mit einem Growth Mindset denken in Lösungen und auch mal um die Ecke, sie beschreiten unkonventionelle Wege, um an ihr Ziel zu kommen. Kinder mit einem Fixed Mindset hingegen sagen Sätze wie »Ich kann das nicht« oder »Ich bin schlecht in Mathe«. Sie resignieren schneller, akzeptieren vermeintliche Grenzen und verharren im Status quo. »Ertappen« Sie Ihr Kind, wenn es solche Sätze sagt, fördern Sie es in Richtung Growth Mindset, indem Sie seine limitierenden Sätze mit dem Wörtchen »noch« anreichern: »Ja, du kannst das *noch* nicht, aber wie könnten wir das ändern?« Und dann überlegen Sie sich zusammen den nächst- und kleinstmöglichen Schritt, um diesen Umstand zu ändern. Um es mit den Worten von Caroline von St. Ange zu sagen:

Alles ist schwer, bevor es leicht ist!

Natürlich werden hier zwei Enden eines Spektrums beschrieben, die meisten Menschen liegen irgendwo dazwischen. Es kann auch auf die Situation und/oder das Thema ankommen, welches Mindset in uns »anspringt«. Fakt ist, dass Sie das Mindset Ihres Kindes aktiv verändern können, und das sollten Sie sich unbedingt zunutze machen!

Wenn Sie Ihrem Kind ein einprägsames Bild an die Hand geben wollen, wie sein Gehirn funktioniert, hat Caroline von St. Ange eine schöne Idee[23]: Erklären Sie Ihrem Kind, dass das Gehirn wie ein Muskel funktioniere. So, wie unsere Muskeln intensiv belastet werden müssen, wenn sie wachsen sollen, so ist es auch bei unserem Verstand: Den bringen vor allem schwierigere Aufgaben und Herausforderungen zum Wachsen. Wenn wir mehr Muskeln wollen, hilft es uns nicht, Übungen zu machen, die uns leichtfallen. Und unser Verstand wächst, wenn es sich nach »Arrrgh – ist das kompliziert!« anfühlt.

Gemeinsam Lernerfolge sichtbar machen[24]

Schnappen Sie sich Ihr Kind, eine Rolle Klopapier und einen Filzstift. Alles Dinge, die Sie zu Hause haben sollten. Nun überlegen Sie sich gemeinsam Dinge, die für Ihr Kind schwer zu lernen waren, die es aber letztendlich gemeistert hat. Zum Beispiel: Krabbeln, Laufen, Sprechen, Fahrrad fahren, sich selbst An- und Ausziehen, mit Besteck essen, auf Bäume klettern, Schwimmen, Seil springen, Pfeifen … Jedes einzelne dieser Learnings schreiben Sie auf ein Blatt Klopapier, und Sie hören erst auf, wenn die ganze Rolle vollgeschrieben ist. Wenn Sie fertig sind, wickeln Sie die Rolle wieder auf und stellen sie gut sichtbar für Ihr Kind auf, als klares Zeichen, dass es schon vieles geschafft und gelernt hat und dass es das auch in Zukunft kann.

Ich denke, also habe ich recht? Bestehende Glaubenssätze aufspüren

Bevor Sie Ihrem Kind also einen gesunden Umgang mit Geld vermitteln können, ist es wichtig, dass Sie bei sich selbst mit einer kleinen Bestandsaufnahme starten. Denn negative Glaubenssätze zum Thema Geld werden leider oft ungefiltert an die nächste Generation weitergegeben. Stellen Sie sich vor, im Kopf Ihres Kindes gibt es verschiedene Schubladen für verschiedene Themen; so auch zum Thema Geld. In dieser Schublade sammelt Ihr Kind alles, was es explizit, aber auch implizit zum Thema Geld (von Ihnen) lernt. Mit diesem Thema konfrontiert, wird Ihr Kind diese Schublade irgendwann automatisch öffnen und herausnehmen, was es dort drin findet. Sie wollen also sicherstellen, dass Sie ihm sinnvolle Dinge für seine Geldschublade mitgeben. Um die Schubladen Ihrer Kinder nicht »zuzumüllen«, ist es deshalb sinnvoll, mit den eigenen negativen Glaubenssätzen aufzuräumen – und auch immer wieder mit denen Ihrer Kinder. Einen größeren Gefallen können Sie sich und Ihren Kindern nicht tun.

Es beginnt also wie so oft mit Ihnen!

Vielleicht haben Sie das Gefühl, Sie wollen lieber mit handfesten, greifbaren Schritten vorangehen. Tatsächlich ist unsere innere Einstellung wichtiger als Ihnen vielleicht bewusst ist. Es besteht nämlich ein Zusammenhang zwischen den Schritten, die Sie unternehmen, und dem, was Sie denken: Bühne frei für den Gedankenkreislauf!

Unsere Gedanken und somit auch unsere Glaubenssätze beeinflussen maßgeblich unsere Gefühle. Unsere Gefühle wiederum schlagen sich in unserem Verhalten nieder. Und wie wir uns verhalten, hat natürlich Einfluss darauf, wie wir unsere Realität erleben. Der österreichische Philosoph und Kommunikationswissenschaftler

Paul Watzlawick macht mit seiner »Geschichte mit dem Hammer« das Konzept des Gedankenkreislaufes auf anekdotische Weise greifbar: Ein Mann benötigt zum Aufhängen eines Bildes einen Hammer, den er selbst nicht besitzt. Also will er sich von einem Nachbarn einen ausleihen, doch bevor es dazu kommen kann, redet sich der Mann mehr und mehr ein, dass der Nachbar sicher etwas gegen ihn hat, sodass er schließlich wutentbrannt zu jenem ahnungslosen Nachbarn stürmt, um ihm zu sagen, dass er den blöden Hammer doch für sich behalten solle.[25] Was in der Geschichte natürlich witzig und direkt durchschaubar daherkommt, ist in anderen Fällen viel subtiler.

Ein Beispiel: In Ihre Nachbarschaft zieht ein sehr wohlhabendes Pärchen. Sie denken vielleicht »So viel Geld verdirbt sicher den Charakter, sie haben ja nicht mal Kinder, wie egoistisch!« oder Ähnliches. Ihre Gefühle gegenüber den neuen Nachbarn sind entsprechend eher kritisch und reserviert. Beim zufälligen Zusammentreffen auf der Straße verhalten Sie sich deshalb lieber abwartend und ergreifen erst mal nicht die Initiative. Und siehe da, von den neuen Nachbarn kommt auch nichts, sie gehen einfach ihres Weges, ohne zu grüßen. Aber Sie wussten es ja bereits, dass von diesen Menschen nicht viel zu erwarten ist! Gratulation, Sie haben sich somit Ihre eigenen Gedanken und Glaubenssätze selbst bestätigt.

Abbildung 1: Gedankenkreislauf.

Nun überlegen Sie einmal, welche Gedanken und Assoziationen in Ihnen aufsteigen, wenn Sie über das Thema Geld nachdenken. Bitte lassen Sie dabei Ihren Verstand, so gut es geht, außen vor und bewerten Sie nicht. Seien Sie offen für das, was Ihnen in den Sinn kommt, und lassen Sie es ungefiltert so stehen. Es gibt hier kein Richtig oder Falsch und keinen Leistungsgedanken.

Sind Sie bereit für Ihren ganz persönlichen Denkmuster-Check? Nehmen Sie sich dafür zehn Minuten Zeit. Schreiben Sie Ihre Gedanken mit Stift und Papier auf. Das analoge Aufschreiben hilft Ihnen beim Bewusstmachen und kann Ihre Gedanken zum Fließen bringen. Nehmen Sie einfach an, was kommt.

Falls es Ihnen schwerfällt, ohne Vorgabe frei über das Thema Geld nachzudenken, können Sie die folgenden beispielhaften Grundüberzeugungen durchgehen und beobachten, was diese mit Ihnen machen.

- Über Geld spricht man nicht.
- Ohne Fleiß kein Preis!
- Geben ist seliger denn Nehmen.
- Jeder bekommt, was er verdient.
- Du kannst alles haben, was du willst!
- Geld ist Männersache.
- Geld zerrinnt mir zwischen den Fingern.
- Viel Geld kann man nur durch Rücksichtslosigkeit und Härte bekommen.
- Reichtum ist ungerecht.
- Egal, was ich tue, es wird eh nie reichen.
- Geld bringt nur Sorgen und Verantwortung.
- Geld macht bequem, hochnäsig und arrogant.
- Wer viel Geld hat, kann sich nicht mehr an Kleinigkeiten erfreuen.
- Kinder müssen lernen, dass Geld nicht auf Bäumen wächst.

- Man darf Kinder nicht zu sehr verwöhnen.
- Man darf Kindern nicht immer jeden Wunsch erfüllen.
- Kinder können nicht gut mit Geld umgehen.
- Viel Geld gibt mir viele Möglichkeiten, Gutes zu tun.
- Geld muss fließen.
- Ich bin mein Geld wert.
- Nur wer hart arbeitet, kann auch viel Geld verdienen.
- Ich gehe sorgfältig und vernünftig mit Geld um.
- Geld ist Wertschätzung.
- Geld ist Freiheit.
- …

Was davon kennen Sie, und was trifft auf Sie zu? Was fällt Ihnen noch ein? Ertappen Sie sich dabei, dass Sie heftig nicken? Oder schütteln Sie bei manchen Aussagen vielleicht empört den Kopf? Immer wenn merklich Emotionen in Ihnen ausgelöst werden, lohnt es sich, genauer hinzuschauen.

Überlegen Sie bitte auch, welche Redensarten zum Thema Geld in Ihrer Familie üblich waren. Denken Sie an Ihre Eltern oder andere wichtige Bezugspersonen aus Ihrem Leben. Was war/ist ein typischer Satz, den diese Person(en) zum Thema Geld äußern würde(n)? Legen Sie diesen Menschen ruhig mental die Worte in den Mund, bis sich ein stimmiges Bild ergibt. Will Ihnen partout nichts einfallen, dann gibt Ihnen das ebenfalls Rückschlüsse: Vielleicht wurde das Thema Geld (in Ihrer Anwesenheit) so kategorisch ausgeklammert, dass Sie dazu keinerlei Erinnerung haben, die Sie anzapfen könnten. Auch das kann für Sie eine hilfreiche Information sein.

Es ist durchaus verbreitet, dass bestimmte Glaubenssätze über Generationen hinweg ungefiltert weitergegeben werden, ohne dass diese jemals hinterfragt, angepasst oder reflektiert werden. Das ändert sich nun dank Ihnen!

Bevor wir uns genauer anschauen, wie wir hinderliche Glaubenssätze verändern können, haben Sie nun die Möglichkeit, Ihre persönlichen Top 5 der Grundüberzeugungen zusammenzustellen.

Meine wichtigsten Glaubenssätze zum Thema Geld sind:

1. ....

2. ....

3. ....

4. ....

5. ....

Nun wollen wir versuchen, Ihre Welt ein bisschen auf den Kopf zu stellen, indem Sie versuchen, Ihre aufgespürten Gedanken und Aussagen ins Gegenteil zu verkehren. Welche der oben identifizierten Glaubenssätze möchten Sie zuerst bearbeiten? Welche erscheinen Ihnen am hinderlichsten? Ordnen Sie Ihre Liste hinsichtlich der Wichtigkeit der Veränderung:

Diese drei Glaubenssätze möchte ich ändern, und zwar in dieser Reihenfolge:

1. ....

2. ....

3. ....

Ich handele, also wandele ich mich? Bestehende Glaubenssätze verändern

Gehen wir es also an und arbeiten konkret an Ihren Glaubenssätzen. Formulieren Sie dafür die von Ihnen identifizierten Glaubenssätze neu. Wichtig: Achten Sie dabei darauf, Verneinungen zu vermeiden. Ein Beispiel:

- **»Geld verdirbt den Charakter.«** → »Geld bringt den wahren Charakter eines Menschen zum Vorschein.«
  Und nicht etwa: **»Geld verdirbt nicht den Charakter.«**

Beobachten Sie, was die Umkehrung der Aussage mit Ihnen macht. Lässt Sie sie ungläubig zurück? Spüren Sie innerlich Widerstand? Wollen Sie vielleicht sogar abbrechen und denken, das ist alles großer Quatsch? Sehr gut! Sie sind Ihren (hinderlichen) Glaubenssätzen dicht auf den Fersen!

Wenn Sie mit den umgekehrten Glaubenssätzen etwas »warm geworden« sind, können Sie in einem nächsten Schritt Ihre bisherigen Glaubenssätze auf den Prüfstand stellen und in die Waagschale werfen: Was spricht für diese Aussage? Welche Erfahrungen, Ereignisse, Erlebnisse kommen in diese Pro-Waagschale? Was spricht gegen diesen Glaubenssatz? Welche abweichenden Erfahrungen oder Ausnahmen fallen Ihnen ein? All das bitte einmal in die Kontra-Waagschale werfen. Manchmal braucht es wirklich genaues Überlegen und Hinschauen, aber es lohnt sich, *beide* Waagschalen zu füllen. Überlegen Sie auch, wer Ihnen beim Füllen der Kontra-Waagschale behilflich sein könnte, sollte es Ihnen sehr schwerfallen, Gegenargumente zu finden. Beobachten Sie, wie sich Ihr Blick auf Ihren bisherigen Glaubenssatz beim Füllen der beiden Waagschalen ändert und/oder relativiert.

Ein paar Denkanstöße:

- **»Geld macht nicht glücklich!«** → Macht kein Geld denn glücklich?
- **»Geld kommt nur durch harte Arbeit.«** → Arbeit kann auch Spaß machen, und wie sieht es aus mit Lottogewinnen/Erbe?
- **»Aus Solidarität zu ärmeren Menschen möchte ich nicht so viel Geld verdienen.«** → Was bringt es den Armen, wenn Sie eine von ihnen sind?
- **»Geld lässt sich nur mit Geld verdienen.«** → Wer war zuerst da, die Henne oder das Ei?
- **»Geld macht nur Sorgen.«** → Oder hilft Geld etwa dabei, Sorgen zu mildern?
- **»Geld ist schlecht.«** → Nicht, wenn du Gutes damit tust!

Mit dieser Übung kann es Ihnen gelingen, anstelle Ihrer alten Glaubenssätze nun neue positive Glaubenssätze zu verinnerlichen. Hängen Sie sich diese neu gewonnenen Glaubenssätze an einer für Sie gut sichtbaren Stelle auf, zum Beispiel an einer Pinnwand, am Kühlschrank oder am Badezimmerspiegel. Oder digital als Bildschirmschoner oder Hintergrundmotiv Ihres Smartphones. Die Idee ist es, sich am besten täglich mehrfach damit zu konfrontieren.

Manche Ihrer (negativen) Glaubenssätze tragen Sie vermutlich schon seit Jahrzehnten mit sich herum. Sie werden sie deshalb nicht innerhalb weniger Minuten komplett abstreifen können. Unser Unterbewusstsein funktioniert wie ein Autopilot, der im Zweifelsfall immer die »bekannte« Fahrtrichtung einschlägt. Um eine neue Fahrtrichtung einschlagen zu können, muss diese zu Ihrem neuen Automatismus werden. Und das braucht Zeit. Geben Sie sich diese Zeit und seien Sie geduldig mit sich. Wiederholen

Sie diese Arbeit an Ihren Glaubenssätzen am besten regelmäßig. Sie können sich das wie mit dem Putzen Ihrer Wohnung vorstellen. Von Zeit zu Zeit ist eine umfassende Grundreinigung notwendig. Danach reicht es wieder eine Weile, punktuell zu reinigen. Doch irgendwann haben sich wieder dicke Staubschichten abgesetzt, und Sie müssen wieder mit dem großen Besen ran.

Vergessen Sie auch Ihren Partner oder Ihre Partnerin oder andere wichtige Bezugspersonen Ihres Kindes nicht! Holen Sie sie mit ins Boot! Setzen Sie sich zusammen und reflektieren Sie gern gemeinsam darüber, was Ihnen jeweils zum Thema Geld bewusst oder unbewusst vermittelt wurde und ob Sie das übernehmen oder anpassen wollen. Etablieren Sie eine Diskussionskultur rund um das Thema Geld: »Über Geld spricht man doch!« Zeigen und leben Sie Ihrem Kind diese Maxime vor. So stellen Sie sicher, dass Sie alle an einem Strang ziehen, und sind Vorbild für Ihr Kind.

3

Umgang mit Geld im Alltag

Geld kann auf vielfältige Weise eine Rolle in Ihrem Leben spielen und zu Freude wie Frust führen. Nicht selten wird es manipulativ eingesetzt, und beim Geld hört bekanntermaßen die Freundschaft auf. Auch der Spruch »Reden Sie noch miteinander, oder haben Sie bereits geerbt?« lässt erahnen, wie verbreitet das Thema Geld in vielen familiären Konflikten ist. Das scheinbar neutrale Geld wird zu einer Art Nebenkriegsschauplatz und frei nach Clausewitz zu einer Fortsetzung der Beziehungspolitik mit finanziellen Mitteln. Und nur allzu oft kochen die Emotionen hoch.

Konflikte rund ums Thema Geld

In fast jeder Familie kommt es irgendwann zu Konflikten rund um Geld. Ob es um die Finanzen der Familie, die Unterstützung durch Großeltern oder das Taschengeld für die Kinder geht, Geld kann eine Quelle von Spannungen und Uneinigkeiten sein. In diesem Kapitel werden wir uns mit den häufigsten Konfliktsituationen befassen und Ihnen Werkzeuge an die Hand geben, um diese Konflikte zu minimieren und positiv umgedeutet sogar als Gelegenheit zur finanziellen Bildung zu nutzen.

Konflikte zwischen Eltern

Die Eltern unter Ihnen werde es kennen: Wer gibt wie viel/zu viel wofür aus? Soll es lieber der Low-Budget-Urlaub werden, aber dafür wird öfters verreist, oder gibt es eine große Sause einmal im Jahr? Ist das Haushaltsbuch nur für spießige Erbsenzähler, oder ist es notwendig, um zu sehen, wo das Geld versickert? Wie viel Geld soll für die Kinder ausgegeben werden? Für ihre Bildung, bestimmte Hobbys oder Aktivitäten? Wie gehen wir mit Schulden um? Muss es das neue größere Auto sein? Die Liste an Geldthemen, die zwischen Eltern zu Streit führen können, ist schier unendlich. Wenn Sie in einer Patchworkkonstellation leben, kann das ganz eigenes Konfliktpotenzial mit sich bringen, wenn Ex-Partnerinnen und Ex-Partner eine (finanzielle) Rolle spielen und alle Interessen und Belange unter einen Hut gebracht werden müssen. Hier kommen einige häufige Situationen:

Finanzielle Sorgen: Die meisten Familien haben in gewissen Phasen finanzielle Herausforderungen zu bewältigen. Diese können durch Jobverlust, unerwartete Rechnungen oder andere Umstände ausgelöst werden. Finanzielle Sorgen sind oft der Auslöser für Konflikte zwischen Eltern. Die Angst vor Geldknappheit oder Schulden kann Ängste und Unsicherheit schüren.

Kinderfragen: Eltern stehen oft vor schwierigen Fragen, wie sie ihren Kindern den richtigen Umgang mit Geld beibringen können. Sollten sie Taschengeld geben? Wie viel ist angemessen? Wie gehen sie mit Kinderwünschen nach teuren Spielsachen oder Markenkleidung um? Aber auch Überlegungen, inwieweit Eltern ihre Kinder an ihren finanziellen Sorgen teilhaben lassen, können zu Meinungsverschiedenheiten führen.

Offene Kommunikation und gemeinsame finanzielle Ziele

Eine der effektivsten Strategien, um Konflikte zwischen Eltern zu minimieren, ist eine offene Kommunikation. Sprechen Sie regelmäßig über Ihre finanzielle Situation, Ihre Ziele und Prioritäten. Erstellen Sie einen Haushaltsplan, mit dem Sie gemeinsam arbeiten. Legen Sie gemeinsam Budgets fest. Dies hilft dabei, finanzielle Entscheidungen zu treffen, die im Einklang mit Ihren Zielen stehen.

Festlegen von gemeinsamen finanziellen Zielen: Wenn Sie gemeinsame finanzielle Ziele setzen, schaffen Sie eine klare Richtung für Ihre Familie. Dies kann dazu beitragen, Meinungsverschiedenheiten zu minimieren, da Sie auf ein gemeinsames Ziel hinarbeiten. Ob es sich um die Schuldenrückzahlung, den Kauf eines Eigenheims oder die Planung für die Zukunft Ihrer Kinder handelt, gemeinsame Ziele bieten Orientierung.

Konflikte mit Großeltern

Unterschiedliche Ansichten über Gelderziehung und finanzielle Unterstützung: Manchmal haben Großeltern eine andere Sichtweise zur (Geld-)Erziehung und finanziellen Unterstützung. Sie könnten der Meinung sein, dass Ihre Kinder zu viel oder zu wenig Taschengeld bekommen oder zu viele teure Geschenke erhalten. Es kann auch Meinungsverschiedenheiten darüber geben, wie viel finanzielle Unterstützung Großeltern bieten sollten, sei es für Bildung oder andere Bedürfnisse.

Respekt gegenüber den Ansichten der Großeltern und konstruktive Gespräche führen: Versuchen Sie, in konstruktiven

Gesprächen gemeinsame Lösungen zu finden. Hören Sie aufmerksam zu und versuchen Sie, zu verstehen, warum die Großeltern die Dinge auf eine bestimmte Weise sehen. Erklären Sie gleichzeitig Ihre eigenen Ansichten und Bedenken. Denken Sie daran, Respekt ist keine Einbahnstraße und auch keine Frage des Alters. Auch Sie verdienen es, dass Ihre Person, Ihre Wünsche und Ansichten respektiert werden. Sie sind in erster Linie für das Wohlergehen Ihres Kindes verantwortlich, die Großeltern stehen in der zweiten Reihe. Selbstverständlich können Großeltern Ihnen mit Rat und Tat und ihrer geballten Lebensweisheit zur Seite stehen, es liegt aber letztendlich in Ihrem eigenen Ermessen, was Sie davon annehmen und wie Sie es für Ihr Kind/Ihre Familie umsetzen wollen. Lösen Sie sich aus Ihrer Kind-Rolle und gestalten Sie den Generationendialog auf Augenhöhe.

Konflikte mit den Kindern

Wer kriegt warum wie viel Taschengeld? Taschengeld kann eine Quelle von Konflikten zwischen Eltern und Kindern sein. Die Kinder könnten das Gefühl haben, dass sie nicht genug bekommen, während die Eltern sich Gedanken darüber machen, wie viel angemessen ist. Konflikte können auch entstehen, wenn Kinder sich mit Gleichaltrigen vergleichen und behaupten, dass »die anderen alle mehr bekommen«.

Konflikte als Anlässe für Gespräche über Bedürfnisse und Erwartungen nutzen: Konflikte um Taschengeld und finanzielle Belohnungen können als Gelegenheit dienen, um mit Ihren Kindern über ihre Bedürfnisse und Erwartungen zu sprechen. Erklären Sie ihnen, wie Budgetierung funktioniert, das heißt, sich bestimmte Budgets für bestimmte Ausgaben/Ziele zu setzen und diese auch einzuhalten. Ermutigen Sie sie, finanziell verantwortungsbewusst zu sein, und beteiligen Sie sie an Entscheidungen, die ihr Taschengeld betreffen. Dies kann dazu beitragen, ihre finanzielle Bildung zu fördern und Konflikte in Chancen zur Weiterentwicklung zu verwandeln.[26]

Erinnern Sie sich daran, dass Konflikte oft aus unterschiedlichen Bedürfnissen und Erwartungen resultieren. Nutzen Sie sie als Gelegenheit zur offenen Kommunikation und zur Weitergabe von finanzieller Bildung an Ihre Kinder. Geld kann eine Quelle von Spannungen sein, aber es kann auch als Werkzeug dienen, um eine starke finanzielle Grundlage für Ihre Familie und die nächste Generation zu schaffen.

Von Bedürfnissen, Wünschen und Werten

Wir alle haben täglich eine Vielzahl an Wünschen und Bedürfnissen, doch was ist ein Wunsch? Und was ein Bedürfnis? Manchmal fällt es selbst Erwachsenen schwer, korrekt zwischen den beiden zu unterscheiden. Hier mal ein kleiner Test!

Ist das neue Paar Schuhe nur ein Wunsch oder vielleicht doch ein Bedürfnis?! Manchmal wünschen wir uns etwas so sehr, dass es sich tatsächlich wie ein Bedürfnis anfühlen kann. Und Kindern geht es da nicht anders. Es lohnt sich also, mit Ihren Kindern (regelmäßig) darüber zu sprechen, was der Unterschied zwischen einem Wunsch, also etwas, das ich gerne hätte, aber nicht zum Überleben brauche, und einem Bedürfnis ist. Also etwas, das ich (zum Überleben) brauche.

Menschliche Grundbedürfnisse ...

... sind fundamentale Bedürfnisse und Anforderungen, die für das Überleben, das Wohlbefinden und die Entwicklung eines Menschen unerlässlich sind. Nahrung, Wasser, Luft, Schlaf, Sexualität[27] und Schutz sind die körperlichen Überlebensbasics. Weitere wichtige Grundbedürfnisse sind Sicherheit und Stabilität, also ein sicheres Zuhause, eine sichere Arbeitsstelle, eine gute Gesundheitsversorgung. Der Mensch braucht außerdem ein Gefühl von Zugehörigkeit, Liebe und Freundschaft, er braucht Beziehungen. Und schließlich will jeder Mensch anerkannt und wertgeschätzt werden.[28]

Hinter Wünschen können auch unerfüllte (Grund-)Bedürfnisse stecken, das ist auf den ersten Blick nicht immer leicht zu erkennen, da es zu einer Verschiebung kommen kann. Das Bedürfnis kann scheinbar nicht (so leicht) erfüllt werden und wird durch etwas anderes, leichter Erreichbares ersetzt. Sie dürfen gern Detektiv spielen und nachforschen, was es zum Beispiel mit Ihrem unbedingten Wunsch nach der dritten Designerhandtasche auf sich hat. Spielt vielleicht ein Bedürfnis nach Zugehörigkeit oder Anerkennung eine Rolle? Oder irgendein anderes Bedürfnis? Es hilft Ihnen und Ihren Kindern, wenn Sie diese Wünsche von Zeit zu Zeit kritisch hinterfragen.

Fragen Sie sich gern auch ganz offen und ehrlich, wo Sie ein Bedürfnis nach Nähe und Beziehung vielleicht schon mal durch ein (Geld-)Geschenk herstellen wollten. Kinder lernen und »verstehen« diese Sprache durchaus. Dessen müssen wir uns bewusst sein und die Verantwortung dafür übernehmen. Wer hat nicht schon mal ein Eis spendiert, um das quengelige Kind zu besänftigen?

Davon reden wir nicht, aber wenn fehlende Zeit und/oder Bindung regelmäßig durch (Geld-)Geschenke ersetzt werden, kann eine für Sie und Ihr Kind fatale Dynamik entstehen.

Um Ihrem Kind den Unterschied zwischen Wunsch und Bedürfnis zu verdeutlichen, suchen Sie sich je nach Alter und Interessen des Kindes eine geeignete Analogie aus. Hier kommt ein Beispiel[29]: Überlegen Sie zusammen mit Ihrem Kind, welche Dinge ein Roboter unbedingt braucht, um reibungslos zu funktionieren. Einigen Sie sich auf vier Dinge, zum Beispiel Batterien, damit er überhaupt angeschaltet werden kann; Arme, um damit arbeiten zu können; Beine, um sich zu bewegen, und Öl, damit alles läuft wie geschmiert. Ihr Fantasieroboter braucht also diese oder vier ähnliche Dinge, um zu funktionieren. Unser Fantasieroboter entdeckt nun an seinem Roboterfreund ein tolles T-Shirt, so eines wollte er schon immer einmal haben! Nehmen wir an, Roboter besitzen kein Geld und können sich Dinge nur ertauschen. Wäre der Roboter clever, wenn er zum Beispiel seine Batterien oder sein Öl gegen das T-Shirt tauschen würde? Wohl kaum! Auch wenn er es sich so sehr wünscht und bestimmt ganz prima in dem T-Shirt aussehen würde … Es ist und bleibt ein Wunsch und kein Bedürfnis, das T-Shirt zu besitzen. Batterien zu haben ist allerdings ein Bedürfnis, weil er ohne diese gar nicht funktionieren würde. Es wäre also cleverer, etwas zum Tausch anzubieten, das er entbehren kann, oder etwas, das er machen kann. Lassen Sie Ihr Kind ein paar Vorschläge machen, was der Roboter zum Tausch anbieten könnte, zum Beispiel ein schönes Lied vorsingen oder seine Hilfe anbieten. Denn nur, wenn man die Dinge hat, die man *braucht*, kann man die Dinge genießen, die man sich wünscht. So herum wird ein Schuh draus.

An dieser Stelle ganz wichtig: Auch nicht notwendige Wünsche dürfen da sein und auch erfüllt werden. Denn es ist vollkommen okay, Wünsche zu haben. Denken Sie an unser Growth

Mindset, welches auf Fülle basiert und nicht auf Mangelgedanken. Die Frage sollte also nicht lauten, ob der Wunsch erfüllt werden kann, sondern *wie* er in Erfüllung gehen kann. Da darf das Kind dann auch kreativ werden und sein unternehmerisches Denken unter Beweis stellen. Achten Sie darauf, dass Ihr Kind versteht, dass die Erfüllung von Bedürfnissen über der Erfüllung von Wünschen steht. Die Familie kann nicht in den Urlaub fahren, wenn sie dann für den Rest des Monats den Strom nicht mehr zahlen kann.

Es gibt auch noch einen anderen Grund, warum es wichtig ist, für Kinder diese Unterscheidung erfahrbar zu machen und zu vermitteln, dass es sich später oder langfristig auszahlen kann, manche Wünsche aufzuschieben.

In den 1960er-Jahren sorgte ein Test aus der experimentellen Psychologie für Aufsehen: das Stanford-Marshmallow-Experiment, durchgeführt von dem US-Amerikaner Walter Mischel. In diesem Experiment wurden Kinder einzeln in einen Raum gebracht, in dem ein Marshmallow auf einem Tisch auf das Kind wartete. Die Forscher erklärten den Kindern, dass sie das Marshmallow essen könnten, wenn sie wollten. Wenn sie aber darauf warteten, bis der Forscher zurückkam (etwa 15 Minuten später), würden sie als Belohnung zwei Marshmallows bekommen.

Wie lange würden die Kinder warten, bevor sie das Marshmallow aßen? Würden sie es überhaupt essen? Das Ergebnis verblüffte: Einige Kinder konnten nicht widerstehen und aßen es sofort, während manche geduldig warteten, um als Belohnung zwei Marshmallows zu erhalten. Einige konnten ihren Impuls, direkt zuzugreifen, also kontrollieren, wohingegen andere keinen Bedürfnisaufschub aushalten konnten. Was das Experiment zeigen sollte: Kurzer Verzicht kann sich später doppelt auszahlen.

Das Experiment ist zu Recht umstritten, da seit der ersten Durchführung Zweifel an der Repräsentativität der Studie bestanden (Durchführung im Kindergarten einer Eliteuniversität) und spätere Auswertungen zu dem Schluss kamen, dass die Umgebung, in der ein Mensch aufwächst, und die Verlässlichkeit seiner Bezugspersonen ganz entscheidend zu seiner Entwicklung und somit auch zu seinen Entscheidungen beitragen. Und das sind gute Nachrichten, denn Sie sind ein großer Teil der Umgebung Ihres Kindes und halten in diesem Moment dieses Buch in Händen. Also keine Panik, wenn Sie denken, dass Ihr Kind auch direkt beherzt zugreifen würde. Das allein hat keine Aussagekraft. Gemäß Walter Mischel liegt die wahre Quintessenz der Marshmallow-Experimente in der Erkenntnis, dass Strategien zur Entwicklung von Willenskraft und Selbstkontrolle gelernt und gefördert werden können – und sollten. Denn durch Selbstkontrolle schaffen wir uns die Freiheit, selbst zu entscheiden und nicht fremdbestimmt zu sein. Entscheidend ist also letztlich, dass *wir* die Marshmallows unter Kontrolle haben und nicht etwa umgekehrt.

Denken Sie daran, Sie als Eltern, Großeltern, Patentante oder -onkel sind Vorbilder für Ihre Kinder und die Kinder in Ihrem Umfeld. Es beginnt wie so oft mit Ihnen! Auch Sie müssen eine Balance finden zwischen dem jetzigen Ich, das im Sinne von »you only live once« leben und konsumieren will, und Ihrem zukünftigen Ich, das dem jetzigen Ich für kluge Entscheidungen und eine vernünftige Altersvorsorge einmal dankbar sein wird. Das gilt für Erwachsene und Kinder gleichermaßen. Ihrem Kind können Sie diese beiden widersprüchlichen Pole vielleicht mit den Comicfiguren Dagobert Duck und Donald Duck näherbringen. Dagobert Duck ist steinreich, dabei aber geizig und gönnt weder sich selbst noch anderen Menschen auch nur den kleinsten Spaß. Sein Neffe Donald Duck hingegen ist ein Genießer und lebt unbekümmert von Tag zu Tag, ist dabei aber abhängig vom reichen Onkel. An manchen Tagen ist es okay, mehr wie Donald zu sein, und in anderen Situationen sollte besser Dagobert Duck das Ruder übernehmen. Alles eine Frage der Balance!

Ihre Werte, Ihr Kurs: So erstellen Sie Ihren persönlichen Wertekompass

Da man im Alltag mit seinen vielen kleinen und großen Entscheidungen und Versuchungen, die tagtäglich auf uns einprasseln, leicht aus der Balance geraten kann, wollen wir Ihnen ans Herz legen, einen eigenen, individuellen Wertekompass zu entwickeln. Dieser kann Ihnen helfen, sich wieder neu auszurichten, sollten Sie ins Wanken geraten oder unsicher sein. Wenn Sie sich Ihrer wichtigsten Werte bewusst sind, können Sie Prioritäten setzen und somit auch Entscheidungen leichter und bewusster treffen.

Werte sind grundlegende Überzeugungen und Prinzipien, die Ihr Verhalten, Ihre Einstellungen und Ihre Entscheidungsfindung beeinflussen. Sie spiegeln das wider, was Sie für wichtig und wertvoll halten. Werte sind in der Regel tief verwurzelt und prägen Ethik, Moral und die allgemeine Lebensweise einer Person. Unsere Werte stehen in direktem Zusammenhang mit unseren Glaubenssätzen, wie gut, dass Sie Ihren möglichen limitierenden Glaubenssätzen bereits in Kapitel 2 auf die Schliche gekommen sind!

Wenn Sie zwischen einer oder mehreren Entscheidungen stehen, fragen Sie sich: Welche Entscheidung passt am ehesten zu meinen Werten? Welche weniger gut?

Doch wie finden Sie heraus, welche die für Sie und Ihr Leben zentralen Werte sind? Die Werte, an denen Sie sich, einem Nordstern gleich, orientieren wollen? Und die Sie auch Ihren Kindern mitgeben wollen? Ein kleiner Test kann Ihnen Aufschluss geben. Sie können diesen Test entweder online machen unter einguterplan.de/werte-test, oder Sie nutzen ganz simpel Stift und Papier.

Suchen Sie sich bitte **zwölf Werte** aus der nachfolgenden Liste aus, die Sie direkt ansprechen und die Ihnen besonders wichtig sind. Achten Sie dabei darauf, dass Sie sich für *Ihre* Werte entscheiden, und nicht für die, die sozial erwünscht sind oder anderen imponieren. Es geht um Sie, und es gibt kein Richtig oder Falsch beim Konfigurieren Ihres individuellen Wertkompass.

Abenteuer	Großzügigkeit	Rationalität
Achtsamkeit	Harmonie	Realismus
Akzeptanz	Herzlichkeit	Respekt
Authentizität	Hilfsbereitschaft	Sanftmut
Balance	Humor	Selbstbestimmung
Beharrlichkeit	Intuition	Sensibilität
Beliebtheit	Kompromissbereit-	Sicherheit
Bescheidenheit	schaft	Solidarität
Dankbarkeit	Konstruktivität	Spaß
Disziplin	Kreativität	Spiritualität
Effizienz	Kritikfähigkeit	Toleranz
Ehrlichkeit	Leichtigkeit	Tradition
Empathie	Leidenschaft	Transparenz
Entwicklung	Lernbereitschaft	Treue
Erfolg	Liebe	Unabhängigkeit
Fantasie	Loyalität	Verantwortung
Flexibilität	Mitgefühl	Vertrauen
Freiheit	Mut	Weisheit
Friedfertigkeit	Nachhaltigkeit	Wissen
Fröhlichkeit	Nähe	Wohlstand
Geduld	Neugierde	Wohlwollen
Gelassenheit	Offenheit	Zugehörigkeit
Gerechtigkeit	Optimismus	Zuverlässigkeit
Gesundheit	Ordnung	–
Glaubwürdigkeit	Perfektion	

Tabelle 1: Ihre Werte.[30]

Konnten Sie sich für zwölf Werte entscheiden? Gut, dann schreiben Sie diese bitte auf ein Blatt Papier. Jetzt gilt es, noch feinmaschiger zu filtern, um sich nach und nach Ihrer persönlichen Werte-Top-3 zu nähern. Nun dürfen Sie jeden notierten Wert gegen alle anderen notierten Werte im Kopf abwägen. Starten Sie mit dem ersten Wert auf Ihrem Blatt. Ist Ihnen dieser erste Wert wichtiger als der zweite der Aufzählung? Wenn ja, bekommt der erste Wert einen Strich. Wenn Ihnen der zweite Wert wichtiger ist, machen Sie dort einen Strich. Danach vergleichen Sie den ersten Wert mit dem dritten Wert. Ist der erste wichtiger, bekommt dieser einen Strich, ist der dritte wichtiger, dann wird hinter diesem Wert ein Strich notiert. Vergleichen Sie auf diese Art und Weise also den ersten Wert mit allen anderen elf Werten.

Danach nehmen Sie sich den zweiten Wert vor. Mit dem ersten Wert müssen Sie ihn nicht mehr vergleichen, das wurde bereits erledigt. Sie vergleichen den zweiten Wert nun also mit dem dritten Wert. Dann mit dem vierten und so weiter. Tun Sie dies für alle zwölf Werte auf Ihrem Blatt Papier. Es kann schwerfallen, sich abstrakte Werte wie Authentizität oder Weisheit vorzustellen und miteinander zu vergleichen. Deshalb nehmen Sie sich etwas Zeit und denken Sie in konkreten Beispielen oder Situationen, in denen diese Werte für Sie eine Rolle spielen oder gespielt haben.

Am Ende entscheidet die Anzahl der vergebenen Striche darüber, welche Werte Ihnen am wichtigsten sind. Ermitteln Sie daraus Ihre persönlichen Top 3 und schreiben Sie diese drei Werte untereinander. Haben einige Werte die gleiche Anzahl an Strichen, dann teilen diese sich einen Platz.

Wie fühlt sich Ihre persönliche Top 3 an? Stimmig? Oder würde sich doch ein anderer Wert besser in dieser Aufzählung anfühlen? Es sind *Ihre* Werte, und es ist *Ihre* Entscheidung. Tauschen

Sie gern noch ein bisschen hin und her, bis Sie sich mit Ihrer Top 3 wirklich wohlfühlen.

Geschafft? Herzlichen Glückwunsch, Sie haben nun Ihren individuellen Wertekompass erstellt.

Nun können Sie künftig, wenn Sie vor großen oder auch kleineren Entscheidungen stehen oder wann immer Sie unsicher sind, Ihren persönlichen Wertekompass befragen. Welche Entscheidung steht eher im Einklang mit Ihren persönlichen Werten? Spielen Sie alle Optionen durch und entscheiden Sie entsprechend. Sie können diese Übung auch in abgespeckter Form mit Ihrem Kind durchführen. Bastelt Ihr Kind gern, so kann es seinen eigenen kleinen Kompass gestalten, in den seine wichtigsten Werte als Himmelsrichtungen eingetragen werden können. Treffen Sie eine (altersgerechte) Vorauswahl an Werten, mit denen Ihr Kind etwas anfangen kann. Lassen Sie Ihr Kind mit Ihrer Hilfe herausfinden, welche Werte ihm besonders wichtig sind und warum.

Dieser kleine Wertekompass kann Ihrem Kind im Alltag, auch bei Geld- und Konsumentscheidungen, eine gute Unterstützung sein. Möglicherweise gelingt es Ihnen, durch das gemeinsame Abchecken des Wertekompass, Ihrem Kind zu zeigen, wie es einen Fuß zwischen Reiz und Reaktion setzen und seine eigenen Entscheidungen zumindest kurz reflektieren kann, bevor es sie trifft.

Einer der zentralen Werte von uns Autorinnen ist die Nachhaltigkeit. So, wie wir die Dinge sehen, funktioniert jede einzelne Konsumentscheidung, die wir treffen, wie eine Stimme für oder gegen das gekaufte Produkt. Ein Kassenzettel ist also ein Stück weit auch immer eine Art Stimmzettel. Was sehr banal anmuten mag, soll Ihnen aufzeigen, wie einfach und niedrigschwellig es sein kann, Nachhaltigkeitsaspekte bei Entscheidungen zu berücksichtigen.

Wir freuen uns, wenn Nachhaltigkeit vielleicht auch in Ihrem Wertekompass eine Rolle spielt, aber selbst wenn nicht: Bei der Wahl Ihres Kontos oder der Geldanlage, sowohl für Sie selbst als auch für Ihre Kinder, können Sie sich immer auch für die nachhaltige Variante entscheiden.

Die nachhaltigen Optionen stehen den konventionellen in nichts nach und performen teilweise sogar besser als die konventionellen Optionen.

Vermögen oder Einkommen?

Fokussieren Sie sich im Alltag stark auf die Kontrolle Ihrer Einnahmen und Ausgaben? Das ist ein guter Startpunkt! Idealerweise konzentrieren Sie sich zukünftig noch mehr auf den Vermögensaufbau. Natürlich geht beides Hand in Hand: Ein höheres Einkommen ermöglicht es Ihnen, mehr Rücklagen zu bilden und Vermögen aufzubauen. Wenn Sie aber in derselben Geschwindigkeit, mit der Sie Ihre Einnahmen erhöhen, auch Ihre Ausgaben entsprechend erhöhen, verändern Sie nur Ihre »Burn Rate« – die Geschwindigkeit, mit der Sie Ihr Geld ausgeben. Den Impuls, mit steigendem Einkommen auch den Lebensstandard zu erhöhen (die etwas größere Wohnung, die neu gekauften Möbel anstelle der gebrauchten, ein (weiteres) Auto …), nennt man Lifestyle-Inflation. Es ist immer hilfreich, wenn Sie sich dessen bewusst sind und sich bei einem Gehaltssprung oder ähnlichen (positiven) finanziellen Entwicklungen aktiv überlegen, wie Sie damit umgehen wollen. Wenn Sie der Lifestyle-Inflation auf den Leim gehen und Ihre Ausgaben es Ihren Einnahmen gleichtun und steigen, bleibt Ihr Vermögen trotz des höheren Einkommens unverändert.

Es ist deshalb wichtig, den Unterschied zwischen Einkommen und Vermögen sowie zwischen Ausgaben und Verbindlichkeiten (Schulden) zu verstehen:

- **Einnahmen** sind Finanzflüsse auf Ihr Konto: zum Beispiel Ihr Gehalt, Sozialleistungen (wie Kinder- oder Elterngeld), Zinszahlungen, Mieteinnahmen …
- **Ausgaben** sind Finanzflüsse, die von Ihrem Konto abgehen: zum Beispiel für Steuern, Miete, Versicherungen, Lebensmittel, Kreditkosten …
- **Vermögen** ist etwas, was Sie besitzen und das idealerweise, wenn Sie es geschickt anstellen, mit der Zeit seinen Wert steigert: Geld auf dem Konto, Immobilien, Aktien, Anleihen …
- **Verbindlichkeiten** sind Dinge, die Ihnen mit der Zeit Geld entziehen: ein überzogenes Konto (und die Dispozinsen), ein Auto (und der Kredit dafür), ein Immobilienkredit …[31]

Die folgenden Erklärungen orientieren sich an dem Bestseller *Rich Dad Poor Dad*[32] von Robert Kiyosaki. Er unterscheidet in seinen Ausführungen zwischen einem armutsbetroffenen Haushalt, einem Mittelstandshaushalt und einem wohlhabenden Haushalt. Wir Autorinnen sind mit dieser harten Kategorisierung der Haushalte nicht unbedingt einverstanden; dennoch kann es hilfreich sein, zu verstehen, wie die unterschiedlichen Haushalte mit den verschiedenen Finanzflüssen umgehen.

Finanzströme eines armutsbetroffenen Haushalts

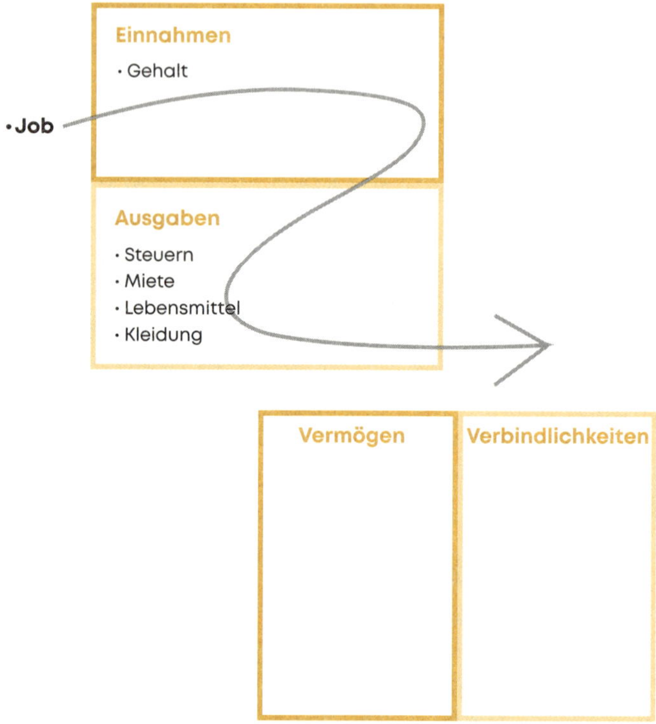

Abbildung 2

In einem armutsbetroffenen Haushalt decken die Einnahmen gerade so die Ausgaben, und es bleibt am Ende des Monats nichts übrig. Das Gehalt geht also vollständig für Miete, Lebensmittel, eventuelle Urlaube und andere Ausgaben drauf. Das ist die Situation für mehr als 30 Prozent aller Haushalte in Deutschland: Am Ende des Monats bleibt kaum Geld übrig, um Rücklagen aufzubauen; ungeplante Ausgaben in Höhe von 1150 € oder mehr sind nicht möglich.[33]

Finanzströme eines Mittelstandshaushalts

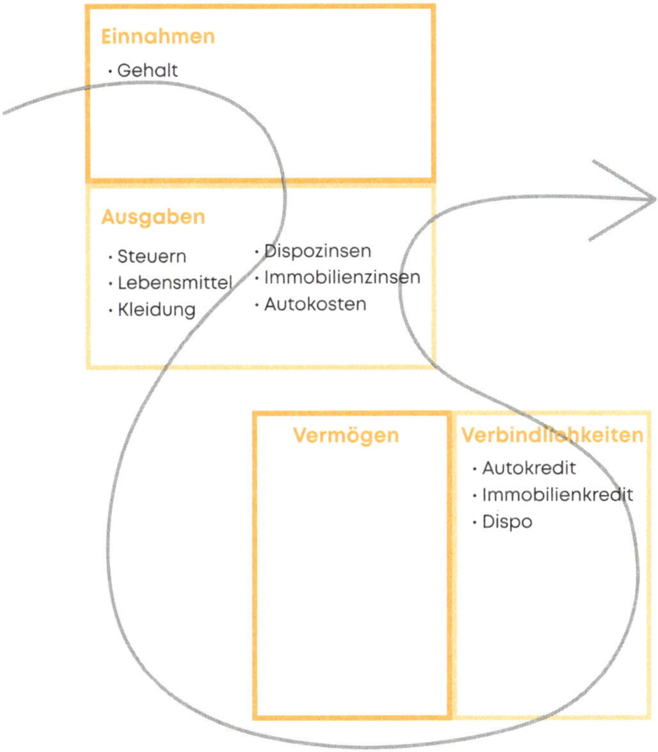

Abbildung 3

Mittelstandshaushalte haben zwar mehr Einnahmen in Form eines höheren Einkommens; dieses Einkommen fließt aber häufig direkt in die Abzahlung diverser Kredite: Autokredit, Immobilienkredit, Dispokredit. Wenn der Haushalt auf die Lifestyle-Inflation reinfällt, fließt kein Geld in den Aufbau von Vermögen, weil alles für höhere Ausgaben und Verbindlichkeiten ausgegeben wird.

Finanzströme eines wohlhabenden Haushalts

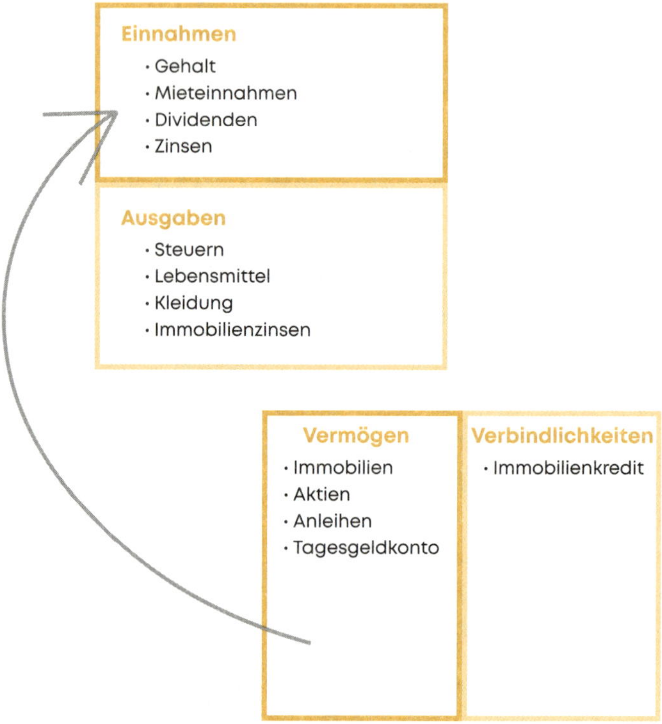

Abbildung 4

Ein wohlhabender Haushalt konzentriert sich darauf, Vermögenswerte aufzubauen. Das können (vermietete) Immobilien sein oder Börseninvestitionen wie Aktien und Anleihen. Auch Kunst oder Oldtimer können Vermögenswerte sein.

Natürlich haben auch reiche Haushalte Ausgaben. Aber ihre Vermögenswerte erhöhen ihre Einnahmen, nicht andersherum.

Es zeigt sich: Der sinnvolle Umgang mit Geld ist zwar in starken Teilen, aber nicht ausschließlich abhängig vom Einkommen.

Money Talk: Die Fabel von der Gans, die goldene Eier legt

Um Ihrem Kind den Unterschied zwischen Vermögen/Einkommen und Verbindlichkeiten/Ausgaben zu erklären, kann die folgende Geschichte frei nach Äsop ein guter Aufhänger sein:

Auf einem kleinen Bauernhof am Rande der Stadt wohnte ein tüchtiger Bauer. Mit ihm lebten acht Kühe und vier Gänse auf dem Hof. Jeder Morgen hatte den gleichen Ablauf. Zuerst ging der Bauer in den Kuhstall, um die Kühe zu melken. Anschließend ging der Bauer in den Gänsestall, um die Eier seiner Gänse einzusammeln. Jeden Mittwoch und Samstag fuhr der Bauer mit der Milch und den Eiern auf den Marktplatz im Zentrum der Stadt, um seine Waren zu verkaufen.

Der Bauer führte ein glückliches und zufriedenes Leben.

Eines Morgens kam er wieder mal mit seinem kleinen Körbchen in den Gänsestall, um die Eier einzusammeln, als er plötzlich erschrak: Aus dem Nest der größten und prächtigsten Gans blitzte ein goldenes Ei hervor. Es war nicht weiß und matt wie die anderen Eier, sondern glänzte in strahlendem Gold. Außer sich vor Glück nahm der Bauer das Ei mit auf den Marktplatz und verkaufte es dem lokalen Schmuckhändler.

Am nächsten Morgen konnte er sein Glück kaum fassen, als wieder ein goldenes Ei im Nest der größten und prächtigsten Gans lag. Auch dieses verkaufte er wieder für ein kleines Vermögen auf dem Marktplatz der Stadt.

Tag für Tag wiederholte sich dieses Wunder von nun an, und der Bauer wurde rasch zu einem wohlhabenden Mann. Doch schon nach kurzer Zeit wurde der Bauer ungeduldig und überlegte: »Wenn die Gans jeden Morgen ein goldenes Ei legt, ist sie bestimmt selbst ganz und gar aus purem Gold. Warum sollte ich also jeden Tag auf ein kleines goldenes Ei warten, wenn ich sofort eine große Gans aus purem Gold haben kann?«

Kurz entschlossen eilte der Bauer in den Gänsestall und schlachtete die große, prächtige Gans. Doch siehe da: Die Gans bestand nicht aus Gold, sondern aus ganz normalem Gänsefleisch wie jede andere Gans auch.

So hatte der Bauer in kürzester Zeit gleich beides verloren: seine große, prächtige Gans und ein goldenes Ei an jedem neuen Morgen.

In dieser Geschichte ist die Gans das Vermögen, das dem Bauer jeden Morgen ein Einkommen bringt und damit sein Vermögen noch weiter erhöht. Durch sein gieriges Verhalten hat er sich um sein Vermögen und damit auch um die Quelle seines hohen Einkommens gebracht.

Mögliche Fragen, die Sie mit Ihrem Kind besprechen können:

- Was macht das goldene Ei so viel wertvoller als ein normales Ei?
- Was denkst du, wären die Auswirkungen, wenn die Gans auf einmal keine goldenen Eier mehr legen würde?
- Wenn du eine solche Gans hättest, was würdest du mit den goldenen Eiern machen?

Finanzen im (Familien-)Alltag

Wie, liebe Leserinnen und Leser, sieht es mit Ihren eigenen Finanzen aus? Haben Sie alles gut im Griff? Oder ist Ihnen diese Nachfrage eher unangenehm? Egal, wie Sie auf diese Frage reagieren, wir nehmen Sie mit auf einen kleinen Ausflug in den Finanzalltag von Familien und Paaren.

Wie haben Sie als Familie Ihre Finanzen geregelt? Haben Sie ein gemeinsames Konto, über das alle Zahlungen abgewickelt werden? Oder haben Sie vielleicht getrennte Konten, und jeder ist für bestimmte Zahlungen/Budgets zuständig? Wie so oft gibt es keine »One-size-fits-all«-Lösung, und jede Familie muss die für sie beste Option finden. Wir wollen Ihnen eine bewährte Methode zur Verwaltung gemeinsamer Zahlungen und Finanzen vorstellen, die Transparenz, Fairness und Gleichberechtigung in Ihre finanziellen Angelegenheiten bringt.

Das Drei-Konten-Modell

Dieses Modell besteht, wie der Name vermuten lässt, aus drei Konten: einem gemeinsamen Konto und zwei Konten, die jeweils einer Partnerin oder einem Partner allein gehören.

Gemeinsames Konto: Auf dieses Konto zahlen beide Partner regelmäßig Geld ein. Dieses Geld wird verwendet, um gemeinsame Ausgaben zu decken wie Miete, Kreditraten, Nebenkosten, Lebensmittel, Urlaube und andere gemeinsame Kosten, wie zum Beispiel für die Kinder.

Individuelle Konten: Zusätzlich zum gemeinsamen Konto behält jeder Partner sein eigenes Konto, auf das sein Gehalt und alle anderen Arten von Einkommen fließen. Dieses Konto dient dazu, persönliche Ausgaben zu decken wie individuelle Hobbys, Kleidung, eigene Konsumausgaben oder persönliche Schulden. Natürlich werden von diesem Konto auch die Zahlungen auf das gemeinsame Konto getätigt.

Die Partner haben die Freiheit, über diese Konten nach eigenem Ermessen zu verfügen, ohne die Zustimmung des anderen einholen zu müssen. Es ist wichtig, dass jeder Mensch immer sein eigenes Konto mit einem eigenen Notgroschen behält. Möglicherweise benötigen Sie ihn nie; wenn doch, sind Sie dankbar, den (eigenen) Notgroschen zu haben und unabhängig und selbstbestimmt Entscheidungen treffen zu können.

Zahlungen auf das Gemeinschaftskonto: Es gibt verschiedene Möglichkeiten, wie die Beiträge zum Gemeinschaftskonto berechnet werden. Eine Option ist, dass jeder Partner proportional zu seinem Einkommen einzahlt, um ein faires Verhältnis zu gewährleisten. Zum Beispiel zahlt jeder in der Familie mit einem Einkommen 50 Prozent seines Gehalts auf dieses Konto. Verdient ein Partner 5000 € netto im Monat, zahlt er 2500 € ein, verdient der andere Partner 2000 € netto im Monat, steuert dieser 1000 € bei.

Alternativ (und das ist die Version, die wir als wirklich gleichberechtigt betrachten) dreht man den Gedankengang um: Die Zahlungsströme werden so organisiert, dass nach Abzug aller Kosten für jeden Partner derselbe Betrag übrig bleibt. Damit haben beide dieselbe Möglichkeit, Geld für Freizeit, Altersvorsorge oder seine anderen Pläne auszugeben, und beide sind in der finanziell gleichen Situation.

Das Drei-Konten-Modell in der Praxis

Stellen Sie sich vor, ein Paar hat fünf Kinder. Die Partnerin ist Unternehmerin und verdient 10 000 € netto pro Monat. Der Partner kümmert sich primär um die fünf Kinder und hat ein eigenes Einkommen von 1000 € pro Monat. Wenn wir jetzt sagen würden, jeder trägt zum Beispiel 70 Prozent des eigenen Gehalts zum gemeinsamen Konto bei, würde das bedeuten, dass die Unternehmerin jeden Monat 7000 € aufs gemeinsame Konto legt. Der Partner dagegen zahlt nur 700 € ein. Intuitiv denkt man also, sehr großzügig von ihr, dass sie ihn so unterstützt und finanziert.

Tatsächlich ist sie aber nur in der Lage, das hohe Einkommen zu erzielen, weil er ihr den Rücken freihält und sich um die Kinder kümmert. Und dass dieses Modell nicht komplett fair ist, wird spätestens klar, wenn man sich anschaut, was jeder der beiden Partner nach Abzug der gemeinsamen Kosten für sich selbst übrig hat: Die Ehefrau hat jeden Monat 3000 € übrig, mit denen sie machen kann, was sie möchte. Sie kann davon Rücklagen für sich selbst aufbauen, Rücklagen für die Altersvorsorge, sie kann damit mit ihren Freundinnen Wochenendtrips machen oder in den Urlaub fahren. Und sie kann Ihrem Partner luxuriöse Geschenke machen.

Er hat dagegen jeden Monat 300 € übrig. Mit diesen 300 € muss er sich um seine Altersvorsorge kümmern, seinen Notgroschen aufbauen und alles andere abdecken. In den ersten Jahren der Beziehung ist er also nicht in der Lage, sie zu verlassen, weil sein Notgroschen noch nicht aufgebaut ist. Wenn er mit seinen Freunden in den Urlaub fahren möchte, kann er das nur tun, wenn sie es ihm finanziert. Seine Altersvorsorge steht ohnehin schlecht da. Und die Geschenke, die er ihr macht, sind vielleicht kreativ, aber sicherlich nicht luxuriös.

Wenn man jetzt jedoch die Aufteilung so treffen würde, dass jeder der beiden nach Abzug der Fixkosten denselben Betrag für sich behält, dann würde das Folgendes bedeuten: Die Frau überweist 7000 € auf das gemeinsame Konto. Zusätzlich überweist sie ihrem Mann 1000 €, sodass er nun 2000 € hat: sein Gehalt plus die 1000 €. Sie hat denselben Betrag (ihre 10 000 € Gehalt minus 7000 € Gemeinschaftskonto minus 1000 € für ihren Mann). Damit hat jeder dieselbe Möglichkeit, das Geld für Rücklagen zu verwenden, die Altersvorsorge aufzustocken oder das Geld für Dinge auszugeben, die man nicht mit der Partnerin diskutieren möchte.

Das Drei-Konten-Modell bietet mehrere Vorteile in einer Partnerschaft: Es fördert die finanzielle Eigenständigkeit und Verantwortlichkeit jedes Partners, da sie ihre eigenen persönlichen Ausgaben mit ihren eigenen Konten verwalten. Es schafft Transparenz, da beide Partner Einsicht in das gemeinsame Konto haben und wissen, wofür das Geld verwendet wird und wo es hingeht. Das Drei-Konten-Modell kann außerdem helfen, Konflikte zum Thema Geld zu reduzieren, da es klare Richtlinien für die gemeinsamen Finanzen vorgibt und so finanzielle Abhängigkeiten vermieden werden (Stichwort finanzielle Gewalt!).

EXKURS: FINANZIELLE GEWALT

Von finanzieller Gewalt spricht man, wenn ein bestehendes finanzielles Machtgefälle ausgenutzt wird, um Druck auf die abhängige Person auszuüben.

Ein Beispiel: Stefan arbeitet als Familienernährer in Vollzeit, seine Frau Aylin leistet zu Hause die Care-Arbeit, indem sie wäscht, kocht, putzt, Kinder und Haustiere versorgt und Stefans demente Mutter pflegt. Da Aylin wegen der Care-Arbeit keiner bezahlten Tätigkeit nachgeht, Stefan aber genau deshalb Vollzeit arbeiten kann, steht ihr fairerweise die Hälfte des Familieneinkommens zu. In der Realität landet der Großteil des Familieneinkommens über Stefans Lohnzettel erst mal auf *seinem* Konto. Was und wie viel er davon an Aylin abgibt, bleibt ihm scheinbar selbst überlassen. Hier sind bereits alle Kriterien für eine finanzielle Abhängigkeit gegeben. Wir sprechen allerdings (noch) nicht von finanzieller Gewalt.

Aber nun wird es spannend: Stefan gibt Aylin keine feste monatliche Summe, mit der sie planen und über die sie frei verfügen kann. Er verlangt von ihr, dass sie rechtfertigt und darlegt, für was sie wie viel Geld benötigt. Auch ob die neuen Schuhe, die Aylin sich kaufen will, wirklich notwendig sind, entscheidet er. Wenn Stefan seine finanzielle Überlegenheit gegenüber Aylin als Druckmittel einsetzt, reden wir von finanzieller Gewalt: »Wenn du xyz nicht machst, bekommst du kein Geld von mir!«

Tatsächlich gibt es sogar eine wenig bekannte gesetzliche Pflicht zum Familienunterhalt nach § 1360 Bürgerliches Gesetzbuch: »Die Ehegatten sind einander verpflichtet, durch ihre Arbeit und mit ihrem Vermögen die Familie angemessen zu unterhalten. Ist einem Ehegatten die Haushaltsführung überlassen, so erfüllt er seine Verpflichtung, durch Arbeit zum Unterhalt der Familie beizutragen, in der Regel durch die Führung des Haushalts.«[34] Dieser Paragraf regelt eindeutig, dass es sich bei Ausgleichszahlungen in der Beziehung nicht um ein partnerschaftliches Wohlwollen und Großzügigkeit handelt, sondern es einen ganz klaren Rechtsanspruch gibt.

> Auf Taschengeld gibt es zwar keinen Rechtsanspruch, aber finanzielle Gewalt kann dennoch ein Thema sein: Behalten Sie als Eltern das Taschengeld als Druckmittel ein, machen Sie nichts anderes als Stefan mit Aylin.

Wir empfehlen zusätzlich zum Drei-Konten-Modell noch ein Konto für den sogenannten Notgroschen. Der Notgroschen leistet einen großen Beitrag für Ihr finanzielles Wohlbefinden, denn er fungiert wie ein Ruhekissen, welches Sie im Falle von unvorhergesehenen finanziellen Herausforderungen sanft auffängt. Das Auto hat seinen Geist aufgegeben oder die Waschmaschine? Ihnen ist eine horrende Nachzahlung von Ihrem Energieversorger ins Haus geflattert? Sehr ärgerlich natürlich, aber kein Problem, wenn der Notgroschen entsprechend gefüllt ist.

Der Notgroschen sollte ungefähr den Wert von drei bis sechs Nettomonatseinkommen aufweisen, und er sollte Sie und alle, die von Ihnen abhängig sind (Kinder, Haustiere) für zwei bis drei Monate versorgen können. Zum Notgroschen sollten auch beide Partner regelmäßig beitragen. Entweder Sie sammeln die Zahlungen für den Notgroschen auf Ihrem gemeinsamen Konto, oder Sie legen der Übersichtlichkeit wegen ein geeignetes Tagesgeldkonto an, auf welches Sie die Zahlungen für den Notgroschen vom gemeinsamen oder von Ihrem eigenen Konto automatisieren.

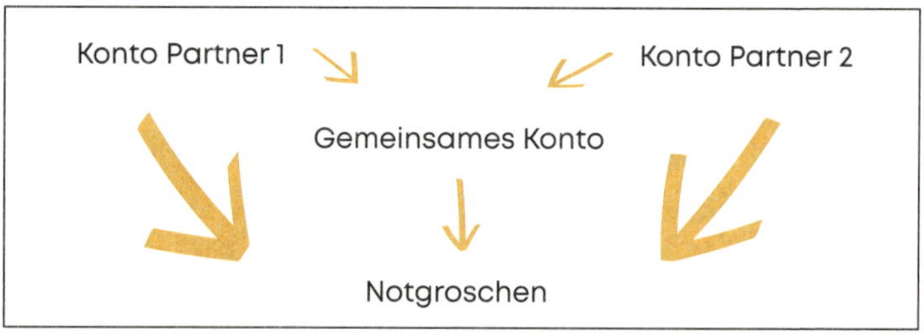

Abbildung 5: Drei-Konten-Modell.

Es ist sehr wichtig, dass beide Partner offen über ihre finanziellen Erwartungen sprechen und die Details des Drei-Konten-Modells gemeinsam festlegen. Die genaue Aufteilung der Beiträge und die Verwaltung der Konten können je nach den individuellen Bedürfnissen und Umständen der Beziehung variieren. Sollte sich einer der Partner zum Beispiel in Elternzeit befinden, sollten die Zahlungsflüsse entsprechend angepasst werden. Machen Sie es sich zur Gewohnheit, regelmäßig über Ihre (gemeinsamen) Finanzen zu sprechen, um sicherzustellen, dass das Modell für Sie funktioniert und alle Beteiligten zufrieden sind.

Ehevertrag und gegenseitige finanzielle Absicherung

Es mag Ihnen vielleicht unromantisch und/oder berechnend vorkommen, über einen Ehevertrag nachzudenken, aber jede und jeder von uns ist nur eine Trennung von einer finanziellen Schieflage entfernt. Nach Angaben des Statistischen Bundesamtes wurde im Jahr 2022 jede dritte Ehe geschieden.[35] Ich weiß nicht, wie es Ihnen geht, aber uns wäre ein Finanzprodukt mit einer 30-prozentigen Ausfallwahrscheinlichkeit als alleinige Absicherung nicht geheuer. Wenn das Produkt super attraktiv ist, unterschreibe ich vielleicht trotzdem. Aber ganz sicher treffe ich noch andere Vorkehrungen und lege nicht »alle Eier in einen Korb«. Deshalb ist es uns ein Anliegen, für das vermeintlich heikle Thema »Ehevertrag« eine Lanze zu brechen. Vielleicht haben Sie nach dem Lesen unserer Ausführungen einen anderen Blick auf das Thema. Aber der Reihe nach. Was ist überhaupt ein Ehevertrag?

Es gibt nicht den einen Ehevertrag. Eheverträge können ganz unterschiedliche Regelungen enthalten, passend zum Paar. Ein

Ehevertrag ist eine rechtlich bindende Vereinbarung, die von einem Paar vor oder auch noch während der Ehe geschlossen wird. Für einen Ehevertrag muss man nicht verheiratet sein; man kann auch einen Partnerschaftsvertrag abschließen. Diese Vereinbarung kann jederzeit von den Vertragsparteien beliebig angepasst oder geändert werden. Der Ehe- oder Partnerschaftsvertrag dient dazu, bestimmte finanzielle Vereinbarungen zu treffen, die von der gesetzlich vorgesehenen Norm, welche automatisch mit der Eheschließung in Kraft tritt (Stichwort Zugewinngemeinschaft), abweichen. Ein Ehevertrag kann verschiedene Absichten verfolgen oder Bereiche regeln.

Ein häufiger Grund für einen Ehevertrag ist die Einordnung von Vermögenswerten. In einem Ehevertrag können die Partner festlegen, welche Vermögenswerte als individuelles Eigentum und welche als gemeinsames Eigentum behandelt werden. Dies ist besonders wichtig, wenn einer der Partner bereits vor der Ehe Vermögenswerte hatte. Hierbei sind Immobilien und eventuelles Betriebsvermögen besonders relevant. Auch bei Patchworkfamilien mit Kindern aus vorherigen Beziehungen kann ein Ehevertrag sinnvoll sein, um alle Verpflichtungen und Rechte aller Familienmitglieder zu klären.

Keine Sorge: Schulden, die individuell aufgenommen wurden, gehören auch bei verheirateten Paaren weiterhin allein zu der verschuldeten Person. In einem Ehevertrag können Sie festlegen, wer im Falle einer Scheidung für *gemeinsame* Schulden (der gemeinsame Hauskredit, das gemeinsame Auto …) verantwortlich ist und wie sie verteilt werden.

Besonders wichtig ist, dass in einem Ehevertrag festgelegt werden kann, wie Unterhalts- und Ausgleichszahlungen im Falle einer Scheidung geregelt werden. In diesem Zusammenhang dient der Ehevertrag dazu, Geschlechterungleichheiten zu adressieren, die in vielen Ehen und Partnerschaften bewusst oder unbewusst vorhanden sein können.

Wenn Paare sich für Kinder entscheiden, dann bleibt oft ein Partner (meist die Frau) eine Zeit lang zu Hause, um unbezahlte Care-Arbeit zu leisten und sich um die Kinder zu kümmern. Wenn überhaupt, dann kehrt sie meistens in Teilzeit wieder in den Beruf zurück, die sogenannte »Teilzeitfalle« schnappt zu. Sie bezeichnet den Umstand, dass viele Eltern, vor allem Mütter, nach der Geburt Arbeitszeit reduzieren und viele Jahre nicht wieder in Vollzeit ins Berufsleben zurückkehren, sondern tendenziell in Teilzeit. Diese Regelung ist natürlich vollkommen in Ordnung, wenn sie für die jeweilige Situation und Konstellation passt und beide Partner es genauso wollen. Allerdings sollten Sie sich mit den finanziellen Auswirkungen dieser Entscheidung für *beide* Partner beschäftigen, um aufgeklärte und wohlüberlegte Entscheidungen treffen zu können. Im oben entworfenen Szenario hätte ein Partner durch die gemeinsame Entscheidung zur Kinderbetreuungssituation im Falle einer späteren Trennung und ohne ehevertragliche Regelungen massive finanzielle Einbußen: Nicht nur das eigene (Vollzeit-) Einkommen fällt für viele Jahre weg, sondern er oder sie konnte in dieser Zeit auch nicht oder weniger (selbst) fürs Alter vorsorgen (Stichwort Rentenlücke!). Auch weitere Schritte auf der Karriereleiter, die mit einer Gehaltserhöhung einhergegangen wären, wurden nicht erklommen. Der berufliche Anschluss wird also verpasst, und es droht Altersarmut im Falle einer Trennung ohne weitere Vereinbarungen.

Zum Vergleich: Der Partner, der in Vollzeit erwerbstätig bleibt, zahlt lückenlos in die gesetzliche Rentenversicherung ein, eventuell auch in eine betriebliche Altersvorsorge, er kann Gehaltssprünge durch das Sammeln weiterer Berufsjahre realisieren und könnte auch weiterhin privat fürs Alter vorsorgen. Für diesen

(Aus-)Fall sollten Sie in Ihrer Beziehung unbedingt über Ausgleichzahlungen sprechen. Denn der Partner, der weiterhin in Vollzeit erwerbstätig ist, wenn Kinder auf die Welt kommen, kann dies nur tun, weil der andere Partner ihm den Rücken freihält. Das ist eine Realität, die leider noch allzu oft verkannt oder verharmlost wird. Das liegt vor allem an traditionellen Rollenbildern und -erwartungen, die suggerieren, dass so die »normale«, »richtige« Aufteilung sei. Es fehlen leider immer noch die prominent sichtbaren Alternativen und Vorbilder, die Orientierung geben könnten.[36]

Vielleicht können Sie mit Ihrer Beziehung und Ihren Vereinbarungen ein solcher »Leuchtturm« sein. Adäquate Ausgleichzahlungen können Sie mithilfe einer Anwältin oder eines Anwalts für Familienrecht besprechen. Die Anwaltsberatung ist natürlich mit Kosten verbunden; allerdings sollten Sie diese Ausgabe als Investition in Ihre Zukunft betrachten, welche Ihnen viele Sorgen und etwaige Streitigkeiten ersparen wird, denn geregelt ist geregelt.

Es macht Sinn, diese Überlegungen gemeinsam anzustellen, solange Sie und Ihr Partner sich wohlgesonnen sind. Ein Ehevertrag kann dazu beitragen, Streitigkeiten zu vermeiden und Unsicherheiten abzubauen. Er kann sogar – entgegen der weit verbreiteten Ansicht – ein romantischer Liebesbeweis sein, einer der sagt: »Du bist mir wichtig und ich will, dass es jetzt und in Zukunft fair zugeht.«

Steuerklassen

Die Wahl der Steuerklasse ist ein weiterer wichtiger Aspekt der finanziellen (Familien-)Planung. Die gewählte oder zugeteilte Steuerklasse kann Auswirkungen auf die Finanzflüsse in Ihrer

Familie haben und beeinflussen, wie Finanzen in Ihrer Familie funktionieren. Wer seine Lohnsteuerklasse gut wählt, hat monatlich mehr netto im eigenen Geldbeutel und muss nicht erst auf den Steuerausgleich durch die jährliche Einkommenssteuererklärung warten.

Steuerklassen regeln die Besteuerung von Einkommen natürlicher Personen. Es gibt in Deutschland sechs verschiedene Steuerklassen:

- **Steuerklasse 1 (I)** gilt in der Regel für alleinstehende Arbeitnehmer ohne Kinder. Das Einkommen wird in dieser Steuerklasse progressiv besteuert, was bedeutet, dass mit der Höhe des Einkommens auch der Steuersatz steigt.
- **Steuerklasse 2 (II)** existiert für Alleinerziehende mit Kindern. Diese Steuerklasse geht mit einer niedrigeren Steuerbelastung einher als Klasse 1, um Alleinerziehende finanziell zu entlasten. Sie muss jedoch beim Finanzamt aktiv beantragt werden und wird nicht automatisch zugeteilt.
- **Steuerklasse 3 (III)** ist für verheiratete Arbeitnehmer, deren Ehepartner keinen oder wenig Arbeitslohn bezieht. Dieser Partner ist in der Regel in Steuerklasse 5 eingruppiert (III/V).
- **Steuerklasse 4 (IV)** ist für verheiratete Arbeitnehmer.
- **Steuerklasse 5 (V)** ist für verheiratete Arbeitnehmer, deren Ehepartner die Steuerklasse 3 gewählt hat (III/V).
- **Steuerklasse 6 (VI)** ist für Arbeitnehmer, die Arbeitslohn von mehreren Arbeitgebern beziehen.

Die gewählte oder zugeteilte Steuerklasse hat also Einfluss auf die Höhe der Einkommenssteuer, die ein Steuerzahler leisten muss. Nicht jeder kann seine Steuerklasse frei wählen, dies hängt, wie oben deutlich wird, vom individuellen Status einer Person ab.

Verheiratete Personen haben Wahlfreiheit, ob sie gemeinsam zur Einkommenssteuer veranlagt werden wollen (Steuerklassen 4) oder einzeln veranlagt werden (Steuerklassen 3 und 5). Die Wahl der Steuerklasse kann das unterjährige Familieneinkommen nicht unerheblich beeinflussen, da sie bestimmt, wie viel Einkommenssteuer die Arbeitnehmerinnen und Arbeitnehmer eines gemeinsamen Haushalts zahlen müssen.

Unterschiedliche Steuerklassen können also zu unterschiedlichen Steuerbelastungen führen.

Die gemeinsame Veranlagung, auch Ehegattensplitting genannt, führt dazu, dass die Einkommen beider Ehepartner zusammengerechnet werden, als ob es das Einkommen einer einzigen Person wäre. Dann wird die Einkommenssteuer auf dieses Gesamteinkommen berechnet. Dies kann bei Ehepartnern mit unterschiedlich hohen Einkommen (einer verdient sehr viel, einer weniger oder gar nichts) zu einer niedrigeren Steuerbelastung führen, als wenn Sie getrennt besteuert würden.

Das **Ehegattensplitting** gerät immer wieder in die Kritik: Das System des Ehegattensplittings bevorzuge traditionelle Familienmodelle, in denen einem Partner die Versorgerrolle zufällt, und der andere Partner (wer könnte das sein?) erheblich weniger verdient oder gar nicht erwerbstätig ist. Es schafft also keinerlei Anreize, beide Partner gleichermaßen in Erwerbsarbeit zu bringen, das Gegenteil ist der Fall. Dadurch kann ein Partner (wir wissen, wer das sein wird!) leicht in eine finanzielle Abhängigkeit vom anderen Partner geraten. Darüber, wie sozial gerecht das Ehegattensplitting ist, wird auch viel diskutiert: Schafft es doch in erster Linie Vorteile für Menschen, die über höhere Einkommen verfügen und somit ohnehin schon privilegiert sind. Außerdem verursacht das Ehegattensplitting dem Staat jedes Jahr hohe Kosten durch »entgangene« Steuereinnahmen. Gelder, die wunderbar zum Beispiel für die Kindergrundsicherung[37] verwendet werden könnten.

Bei der Einzelveranlagung hingegen werden die Einkommen der Ehepartner separat besteuert. Dies kann in einigen Fällen günstiger sein, insbesondere wenn ein Ehepartner Elterngeld oder eine andere Lohnersatzleistung bezogen hat. Mit einer gängigen Steuersoftware können Sie ganz leicht selbst überprüfen, welche Veranlagung für Sie als Paar am sinnvollsten ist.

Die Wahl der Steuerklasse sollte eine Entscheidung sein, die die Partner gemeinsam besprechen und treffen. Es ist wichtig, die Vor- und Nachteile jeder Option zu verstehen und diejenige auszuwählen, die am besten zu den finanziellen Zielen der Familie passt. Dies muss nicht immer die geringste steuerliche Belastung sein, sondern es kann auch eine gleichberechtigte Aufstellung der Finanzen der Partner beabsichtigt sein.

Überprüfen Sie die Konstellation ihrer gewählten Steuerklassen regelmäßig und passen Sie sie gegebenenfalls an, wenn sich Ihre finanzielle Situation ändert, beispielsweise bei Heirat, Jobverlust oder *vor* Geburt eines Kindes. Das Elterngeld beispielweise berechnet sich nämlich prozentual nach dem *Netto*verdienst der letzten zwölf Monate vor Geburt eines Kindes. Es kann sich also lohnen, dass der Partner, der mehr Elterngeld beziehen wird, spätestens zwölf Monate vor Geburt in die für ihn günstigere Steuerklasse wechselt. Aber auch auf andere Transferleistungen wie Arbeitslosen-, Kranken- und Mutterschaftsgeld wirkt sich die Steuerklassenkombination aus.

Sollten Sie feststellen, dass Sie sich bisher für eine ungünstige Steuerklassenkombination entschieden haben, ist das kein Problem. Sie können Ihre Steuerklasse, vor allem als Ehepartner, jederzeit problemlos und auch mehrmals pro Jahr ändern. Eventuell zu viel gezahlte Steuern können über die Einkommensteuererklärung zurückgeholt werden. Sie haben dem Finanzamt damit lediglich einen zinslosen Kredit gewährt, jedoch kein Geld verloren.

Taschengeld oder Familienkasse?

Die Entscheidung für oder gegen Taschengeld sowie die Höhe und die Art und Weise, wie es bezahlt wird, kann von Familie zu Familie unterschiedlich sein. Wir wollen verschiedene denkbare Szenarien aufzeigen und die jeweiligen Herausforderungen und Chancen herausarbeiten. Welche Entscheidung Sie letztendlich für Ihre Familie und Ihr Kind treffen, ob und in welchem Umfang Sie Taschengeld zahlen, bleibt natürlich Ihnen selbst überlassen. Es gibt hier kein Richtig oder Falsch, sondern nur ein »für Sie und Ihre Familie richtig«. Der Gesetzgeber sieht das ähnlich, und so findet sich im deutschen Recht keine gesetzliche Regelung, die Eltern dazu verpflichtet, ihren Kindern Taschengeld zu zahlen. Es gibt also keinen rechtlichen Anspruch der Kinder auf Taschengeld.

Dennoch gibt es im Bürgerlichen Gesetzbuch den sogenannten »Taschengeldparagraphen« (BGB § 110 »Bewirken der Leistung mit eigenen Mitteln«). Dieser regelt allerdings entgegen der Erwartung keine Details zum Taschengeld selbst, sondern die Geschäftsfähigkeit von Kindern. Minderjährige gelten zum Schutz vor negativen Folgen von Rechtsgeschäften als geschäftsunfähig (§ 104 BGB). Ab sieben Jahren gelten Kinder als beschränkt geschäftsfähig (§ 106 BGB): Ab diesem Alter können Geschäfte wirksam getätigt werden, allerdings nur mit dem Einverständnis der gesetzlichen Vertreter (§ 107 BGB). Eine Ausnahme hiervon regelt der Taschengeldparagraph: Schließen Minderjährige Kaufverträge ab, deren finanzielle Verpflichtungen aus ihrem Taschengeld beglichen werden, so sind diese rechtswirksam auch ohne Einverständnis der gesetzlichen Vertreter (§ 110 BGB). Hierunter fällt beispielsweise die gemischte Süßigkeitentüte am Kiosk oder die Portion Pommes im Freibad. Gäbe es den Taschengeldparagraphen nicht, könnten Eltern die Geschäfte ihrer Kinder nachträglich wieder rückgängig machen, da die Willenserklärung eines Geschäftsunfähigen nichtig ist (§ 105 BGB). Somit gibt der Taschengeldparagraph neben Eltern und Kindern auch Verkäuferinnen und Verkäufern die Sicherheit, dass das Rechtsgeschäft wirksam ist und bleibt.

Auch wenn es rechtlich gesehen keine Taschengeldpflicht gibt, so kann Taschengeld eine effektive Möglichkeit sein, Kindern einen nachhaltigen Umgang mit Geld beizubringen und ihnen sukzessive finanzielle Verantwortung zu übertragen. Hier kommen fünf Gründe, warum Taschengeld eine gute Idee sein kann:

1. **Finanzielle Bildung:** Taschengeld kann eine gute Möglichkeit sein, Kindern den Umgang mit Geld näherzubringen. Indem sie ihr eigenes Geld verwalten, können Kinder lernen, Ausgaben zu regulieren, in Budgets zu denken und ihre eigenen finanziellen Entscheidungen zu treffen.
2. **Verantwortung übernehmen:** Durch das Verfügen über eigenes (Taschen-)Geld lernen Kinder, Verantwortung für ihr Geld zu übernehmen. Wenn alles auf einmal ausgegeben wird, dauert es eben, bis man sich wieder etwas leisten kann. Auf der anderen Seite können größere Wünsche realisiert werden, wenn länger dafür gespart wird. So werden Kinder angeleitet, mit

begrenzten Ressourcen umzugehen und Verantwortung für eigene Bedürfnisse und Wünsche zu übernehmen. Gleichzeitig können sie den Unterschied zwischen kurzfristiger Befriedigung und langfristigem Profit kennenlernen.

3. **Eigene Werte und Prioritäten entdecken:** Wenn Kinder Taschengeld erhalten, können sie lernen, ihre eigenen Werthaltungen und Prioritäten zu entwickeln. Sie können entscheiden, wofür sie ihr Geld ausgeben möchten, sei es für Süßigkeiten, Spielzeug oder das Sparen für größere Anschaffungen.
4. **Teilweise finanzielle Unabhängigkeit:** Taschengeld kann Kindern ein Gefühl der finanziellen Unabhängigkeit geben. Sie müssen nicht für jede Ausgabe um Geld bitten, sondern können selbstständig entscheiden, wofür sie es ausgeben.
5. **Generalprobe:** Das Verwalten von Taschengeld kann auch mit Fehlern und Konsequenzen verbunden sein. Wenn Kinder ihr Geld ausgeben und dann feststellen, dass sie nichts mehr übrig haben, können sie daraus lernen und bessere Entscheidungen treffen.

Taschengeld kann eine gute Möglichkeit sein, bereits jüngere Kinder an den Umgang mit Geld heranzuführen. Verwalten Kinder (ein Stück weit) ihr eigenes Geld, können sie lernen, zu sparen und sich ihr Taschengeld einzuteilen, und erleben damit ein Stück Selbstständigkeit und Selbstwirksamkeit. Diese frühe und kontinuierliche finanzielle Bildung kann sich im späteren Leben in klugen finanziellen Entscheidungen widerspiegeln. Es führen allerdings viele Weg nach Rom, und die finanzielle Zukunft Ihres Kindes hängt nicht allein vom Faktor »Taschengeld« ab.

Taschengeld yay!

Laut Duden ist Taschengeld ein »kleinerer Geldbetrag, der jemandem, der selbst kein eigenes Geld hat (besonders einem Kind), regelmäßig gegeben wird«. Was Taschengeld ist, ist also schnell erklärt und einfach zu verstehen. Was der Duden allerdings unbeantwortet lässt, sind die Details, wie etwa Höhe und Modalitäten der Auszahlung. Wenn Sie sich dazu entschließen, Ihrem Kind Taschengeld zu zahlen, werden diese sicherlich auch genau Ihre Fragen sein: Wie viel ist angemessen, und wie sollte das Ganze am besten ablaufen? Ist wöchentlich besser als monatlich? Und ist Bargeld einer Überweisung vorzuziehen? Aber der Reihe nach!

Die Höhe des Taschengelds sollte sich einerseits nach dem Familieneinkommen richten und andererseits danach, welche Ausgaben Ihr Kind davon bestreiten soll. Steht das Taschengeld Ihrem Kind komplett zur freien Verfügung, dann fällt der Betrag vermutlich geringer aus, als wenn bestimmte Ausgaben davon gedeckt werden müssen. Bei der zweiten Variante sollten Sie die abgesprochenen Ausgaben genau festlegen und kalkulieren. Berücksichtigen Sie auf jeden Fall, inwiefern diese Ausgaben den Taschengeldetat belasten werden. Nur so kann das Taschengeld auch realistisch reichen, und Frustrationen können vermieden werden. Alternativ können Sie auch Budgetgeld zusätzlich zum Taschengeld geben. Das Budgetgeld ist dann ganz klar für eine bestimmte wiederkehrende Ausgabe gedacht, zum Beispiel das Essen in der Schule, Schulmaterial oder Kosten für den Nahverkehr. Das Budgetgeld darf nur dafür verwendet werden. Gerade älteren Kindern können Sie auf diese Weise mehr Verantwortung übertragen, da das Kind selbst dafür Sorge tragen muss, das Budgetgeld nicht für andere Dinge auszugeben. Bei dieser Variante erhält das Kind also einen Betrag Taschengeld zu seiner freien Verfügung und einen bestimmten Betrag Budgetgeld, der zweckgebunden ist.

Sie können auch überlegen, die Erledigung bestimmter Tätigkeiten, die nicht zum alltäglichen Ablauf gehören und umfangreicher und/oder aufwendiger sind, zu vergüten. So kann sich Ihr Kind durch Rasen mähen, Unkraut jäten, Auto putzen oder Ähnliches etwas zum Taschengeld dazuverdienen. Achten Sie nur darauf, dass Sie klar trennen zwischen selbstverständlichen Tätigkeiten, die alle Familienmitglieder übernehmen, wie etwa den eigenen Teller wegräumen, und Aufgaben, die zusätzlich anfallen. Sonst könnte Ihr (cleveres) Kind auf die Idee kommen, für alles, was es tut, künftig eine Gegenleistung zu erwarten.

Für die Höhe des Taschengelds können Sie sich an den Empfehlungen des Deutschen Jugendinstituts (DJI) oder der Jugendämter orientieren. Die Empfehlungen sind nach dem Alter des Kindes gestaffelt und werden vom DJI alle vier Jahre aktualisiert. 2024 wird es die nächste Aktualisierung geben, hier die Empfehlung von 2020:

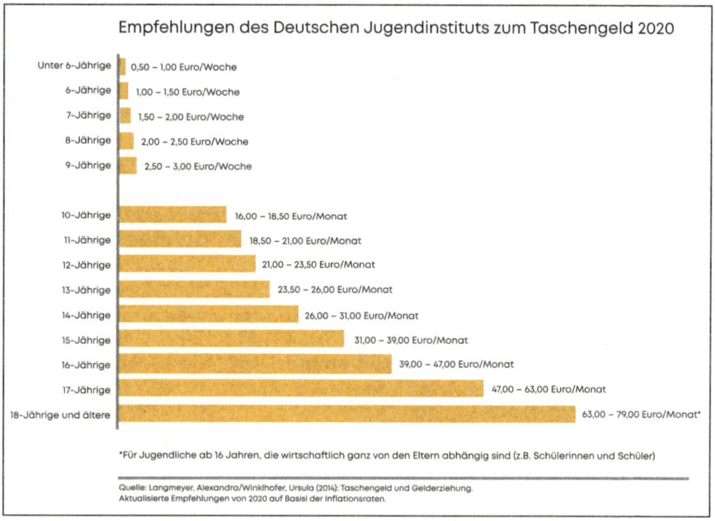

Abbildung 6: Taschengeld für Ihr Kind. (Quelle: Deutsches Jugendinstitut[38])

Achten Sie unbedingt darauf, keine Unterschiede in der Höhe des Taschengelds bezogen auf das Geschlecht zu machen. Ein Mädchen sollte genauso viel Taschengeld erhalten wie ein (gleichaltriger) Junge. Es gibt keinen einzigen plausiblen Grund, hier verschiedene Maßstäbe anzulegen. Der sogenannte »Gender Pocket Money Gap«, also der Unterschied in der Taschengeldhöhe zwischen den Geschlechtern, hat sich in Deutschland mittlerweile geschlossen.[39] Allerdings handelt es sich dabei um keine Selbstverständlichkeit: Noch im Jahr 2021 erhielten laut repräsentativer Forsa-Umfrage für den »Kids-Medien-Kompass« Mädchen im Durchschnitt 11,5 Prozent weniger Taschengeld als Jungen in der gleichen Altersgruppe.[40] Beim Taschengeld spielt das Geschlecht also aktuell zum Glück keine Rolle mehr, bei anderen finanziellen Zuwendungen von Eltern an ihre Kinder, etwa Schenkungen und Erbschaften, gibt es allerdings noch geschlechtsspezifische Unterschiede.

Was den Zeitpunkt der Einführung angeht, so gilt der Korridor zwischen Vorschulalter und Grundschulzeit als besonders geeignet. Die Kinder verfügen zunehmend über das notwendige Zahlen- und Mengenverständnis und können grundlegende Geldkonzepte verstehen. Gleichzeitig sind sie noch so jung, dass genug Zeit bleibt, den Umgang mit Taschengeld als selbstverständliche Routine zu etablieren. Sie kennen Ihr Kind besser als jeder andere und entscheiden am besten entsprechend der individuellen Entwicklung Ihres Kindes.

Die Auszahlungsmodalitäten sollten sich am Alter des Kindes orientieren. Da jüngere Kinder noch nicht über ein ausgeprägtes Zeitgefühl verfügen und ein Monat gepaart mit kleineren Summen eine frustrierende Kombination sein kann, sollten Kinder bis ungefähr zum zehnten Lebensjahr ihr Taschengeld wöchentlich erhalten. Älteren Kindern (ab Sekundarstufe) sollten Sie das Taschengeld monatlich (z. B. am Monatsanfang) auszahlen, um dadurch das Vorausplanen und das Einteilen von Geld zu trainieren. Für den Übergang von »wöchentlich« zu »monatlich« kann auch ein Auszahlungsrhythmus alle zwei Wochen sinnvoll sein. Diskutieren Sie das gern mit Ihrem Kind, denn Entscheidungen, in die alle Beteiligten einbezogen werden, sind in der Regel tragfähiger.

Kinder ab dem vollendeten siebten Lebensjahr, also mit Erlangen der eingeschränkten Geschäftsfähigkeit, können ein Girokonto auf ihren eigenen Namen führen. Ab diesem Zeitpunkt können Sie also überlegen, ob Sie das Taschengeld, alternativ zum Bargeld, auf das Konto des Kindes überweisen. Beides hat Vor- und Nachteile. Für das Taschengeld als Bargeld spricht die Tatsache, dass vor allem jüngere Kinder sich sehr über Münzgeld freuen. Der Wert einer Münze, der dem von Gold am ähnlichsten ist, ist nämlich laut der Wirtschaftspsychologin Julia Pitters ganz tief in unserem Gehirn verankert.[41] Auch die Haptik und das »Greifbare«, also etwas in Händen zu halten, das gegen etwas getauscht werden kann, sprechen für die Barauszahlung. Sobald ältere Kinder das Konzept und den abstrakten Wert von Plastikgeld verstanden haben, kann es sinnvoll sein, auf Überweisung umzustellen. Auf diese Weise lernt Ihr Kind nämlich, dass das Geld am Automaten nicht in unlimitierter Fülle zur Verfügung steht, sondern mit dem letzten Cent auch hier Schluss ist. In der Regel erleben Kinder in jungen Jahren Geldautomaten als niemals leer werdende Geldreservoirs, was sie nun mal in der Realität nicht sind. Beachten Sie auch, dass Sie hier eine Vorbildrolle innehaben, ob Sie wollen oder nicht. Die Generation Z, also Personen, die etwa zwischen den Jahren 1996 und 2009 geboren wurden, sind gegenüber alternativen Zahlungsmitteln sehr viel aufgeschlossener als jede andere Generation davor. Und das, obwohl sie noch größtenteils mit Eltern aufwuchsen, die Bargeld gern und häufig als

Zahlungsmittel nutzen. Die Coronapandemie und das damalige Gebot des kontaktlosen Bezahlens haben auch ihre Spuren in den Zahlungsgewohnheiten der Menschen hinterlassen. Es bleibt abzuwarten, wie die nächsten Generationen, die unter Umständen mit sehr viel weniger Bargeld-Präsenz im eigenen Elternhaus aufwachsen, das handhaben werden.

Allgemein lässt sich jedoch sagen, jeder Mensch hat seine eigenen Vorlieben für Bargeld oder Kartenzahlung. Es gibt aber auch konkrete Vor- und Nachteile der jeweiligen Bezahlfunktion, die wir hier für Sie zusammenfassen.

Barzahlung, die Vorteile:	**Barzahlung, die Schattenseiten:**
• Mit Bargeld kann man immer und überall zahlen; es ist stets gern gesehen • Barzahlungen bleiben anonym; Sie müssen sich keine Sorgen um Ihre Daten machen • Mit Bargeld bezahlen funktioniert unabhängig von jedweder Technik/Strom	• Bei größeren Anschaffungen, wie Auto oder Waschmaschine, kann es unpraktisch bis gefährlich sein, größere Summen Bargeld mit sich zu führen • Online-Shopping ist mit Bargeld nicht möglich • Wer den Überblick für sein Haushaltsbuch behalten will, muss sehr viele Belege sammeln • Das Geldautomatennetz ist regional unterschiedlich stark ausgebaut; Sie müssen also erst mal an Bargeld kommen

Kartenzahlung, die Vorteile:	**Kartenzahlung, die Schattenseiten:**
• Vorherige Ausgabenplanung entfällt, man hat es mit Karte immer passend • Kontaktloses Bezahlen möglich, kein lästiges (Wechsel-)Geldzählen • Wird Ihnen die Karte geklaut, haften Sie nur bis max. 50 €, bis die Karte gesperrt ist, Bargeld bleibt meistens verschwunden • Ihr Haushaltsbuch wird die transparente Transaktionshistorie Ihrer Kontoauszüge lieben!	• Nicht überall ist Kartenzahlung möglich • Fällt Technik und/oder Strom aus, fällt Ihr Einkauf ebenso ins Wasser • Datenschutz: Durch Kartenzahlungen kann man zum transparenten Verbraucher werden

Tabelle 2: Vor- und Nachteile von Bargeld und Kartenzahlung.

Welcher Geldtyp sind Sie? Zahlen Sie lieber bar oder mit Karte? Reflektieren Sie Ihren eigenen konkreten Umgang mit (Bar-)Geld. Zahlen Sie häufig oder ausschließlich mit Bargeld? Dann kann es sinnvoll sein, Ihrem Kind eine Karte für sein Konto zu besorgen, um ein gewisses »Gegengewicht« zu schaffen. Oder sind Sie eher Team Kartenzahlung? Dann sollten Sie beim Taschengeld vielleicht eher auf Bargeld setzen, um den Ausgleich zu schaffen. Wechseln Sie zwischen beiden Bezahlmöglichkeiten, dann ist es wahrscheinlich, dass Ihr Kind mit beiden Bezahlarten etwas anfangen kann. Sind Ihnen die Vorzüge und auch der Erhalt von Bargeld ein Anliegen, dann sollte es in der Sozialisation Ihrer Kinder auch eine entsprechende Rolle spielen. Denn man kann nichts vermissen, was man nicht (gut) kennt. Wenn also Ihre Kinder nie oder kaum mit Bargeld in Berührung kommen, würden sie es vermutlich auch nicht vermissen, würde es jemals abgeschafft. Auch wenn sie aktuell nicht zur Debatte steht, wird über eine Abschaffung von Bargeld regelmäßig diskutiert.[42] Es gibt zudem Planungen, einen digitalen Euro als Gegengewicht zu ApplePay, PayPal und Co. zu entwickeln. Dieser digitale Euro soll kein Ersatz für Bargeld sein, sondern das elektronische Bezahlen erleichtern.[43]

Money Talk

Überlegen Sie gemeinsam mit Ihrem älteren Kind, welche Vor- und Nachteile Bargeld hat. Was spricht für und gegen »Plastikgeld«? Wer bevorzugt was? Ist Oma die Bargeld-Queen oder zahlt Papa immer mit Karte? Seien Sie gespannt, welche Beobachtungen Ihr Kind im Alltag so macht.

Egal, ob sie sich für eine Barauszahlung oder die Überweisung, einen wöchentlichen, monatlichen oder sonstigen Auszahlungsrhythmus entscheiden, stellen Sie in jedem Fall sicher, dass Sie das Taschengeld regelmäßig, pünktlich und vor allem unaufgefordert zahlen. Lassen Sie Ihr Kind nicht seinem Geld hinterherlaufen. Ihr Kind sollte sich auf Sie und Ihre gemeinsame Vereinbarung verlassen können. Sie geben Ihrem Kind dadurch Planungssicherheit, und es gewöhnt sich an finanzielle Regelmäßigkeiten und Zahlungsflüsse. Lassen Sie also keine Auseinandersetzung oder Meinungsverschiedenheit der Auszahlung in die Quere kommen. Das Taschengeld sollte frei von Emotionen bleiben und auf keinen Fall als allgemeines »Erziehungsmittel« eingesetzt werden. Dass Taschengeldentzug eine leider immer noch akzeptierte Maßnahme zu sein scheint, belegt die Tatsache, dass das Wort »Taschengeldentzug« einen eigenen Dudeneintrag aufweist und dass dieser vom Duden als »Entzug des Taschengelds (aus pädagogischen

Gründen)« bezeichnet wird. Durch Ihr verlässliches und positives Vorbild lernt Ihr Kind Verbindlichkeit in Bezug auf Geld, und die Chancen stehen gut, dass es sich dadurch diese Eigenschaft später selbst zu eigen macht.

Taschengeld als pädagogisches Mittel: Alternativ zum klassischen Sparschwein kann für Ihr Kind ein Modell aus mehreren Töpfen beziehungsweise Kategorien sinnvoll sein. Wenn Sie Ihr Kind nicht nur zum Sparen anhalten wollen, sondern erreichen wollen, dass seine finanzielle Bildung über das reine Sparen hinausgeht, dann ist es sinnvoll, gemeinsam verschiedene Töpfe anzulegen für:

- **»Sparen«** – dieses Geld wird einfach gespart.
- **»Ausgeben«** – dieses Geld verwendet das Kind für was immer es auch kaufen mag.
- **»Investieren«** – dieses Geld wird investiert, sodass es sich ohne Zutun vermehrt.
- **»Spenden«** – dieses Geld wird gespendet.

Auf diese Weise lernt Ihr Kind von klein auf, dass es verschiedene Budgets gibt, wie man sie einteilt und dass man mehrere Ziele/Anliegen gleichzeitig verfolgen kann. Werden Sie dafür kreativ, am besten zusammen mit Ihrem Kind: Überlegen Sie sich Bilder oder Motive, die die jeweiligen Budgets repräsentieren, zum Beispiel ein Sparschwein für das »Sparen«-Budget, ein Teddybär für das »Ausgeben«-Budget, ein wachsender Baum für das »Investieren«-Budget und so weiter. Lassen Sie Ihr Kind entscheiden, was seine jeweiligen Budgets am passendsten darstellt. Die Motive können Sie ausdrucken und zum Beispiel an Marmeladengläsern anbringen und je nach Alter des Kindes auch entsprechend beschriften.

Dabei kommen Sie auch ins Gespräch über die einzelnen Budgets, was sie bedeuten, wie sie sich unterscheiden und welche Ziele sie konkret verfolgen.

Für die kleineren und größeren Wünsche, die Kinder im Alltag immer wieder haben (Stichwort Quengelware), kann es sich lohnen, als Eltern den ungefähren Überblick über den aktuellen Taschengeldstand beziehungsweise den ungefähren Inhalt des »Ausgeben«-Topfs Ihres Kindes zu haben. Äußert das Kind einen Wunsch, können Sie das Gespräch direkt auf sein Taschengeld umlenken und fragen: Kannst du dir die Sache (noch) leisten und, vor allem, *willst* du sie dir leisten? Was sagt außerdem dein Wertekompass? Die Entscheidung bleibt so beim Kind. Um digital den Überblick zu behalten, können Taschengeld-Apps eine gute Hilfe sein. Kostenlose Apps wie KNAX (geeignet ab Grundschulalter) oder Rooster Money (geeignet für ältere Kinder) ermöglichen das automatische Überweisen der festgelegten Taschengeldsumme auf das virtuelle Konto Ihres Kindes in der App. Dabei können verschiedene Budgets oder Töpfe festgelegt und bespart werden. Ihr Kind benötigt dafür kein eigenes Smartphone oder Konto (KNAX). So kann sich Ihr Kind unterwegs über seinen Kontostand informieren und sich von Ihnen Geld auszahlen lassen. Sie fungieren also als Bank. Probieren Sie es einfach einmal aus!

Außerdem können Sie bei größeren Wünschen mit Ihrem Kind die Vereinbarung treffen, dass es mindestens 30 Tage (oder jede andere für Sie und das Alter Ihres Kindes stimmige Zeitspanne) abwartet und dann entscheidet, ob es sich den Wunsch wirklich noch erfüllen will. Das wird nicht immer gleich gelingen, und Ihr Kind wird wahrscheinlich auch nicht in Begeisterungsstürme ausbrechen, wenn es seinen (Kauf-)Impuls hinauszögern soll, aber dennoch geben Sie ihm damit eine mögliche Strategie an die Hand, kluge finanzielle Entscheidungen zu treffen.

Zusätzliche (Spar-)Anreize können Sie schaffen, wenn Sie das Sparen oder besser gesagt das Nichtausgeben von Geld belohnen. So kann auch dem Punkt »kurzfristige Befriedigung versus langfristiger Profit« im Rahmen der Taschengeldthematik Nachdruck verliehen werden: Stellen Sie Ihrem Kind zum Beispiel in Aussicht, den Betrag, den es am Ende der Woche oder des Monats nicht ausgegeben hat, zu verdoppeln. Diese Vorgehensweise setzt natürlich voraus, dass die entsprechenden Ressourcen vorhanden sind, was – wie leider häufig beim Thema Geld – ein Privileg darstellt.

Schießen Sie allerdings nicht über das Ziel hinaus, wenn es um Anreize zum Thema Geld geht: Gute Schulnoten mit Geld zu belohnen, halten wir für keine gute Idee. Belasten Sie Ihre Eltern-Kind-Beziehung nicht mit solchen unglücklichen Verknüpfungen. Noten können bei Kindern sehr eng mit dem Selbstwert verbunden sein. Und für (schlechte) Noten kann es Gründe geben, die außerhalb des Verantwortungsbereichs Ihres Kindes liegen können (unfaire Benotung; familiäre Belastung/Stress; unerkannte Lernschwäche/Diagnose …). Indem Sie gute Noten mit Geld belohnen, könnten Sie unabsichtlich die falschen Signale senden, und Ihr Kind lernt möglicherweise, seinen eigenen Wert an seine Leistungen zu knüpfen. Jedes Kind ist wertvoll, egal, wie seine Noten aussehen! Lassen Sie das Ihr Kind auch spüren. Eine schöne Idee ist zum Beispiel, dem Kind am Tag der Zeugnisausgabe ein Herz aus Papier in die Tasche zu schmuggeln auf dem steht »Wir haben dich lieb. Nicht dein Zeugnis!«.

Kinder und Jugendliche entwickeln sich schnell, erobern neue Bereiche der Selbstständigkeit (z. B. allein kleine Unternehmungen mit Freundinnen und Freunden zu machen) und finden neue Interessen. Vereinbarungen und Regeln zur Höhe und zum Umgang mit Taschengeld sollten also regelmäßig auf den Prüfstand gestellt werden. Taschengeld ist von daher ein gutes Beispiel für die Notwendigkeit, in der Familie immer wieder miteinander über das Thema Geld zu sprechen, zu verhandeln und neue Vereinbarungen zu treffen. Nutzen Sie gerne dafür die in Kapitel 1 vorgestellten Money Talks, die Ihnen dabei helfen, mit Ihrem Kind im (Geld-)Gespräch zu bleiben. Berücksichtigen Sie dabei unbedingt die Erfahrungen der Kinder mit dem bisherigen Betrag und die individuelle Ausgabensituation. Darauf basierend können Sie als Eltern Vorschläge zur neuen Höhe des Taschengelds machen. Orientieren können Sie sich an den Empfehlungen des DJI. Versuchen Sie, gemeinsam nach Lösungen zu suchen und Vereinbarungen zu treffen, mit denen beide Seiten gut leben können.

Taschengeld nay

Taschengeld ist in Deutschland sehr weit verbreitet: Laut Studien erhalten 85 Prozent aller Jugendlichen und 78 Prozent aller Grundschülerinnen und Grundschüler regelmäßig Taschengeld.[44] Wenn Sie also Taschengeld geben, sind Sie in Deutschland in guter Gesellschaft. Kaum jemand bezweifelt, dass Taschengeld eine funktionierende Methode ist, um Kindern den Umgang mit Geld beizubringen. Doch es gibt auch Menschen, die nicht länger wollen, dass »regelmäßige Geldtransfers Teil der Eltern-Kind-Beziehung sind«[45]. Denn ja, es gibt auch Gründe, die gegen das Zahlen von Taschengeld im traditionellen Sinne sprechen können.

Ein Gedanke: Was kann sich ein sechsjähriges Kind für 1,50 € (aktuelle Empfehlung des Deutschen Jugendinstituts) kaufen? In manchen Städten nicht mal eine Kugel Eis.

Es dauert also eine gefühlte und auch wirkliche Ewigkeit, bis gerade jüngere Kinder sich etwas zusammengespart haben und sich leisten können. Die Kinder lernen dadurch erst einmal, dass

Geld knapp ist. Ob das ein Glaubenssatz ist, den Sie Ihren Kindern in dieser Form mitgeben wollen, dürfen Sie selbst entscheiden.

Es kann sehr frustrierend für ein Kind sein und auch für Unverständnis sorgen, wenn Mama sich zum Beispiel die Zeitschrift oder die Handcreme (Wünsche, keine Bedürfnisse!) »einfach so« einpacken kann, während das Kind mühsam auf eine heiß ersehnte Kleinigkeit hinsparen muss. Von Kindern wird also eine Form der Selbstdisziplin verlangt, die viele Erwachsene kaum besitzen. Jetzt entgegnen sicher viele: »Die Mutter hat aber auch für dieses Geld gearbeitet und kann somit auch selbst entscheiden, wofür sie es ausgibt.« Das mag der Realität entsprechen, aber ist es auch »fair«? Würden Sie so auch bei einem Paar reagieren, von denen ein Partner in Elternzeit und für eine (un-)bestimmte Zeit auf die Einnahmen des anderen Partners mit angewiesen ist? Einer darf die »Außer-der-Reihe-Ausgaben« tätigen, der andere aber nicht, weil … warum eigentlich?

Kindern wird etwas verweigert und vorenthalten aus dem einfachen Grund, dass sie eben Kinder sind. Ein Kind kann fast nur über seine Eltern an Geld kommen, es besteht hier also ganz klar ein enormes Machtgefälle.

Der Satz »Kinder brauchen Grenzen« erntet in der Regel unisono Zustimmung aus allen Lagern und Richtungen. Wie diskriminierend diese scheinbar harmlose Erziehungsmaxime jedoch ist, zeigt sich, wenn man das Wort »Kinder« durch eine andere Personengruppe ersetzt. Dann wird nämlich schnell klar, dass hier etwas ganz und gar nicht klargeht:

»Frauen brauchen Grenzen.«

»Muslime brauchen Grenzen.«

»Deutsche brauchen Grenzen.«

Regt sich in Ihnen Widerstand und/oder Empörung, wenn Sie diese Sätze lesen? Sie finden, das kann man doch so nicht sagen?

Richtig, denn *alle* Menschen brauchen Grenzen, nicht nur Frauen, Muslime, Kinder oder Deutsche. Nora Imlau beschreibt in ihrem Buch *Meine Grenze ist dein Halt* ganz treffend, was hier passiert: »Indem wir eine Gruppe Menschen explizit sprachlich herausheben, legitimieren wir, dieser Gruppe Grenzen vorzusetzen, die für andere nicht gelten – und verwehren ihnen gleichzeitig das Recht, selbst Grenzen aufzustellen.«[46] So ein Ausspruch ist also eine Legitimierung von Machtausübung.

Die Art und Weise, wie Kindern in den vergangenen Jahrzehnten Grenzen vermittelt wurden, war in weiten Teilen diskriminierend und respektlos oder kurz adultistisch.

»Dafür bist du noch zu klein!«

»Das verstehst du nicht!«

»Wenn der Kuchen redet, haben die Krümel Pause!«

»… Weil ich es sage!«

sind Sätze, die Ihnen sicherlich schon begegnet sind. Vielleicht benutzen Sie diese auch selbst manchmal.

Adultismus ist eine systemische Praxis der Diskriminierung und Benachteiligung von Menschen aufgrund ihres Alters, wobei Erwachsene als überlegen angesehen werden und Macht und Kontrolle über jüngere Menschen ausüben, ohne angemessene Rücksicht auf deren Bedürfnisse, Meinungen und Rechte zu nehmen. Wenn Sie das Konzept des Adultismus bisher nicht kannten, geht es Ihnen wie den meisten Menschen. Wir behaupten allerdings, dass Sie alle schon einmal selbst davon betroffen waren. Laut der Autorin Manuela Ritz handelt es sich bei Adultismus um die einzige Diskriminierungsform, von der so gut wie alle Menschen im Laufe ihres Lebens betroffen sind. Das kann sonst kein anderes gesellschaftliches Unterdrückungssystem von sich behaupten. Deshalb wird adultistisches Verhalten meist nicht als solches wahrgenommen, sondern als »normal« und selbstverständlich angesehen.

Wir geben einfach weiter, was wir selbst erlebt haben. Leben wir lange genug, erleben wir Adultismus also aus beiden Perspektiven: als Kind als Unterdrückter und als Erwachsener als Unterdrücker.[47]

Die Diskussion im Herbst 2023 um die Kindergrundsicherung zeigt ebenfalls im Brennglas, welche (fehlende) Lobby Kinder in unserer Gesellschaft haben: Von den von Familienministerin Lisa Paus veranschlagten 20 Milliarden €, die für eine tragfähige Kindergrundsicherung notwendig gewesen wären, sind am Ende 2,4 Milliarden € übrig geblieben. Und ja, manchmal sprechen nackte und nüchterne Zahlen einfach Bände. Und auch hier zeigt sich ein Machtgefälle, auf welches wir beim Vergleich von Taschengeld versus Familiengeld noch einmal zu sprechen kommen.

Das mag für Sie jetzt ungewohnt, radikal oder übertrieben klingen, vielleicht geraten Ihre gewohnten Denkbahnen gerade etwas durcheinander. Jeder und jede von uns denkt und handelt in gewissem Maße adultistisch, so wurden wir sozialisiert, es steckt praktisch in unserer DNA. Vielleicht schaffen Sie es aber mit diesem Bewusstsein, immer mal wieder aus adultistischen Denkmustern herauszutreten und sich selbst zu hinterfragen, aus welcher Motivation heraus Sie Ihren Kindern gegenüber tun, was Sie tun, und ob Sie sich gegenüber einer anderen erwachsenen Person genauso verhalten würden. Kinder sind Menschen wie alle anderen auch und sollten zumindest ein starkes Mitspracherecht haben, wenn es um ihren Alltag geht, und dazu gehört in jedem Fall das Thema »Taschengeld«.

Aus den oben geschilderten Gründen entscheiden sich manche Familien also gegen das klassische Taschengeld. Taschengeld verdeutlicht und zementiert das Machtgefälle zwischen einzelnen Familienmitgliedern, und Frustrationen sind vorprogrammiert. Gleichzeitig können limitierende Glaubenssätze transportiert werden, und der Lerneffekt kann – gerade bei kleinsten

Beträgen – erst mal nur gering sein. Doch was ist die Alternative, wenn man Kinder trotzdem mit Geld in Berührung bringen und den Umgang damit einüben will?

Option Familienkasse/Familiengeld: Eine Möglichkeit kann das Familiengeld, die Familienkasse oder das Familientaschengeld sein. Alle drei Bezeichnungen zielen auf dasselbe Konzept ab und sind noch relativ neu im allgemeinen Sprachgebrauch. Allen Bezeichnungen gemein ist, dass sie das Wort »Familie« beinhalten. Der Fokus liegt hier also auf *allen* Familienmitgliedern gleichermaßen und nicht, wie beim Taschengeld, nur auf den Kindern. Denn wir erinnern uns, dass laut Duden Taschengeld »besonders einem Kind« gegeben wird. Doch wie kann man sich das konkret vorstellen, ein Familientaschengeld oder eine Familienkasse?

Das Familieneinkommen wird zusammengeworfen: also etwaige Einkommen der Eltern/Familienmitglieder, Transferleistungen wie Elterngeld, Bürgergeld oder Kindergeld. Das ergibt das Gesamtfamilieneinkommen. Davon werden alle Fixkosten wie Miete, Nebenkosten, Versicherungen etc. bezahlt/abgezogen und Verbindlichkeiten bedient. Außerdem entscheiden die Eltern, ob Geld für Budgets wie Urlaube oder größere Anschaffungen zurückgelegt wird. Am Ende bleibt dann der Betrag übrig, den die Familie im Alltag ausgeben kann: das Familientaschengeld. Der entscheidende Unterschied zum klassischen Taschengeld liegt in der Grundhaltung: Wir sind *eine* Familie, und es ist *unser aller* Geld. Die Wünsche der Eltern sind genauso wichtig wie die der Kinder. Das Machtgefälle, wie es beim klassischen Taschengeld zutage tritt, ist hier also auf ein notwendiges Minimum reduziert.

Das Familientaschengeld kann in der Höhe von Monat zu Monat variieren, das heißt, es muss immer wieder aufs Neue berechnet werden, und Wünsche müssen anders als beim Taschengeld ausgehandelt werden. Es kann regelmäßig im Familienkreis beratschlagt werden, wofür das Familiengeld ausgegeben wird, zum Beispiel bei der Urlaubsplanung. Soll es ein langer, teurer Urlaub werden oder ein kürzerer, der Spielraum für andere Wünsche lässt? Lassen Sie die Kinder mitreden und mitentscheiden. Auch dabei können Sie prima vermitteln, dass Geld eine endliche Ressource ist, die im Tausch gegen berufliche Leistung und Zeiteinsatz erworben wird und die nur einmal ausgegeben werden kann.

Die Option des Familientaschengelds oder der Familienkasse erfordert also etwas mehr Kommunikation und Aufwand als das klassische Taschengeld. Aber vielleicht lohnt es sich für Ihre Familie und individuelle Situation. Aber was ist mit den vielen kleinen Wünschen im Alltag, die Kinder so haben, auch wenn wir mal nicht dabei sind? Wie könnte das konkret aussehen?

Denkbar ist eine Schüssel oder ein Korb, vielleicht in der Nähe der Wohnungstür, in dem ein Teil des Familientaschengelds als Bargeld aufbewahrt wird. Dort können sich die Familienmitglieder nach Bedarf bedienen, wenn das Kind zum Beispiel ein Eis essen gehen mag. So eine Vorgehensweise setzt Vertrauen voraus und kann nur funktionieren, wenn niemand diese Freiheit ausnutzt. Aber Versuch macht klug!

Es ist vermutlich einfacher und weniger aufwendig, eine festgelegte Summe X wöchentlich oder monatlich an Ihr Kind zu zahlen. Aber vielleicht lohnt sich der Mehraufwand, den ein Familientaschengeld bedeutet, für Ihre Familie und Ihre individuelle Situation. Wie bereits zu Beginn der Thematik erwähnt, gibt es hier kein allgemeingültiges Richtig oder Falsch, sondern Sie dürfen für sich selbst entscheiden. Sie lesen gerade dieses Buch, Sie beschäftigen sich mit der finanziellen Bildung Ihres Kindes, Sie machen also sowieso schon so viel richtig!

(Geld-)Geschenke

Das Thema Geschenke wird Sie vermutlich begleiten, sobald Ihr Kind das Licht der Welt erblickt: Zur Geburt, zur Taufe, zu den üblichen Feiertagen, zum Geburtstag wird Ihr Kind von allen Seiten mit Geschenken bedacht. Anlässe für Geschenke gibt es in Hülle und Fülle, und auch bei der Art von Geschenken sind der Fantasie fast keine Grenzen gesetzt. Vielleicht wollen Sie als Eltern diesen Punkt etwas managen und beeinflussen. So können Sie etwa schöne und sinnvolle Geschenkideen im Vorfeld kommunizieren. Natürlich ist nicht garantiert, dass alle diese Anregung annehmen und umsetzen werden, aber wenn Sie es ansprechen, stehen Ihre Chancen recht gut. Viele Menschen sind auch dankbar, wenn ihnen diese mentale Last, sich ein tolles Geschenk zu überlegen, abgenommen wird. Sie können zum Beispiel über kostenlose Wunschzettel-Apps[48] online eine Liste mit geeigneten Geschenkideen anlegen. Den Link zur Liste können Sie mit Ihren Verwandten teilen, und diese können sich etwas aussuchen und das Geschenk von der Liste streichen.

Vielleicht wollen Sie auch mit den engsten Verwandten oder Bezugspersonen Ihres Kindes vereinbaren, dass das Kind in erster Linie Geldgeschenke erhalten soll. Für diesen Zweck kann ein zusätzliches Tagesgeldkonto angelegt werden, auf das Großeltern/Paten/Freunde Geld überweisen können. Dieses Konto sollte unbedingt auf den Namen des Kindes laufen, denn so können alle Beteiligten sicher sein, dass das Geld beim Kind ankommt und auch bleibt, da auch die Erziehungsberechtigten sich nicht am Geld des Kindes bedienen können. Auch wenn es unter bestimmten Umständen sinnvoll ist, Geldanlagen nicht auf den Namen des Kindes zu tätigen (dazu mehr in Kapitel »Absicherung, Vorsorge und Geldanlage«), ist es in diesem Fall wichtig und richtig, ein Konto auf den Namen des Kindes zu eröffnen. Vielleicht ist es Ihnen als Eltern auch wichtig, Ihrem Kind beizubringen, dass gemeinsam verbrachte Zeit ein Geschenk sein kann, genauso wie Materielles. Sollte Ihnen das ein besonderes Anliegen sein, teilen Sie dieses Anliegen unbedingt mit dem engen Umfeld Ihres Kindes.

Wir empfehlen generell und nicht nur in Bezug auf Geldangelegenheiten, mit Pateneltern, Großeltern und anderen wichtigen Bezugspersonen Ihres Kindes über mögliche Erwartungen und Wünsche zu sprechen. Am besten rechtzeitig und regelmäßig. Was erwarten Sie als Familie von den Pateneltern? Wie viel Engagement und zeitliche Präsenz stellen beide Seiten sich vor und können sie leisten? Können die gegenseitigen Erwartungen in Einklang gebracht werden? Wie viel an Zeit, Geld und anderen Ressourcen kann und will jede Person investieren? Erklären sich bestimmte Personen bereit, bestimmte größere Ausgaben, wie zum Beispiel einen Schulranzen, zu übernehmen oder sich daran zu beteiligen? Wird der Patenonkel selbstverständlich bei allen wichtigen Anlässen Ihres Kindes zugegen sein und auch dazu beitragen, oder hat die Patenschaft eher lockeren, unverbindlichen Charakter? Das alles sind Fragen, die Sie sich so oder so ähnlich zusammenstellen sollten.

Sprechen Sie mit den Menschen im Umfeld Ihres Kindes. Überlegen Sie sich gern einen Fragenkatalog mit all den Fragen, die Sie beschäftigen und die Sie gerne klären möchten. Je mehr Sie sprechen, umso mehr Klarheit und Planbarkeit erlangen Sie und umso unwahrscheinlicher werden Enttäuschungen, die Beziehungen auf Dauer belasten können. Überlegen Sie auch gemeinsam, welche Vorkehrungen Sie treffen könnten für den Fall der Fälle, dass sich die Beziehung der Erwachsenen auseinanderentwickelt. Das Bedürfnis des Kindes sollte immer über dem Bedürfnis/Zerwürfnis der Erwachsenen stehen. Es kann durchaus sinnvoll sein, ähnlich wie beim Ehevertrag, in guten Zeiten über solche heikleren Themen zu sprechen. Probieren Sie es, es ist wie ein Muskel, den Sie trainieren können: Mit der Zeit verschwindet das ungewohnte Gefühl, und Sie bekommen Routine, bis es irgendwann zu einer Selbstverständlichkeit wird. Ihr Kind wird es Ihnen danken!

4

Absicherung, Vorsorge und Geldanlage

Geld kann Entscheidungsfreiheit geben, ebenso wie Handlungsmöglichkeiten. Wenn Sie frühzeitig anfangen, finanziell für Ihr Kind zu sorgen, können Sie ihm später einen Vorsprung im Leben verschaffen. Dabei geht es nicht darum, dass Ihr Kind mehr Geld hat als andere; es geht darum, dass es frei entscheiden kann, welches Leben es leben möchte. Das fängt mit der Absicherung gegen Risiken an und geht weiter mit dem Aufbau von Rücklagen, die dem Kind beispielsweise einen Wechsel der Ausbildung oder des Studiums ermöglichen, ohne dass es aus finanziellen Gründen dazu gezwungen ist, den einmal eingeschlagenen Weg zu Ende zu gehen. Vor allem aber geht es darum, dass das Kind das Wirtschafts- und Finanzsystem versteht, denn das Verständnis der Gegebenheiten bildet die Grundlage für qualifizierte Entscheidungen.

Ihr Wunsch, für Ihr Kind vorzusorgen, ist eine tolle Motivation. Allerdings sollten Sie in erster Linie für sich selbst sorgen: Ihre finanzielle Zuversicht, Ihre Absicherung und Altersvorsorge, Ihre persönliche Finanzplanung haben Vorrang. Damit leben Sie Ihrem Kind nicht nur ein gutes Geldverhalten vor, von dem es sich ganz automatisch vieles abschauen wird. Sie reduzieren auch ganz konkret die zukünftigen finanziellen Belastungen Ihres Kindes. Denn wenn Ihre Altersvorsorge nicht ausreicht, um Ihre Pflegekosten zu decken, wird Ihr Kind finanziell herangezogen. Im Jahr 2023 ist das der Fall, sobald Ihr Kind ein zu versteuerndes Jahresgehalt von mehr als 100 000 € hat. Konkret heißt das, dass Ihr Kind die finanzielle Lücke schließen muss, die zwischen den Kosten des Pflegeheims, Ihrer Pflege- und Rentenversicherung und Ihrem eigenen Vermögen bleibt. Dagegen können Sie in der Situation nichts tun; Ihr Kind wird vom Staat herangezogen, ob Sie wollen oder nicht. Angesichts unserer alternden Gesellschaft und der Herausforderungen im Rentensystem möchten wir keine Prognose dazu abgeben, wie sich diese Verpflichtungen in der Zukunft entwickeln werden. Deshalb ist es so unglaublich wichtig, dass Sie Ihre eigene Vorsorge priorisieren. Wir sind uns sicher:

Ihr Kind will lieber seine Ausbildung selbst finanzieren als viele Jahre lang für Ihr Pflegeheim zahlen!

Vielleicht haben Sie jetzt den spontanen Impuls, die Bank Ihres Vertrauens anzurufen, um sofort einen Termin zu vereinbaren. Vor allem, wenn es um die nächste Generation geht, setzt bei vielen von uns der Beschützerinstinkt ein, und wir wollen lieber kein Risiko eingehen. Wenn Ihre Bank Sie in IHREM Interesse berät, spricht nichts dagegen. Denken Sie nur daran, was Sie im ersten Kapitel gelesen haben: Der Finanzsektor profitiert davon, wenn Sie denken, es sei kompliziert. Mit Ihrer Angst wird Geld verdient!

Trauen Sie sich zu, sich selbst um Ihr Geld zu kümmern – und auch um die finanzielle Zukunft Ihres Kindes! Es ist weniger kompliziert und weniger riskant, als Sie vielleicht denken. Und Sie sparen Gebühren, sodass am Ende mehr von Ihrem Geld übrig bleibt!

Zur Vorsorge für Sie selbst und für Ihr Kind zählen neben der finanziellen Vorsorge – Aufbau von Rücklagen und Vermögen für spätere Zeiten – auch wichtige Versicherungen. Diese beiden Bereiche sollten Sie nicht vermischen, denn sie haben sehr unterschiedliche Zielsetzungen.

Versicherung oder Vermögensaufbau?

Versicherungen sind dazu da, ein Risiko abzusichern: eine Krankheit, einen Verkehrsunfall, eine Fehlentscheidung. **Vermögensaufbau** ist dazu da, Rücklagen aufzubauen, auf die Sie relativ flexibel zugreifen können: eine Immobilie, Börseninvestitionen oder auch einfach Ihr Erspartes auf dem Konto.

Ein großer Unterschied zwischen Versicherungen und Vermögensaufbau ist die Verfügbarkeit des eingezahlten Geldes: Eine Versicherung zahlt nur im Versicherungsfall. Wenn Sie krank werden, bezahlt die Krankenversicherung Ihre Behandlungskosten; wenn Sie gesund sind, haben Sie nichts davon, dass Sie regelmäßig in die Versicherung einzahlen, außer wahrscheinlich dem Gefühl der Sicherheit, wenn doch etwas passieren sollte. Dasselbe gilt für die Berufsunfähigkeitsversicherung oder Ihre Haftpflichtversicherung. Einerseits ist es bedauerlich, das Geld zu bezahlen, ohne die Gegenleistung – den Versicherungsanspruch – zu erhalten; andererseits ist es erstrebenswert, den Versicherungsanspruch nicht geltend machen zu müssen, wenn das bedeutet, dass Sie gesund und berufsfähig sind und keine Summen an Haftung für Schäden aufbringen müssen. Auch die Standardangebote zur Altersvorsorge sind Versicherungen, so zum Beispiel die gesetzliche Rentenversicherung und auch die klassische betriebliche Altersvorsorge. (Obwohl die gesetzliche und betriebliche Rente formell als Versicherungen gelten, behandeln wir sie im Abschnitt »Altersvorsorge« und nicht unter Versicherungen.)

Ihr Vermögen oder Ihre Rücklagen können Sie jederzeit verwenden. Es muss keine besondere Situation eintreten, beispielsweise das Erreichen eines gewissen Alters, und Sie müssen sich keiner Institution gegenüber rechtfertigen, um an Ihr Geld zu kommen. Ob Sie das Geld für neue Balkonpflanzen, die Ausbildung Ihrer Kinder oder Ihre eigenen Pflegekosten ausgeben, bleibt Ihnen selbst überlassen. Falls Sie vor Renteneintritt sterben sollten, geht Ihr Vermögen auf Ihre Erben über.

Das Problem bei Versicherungen ist: Jede Garantie kostet Geld. Sie bekommen also gesicherte, aber höchstwahrscheinlich niedrigere Zahlungen (z. B. im Verhältnis zu einer Kapitalentnahme aus einem Sparplan). Die Rentenversicherung zahlt bis an Ihr Lebensende; Ihren Lebensstandard werden Sie damit aber wahrscheinlich nicht halten können.

Der große Vorteil von Versicherungen ist: Sie sichern ein Risiko ab, das zu groß für Sie als Einzelperson ist. Wenn Sie mit 40 Jahren berufsunfähig werden, sichert die Berufsunfähigkeitsversicherung Sie gegen 27 Jahre Gehaltsverlust ab. Wenn Sie 150 Jahre alt werden, trägt die Rentenversicherung das Langlebigkeitsrisiko und zahlt bis an Ihr Lebensende.

Das Problem bei Vermögen ist: Sie müssen es aktiv selbst aufbauen, und es kann irgendwann aufgebraucht sein.

Der große Vorteil von Vermögen ist: Sie sind flexibel und selbstbestimmt. Wenn Sie mit 45 aufhören wollen zu arbeiten, müssen Sie nur berechnen, ob Ihr Vermögen dafür reicht, und können Ihren Plan dann in die Tat umsetzen, unabhängig von Ihrem Gesundheitszustand und Ihren Versicherungen. Wenn Sie sterben, können Sie Ihr Vermögen vererben (im Gegensatz zu Versicherungen, die nur teilweise übertragbar sind). Wenn Sie allerdings 150 Jahre alt werden, ist es jedoch sehr wahrscheinlich, dass Ihr Vermögen vorher aufgebraucht ist.

Eine gesunde Mischung aus Versicherungen und Vermögensaufbau ist also ratsam. Die Deutschen sind im Schnitt überversichert und unterinvestiert; wir haben also zu viele Versicherungen und kümmern uns zu wenig um den Vermögensaufbau. In diesem Kapitel erfahren Sie, welche Versicherungen Sie für sich und Ihr Kind brauchen und für welche Situationen Sie besser durch Rücklagen vorsorgen. In vielen Versicherungen sind Kinder automatisch inkludiert; manche erfordern eine besondere Anpassung, und wieder andere müssen Sie extra für Ihr Kind abschließen. Mit einer sinnvollen Absicherung und Vorsorge können Sie Ihr Kind auf stabile finanzielle Beine stellen und haben zudem vielfache Situationen, um mit ihm über Finanzen ins Gespräch zu kommen. Vielleicht hätten Sie selbst als jüngerer Mensch gern mehr von dem, was Sie in diesem Buch lesen, gewusst. Gerade Versicherungen können ein Dschungel sein, der undurchsichtig und komplex erscheint. Sie haben die Chance, mit Ihrem Kind gemeinsam zu lernen und ihm genau dieses Wissen frühzeitig zu vermitteln, das Ihnen selbst gefehlt hat.

Generell gilt: Lassen Sie die Finger von Kombi-Produkten aus Versicherung und Vermögensaufbau. Versicherungen haben den Zweck, Sie gegen ein Risiko abzusichern. Für den Vermögensaufbau gibt es andere Produkte. Eine Kombination – Versicherungen, die neben dem Versicherungsfall auch Vermögen aufbauen – lohnt sich selten. Ein Beispiel, in welchem es sich nicht lohnt, ist die klassische kapitalbildende Lebensversicherung, die entweder bei Erreichen eines bestimmten Alters zahlt oder für den Fall des Todes vorher. Verbraucherschützer raten prinzipiell von solchen Kombi-Produkten ab. Es mag einzelne Ausnahmen von dieser Regel geben, aber bei Kombi-Produkten lohnt es sich, besonders genau hinzuschauen und insbesondere die Kosten im Auge zu behalten.

Vorsorge durch Versicherungen

Wenn Sie ähnlich gestrickt sind wie die meisten Menschen, wollen Sie Ihrem Kind eine möglichst unbeschwerte Kindheit und eine sichere Zukunft ermöglichen. Sie wollen die Gefahren des Lebens von ihm so lange wie möglich fernhalten und ihm gleichzeitig die Fähigkeiten mitgeben, um das Leben selbstbestimmt und unerschrocken zu meistern.

Diese elterliche Achillesferse machen sich viele Versicherungen zunutze, indem sie mit ausgefuchsten, emotional aufgeladenen Erzählungen die erschreckendsten Bilder vor Ihren Augen lebendig werden lassen und Ihnen gleichzeitig die vermeintliche Lösung unterbreiten, wie Sie Ihre oder die Kinder in Ihrem Umfeld vor diesen Szenarien schützen können: Unterschreiben Sie einfach diese Versicherung und Ihrem Kind kann nichts passieren! Und schon haben Sie ein Potpourri an Versicherungen unterzeichnet, von der Ausbildungsversicherung über die Kinderunfallversicherung bis zur Reisegepäckversicherung. Einige der abgeschlossenen Versicherungen mögen sinnvoll sein, andere sind es sicherlich nicht.

Versicherungen zahlen nur dann, wenn der Versicherungsfall innerhalb der im Vertrag festgelegten Bedingungen liegt. Es ist daher wichtig, sorgfältig zu lesen und zu verstehen, was von einem Versicherungsvertrag genau abgedeckt wird, bevor Sie ihn abschließen. Das gilt insbesondere für das Kleingedruckte.

Kleiner Realitätscheck: Es gibt kein risikofreies Leben. Wenn Sie sich nicht aus Ihrer Wohnung herausbewegen, haben Sie aufgrund von Bewegungsmangel ein erhöhtes Gesundheitsrisiko; wenn Sie sich dagegen auf die Straße hinauswagen, haben Sie ein erhöhtes Risiko, in irgendeinen Unfall verwickelt zu werden. Gerade Kinder sind konstant neuen Risiken ausgesetzt: Wenn sie gerade lernen, auf eigenen Beinen zu laufen, haben sie ein immens hohes Risiko, zu stolpern, hinzufallen und sich vermutlich auch immer wieder dabei zu verletzen. Sie kämen aber nie auf die Idee, deswegen das Laufen nicht lernen zu wollen.

Sie betreiben also eigentlich kontinuierlich Risikoabwägungen: Wie wahrscheinlich ist es, dass ein bestimmtes Risiko eintritt, und was passiert dann? Kinder holen sich mit an Sicherheit grenzender Wahrscheinlichkeit Beulen und blaue Flecken, wenn sie die Welt erkunden. Das Risiko ist also extrem hoch. Gleichzeitig ist die Gefahr sehr gering: Eine Beule verschwindet wieder, und selbst ein Knochenbruch verheilt. Das Risiko, dass ein Unfall passiert, ist sehr hoch; der damit verbundene Schaden aber wahrscheinlich niedrig.

Es ist also wichtig, herauszufinden, welche Versicherungen Sie wirklich benötigen, weil der Schaden im Ernstfall Ihre eigenen (finanziellen und anderen) Rücklagen übersteigen würde, und auf welche Versicherungen Sie besser verzichten und stattdessen Rücklagen aufbauen sollten.

Generell gilt: Eine Versicherung sollten Sie nur für existenzbedrohende Risiken abschließen; für alle kleineren Risiken sorgen Sie besser mit Rücklagen vor. Ihre Existenz wäre vermutlich bedroht, wenn Sie eine schwere Krankheit haben und nicht mehr in Ihrem Job arbeiten können oder wenn Sie Ihrer Nachbarin einen gesundheitlichen Schaden zufügen und lebenslang Schadensersatz zahlen müssen. Ein beschädigtes Ceranfeld ist dagegen ein Risiko, das zwar ärgerlich, aber selten existenzbedrohend ist.

In den nächsten Abschnitten finden Sie eine allgemeine Einordnung, welche Versicherungen in der Regel sinnvoll sind, auch schon in jungen Jahren. Wir zeigen Ihnen aber auch, auf welche Versicherungen Sie wahrscheinlich verzichten können. Dabei gilt immer: Alles ist abhängig von Ihrer individuellen Präferenz, Ihrer Lebenssituation, Ihren Bedürfnissen. Wir können hier eine allgemeine Orientierung geben; die Entscheidung liegt, wie immer, bei Ihnen. Wie wahrscheinlich ist es, dass ein bestimmtes Risiko Realität wird? Und falls der Fall eintritt, wie hoch ist dann der zu erwartende Schaden?

Die folgenden Versicherungen sind in Deutschland Pflicht:

Krankenversicherung

Die Krankenversicherung ist eine der wichtigsten und zudem verpflichtenden Versicherungen. Je nach Einkommen und beruflicher Situation können Sie zwischen der gesetzlichen und der privaten Krankenversicherung wählen. Wenn Sie verbeamtet, selbstständig oder freiberuflich tätig sind oder Ihr Einkommen oberhalb von 66 600 € im Jahr liegt (Stand 2023), haben Sie die Wahl, sich freiwillig gesetzlich oder privat zu versichern.

Gesetzliche Krankenversicherung: Wenn Sie als Angestellte weniger als die Jahresarbeitsentgeltgrenze von 66 600 € (Stand 2023) pro Jahr verdienen, sind Sie regulär über die gesetzliche Krankenversicherung pflichtversichert. Wenn Ihr Gehalt über dieser Grenze liegt, können Sie sich freiwillig gesetzlich krankenversichern.

Die gesetzliche Krankenversicherung hat den großen Vorteil der kostenlosen Kinder- und Familienversicherung. Solange Ihr Kind kein eigenes Einkommen hat, wie zum Beispiel während eines Studiums oder einer unbezahlten Ausbildung, können Sie es bis 25 Jahre kostenlos mitversichern. Auch Ihre Ehepartnerin oder -partner kann mitversichert werden, wenn er oder sie kein eigenes Einkommen hat. Das gilt allerdings nur für Ehen, nicht für Paare ohne Trauschein.

Bei der privaten Krankenversicherung zahlt dagegen jedes Familienmitglied einen eigenen Beitrag; auch jedes Kind.

Private Krankenversicherung: Wenn Sie verbeamtet oder selbstständig sind oder Ihr Gehalt über der Jahresarbeitsentgeltgrenze von 66 600 € liegt, haben Sie die Wahl, wie Sie sich krankenversichern wollen. Vor allem für Beamte ist die private Krankenversicherung häufig relativ günstig, weil der Dienstherr über die Beihilfe einen Teil der Behandlungskosten mitträgt. Auch für Kinder und Ehepartnerin oder Ehepartner (hier mit Einkommensgrenzen je Bundesland variierend) gibt es Beihilfe.

Auch für junge und gesunde Menschen bietet die private Versicherung häufig verlockend niedrige Beiträge. Sie zahlen aber für jedes Kind einen zusätzlichen Beitrag! Und Sie sollten beachten, dass die Beiträge der privaten Krankenversicherung mit dem Alter steigen können; Sie sollten also sicher sein, immer genug Gehalt, Rente oder anderes Einkommen zu haben, um die Beiträge zahlen zu können.

KFZ-Haftpflichtversicherung

Wenn Sie ein Auto besitzen, dann ist eine KFZ-Haftpflichtversicherung eine vom Gesetzgeber vorgegebene Pflicht. Wenn Sie mit Ihrem Auto am Straßenverkehr teilnehmen, müssen Sie für Schäden, die Sie möglicherweise verursachen, versichert sein. Dazu zählen neben Personenschäden auch Schäden an Bäumen oder Leitplanken. Für Schäden an Ihrem eigenen Auto brauchen Sie eine Teil- oder Vollkaskoversicherung. Achten Sie darauf, dass auch Familienmitglieder versichert sind! In der Regel ist eine Ehe- oder Lebenspartnerin oder -partner mitversichert, ohne dass der Beitrag steigt. Jüngere Menschen und Fahranfängerinnen oder Fahranfänger treiben dagegen häufig die Beiträge in die Höhe.

Tipp:

Gerade bei Kfz-Versicherungen lohnt es sich, jährlich die Tarife zu überprüfen und gegebenenfalls bei Ihrer Versicherung nach einer Tarifumstellung zu fragen.

Neben den Pflichtversicherungen halten wir die folgenden Versicherungen für die meisten Menschen für äußerst sinnvoll. Prüfen Sie, ob diese Versicherungen auch für Sie und Ihre Lebenssituation geeignet sind.

Privathaftpflichtversicherung

Die private Haftpflichtversicherung ist immer sinnvoll, da jede Person gesetzlich dazu verpflichtet ist, für alle von ihr verursachten Schäden mit ihrem gesamten jetzigen und zukünftigen Privatvermögen aufzukommen. Und das kann sehr schnell sehr teuer werden! Stellen Sie sich vor, Ihr Blumentopf fällt auf den Kopf Ihrer Nachbarin, und Sie müssen lebenslang Schmerzensgeld bezahlen. Achten Sie darauf, dass die Versicherung mindestens für 10 Millionen Euro haftet; damit sind viele Schäden abgedeckt.

In der Privathaftpflicht sind auch Kinder mitversichert, sogar wenn sie volljährig sind oder zeitweise außerhalb Ihres Wohnsitzes leben. Erst wenn die Kinder mit der Berufsausbildung fertig oder verheiratet sind, benötigen sie eine eigene Privathaftpflichtversicherung. Sollten Sie Kinder unter sieben Jahren haben, achten Sie darauf, dass Ihre Haftpflichtversicherung eine **Deliktunfähigkeitsklausel** beinhaltet. Kinder unter sieben Jahren (im Straßenverkehr unter zehn Jahren) gelten als deliktunfähig, da sie noch nicht die volle Verantwortung für ihr Handeln tragen können. Richtet Ihr deliktunfähiges Kind einen Schaden an, zahlt die Privathaftpflichtversicherung normalerweise nicht. Eltern bezahlen solche Schäden oft aus eigener Tasche, um persönliche Beziehungen nicht unnötig zu belasten. Eine Deliktunfähigkeitsklausel kann solche Situationen vermeiden, da die private Haftpflichtversicherung dann doch haftet.

Berufsunfähigkeitsversicherung

Eine Berufsunfähigkeitsversicherung ist für jede Person sinnvoll, die von ihrem Einkommen lebt; also die meisten von uns. Ein Unfall oder eine (schwere) Krankheit können Sie vermutlich in große finanzielle Schwierigkeiten bringen. Am besten schließen Sie diese Versicherung so früh wie möglich ab, um bei den Gesundheitsfragen möglichst gut abzuschneiden und auch von einem günstigen Eintrittsalter zu profitieren. Vorerkrankungen können zu höheren Kosten, Ausschlussklauseln oder gar zur Ablehnung führen. Für die Gesundheitsprüfung sind Diagnosen der letzten fünf bis zehn Jahre relevant.

Achtung: Auch eine Mutter-Kind-Kur (»Fanden Krankenhaus- oder Kuraufenthalte statt?«) kann zu einem »Malus« führen, wenn etwa die behandelnde Ärztin die Maßnahme mit physischer oder psychischer Überlastung begründet. Das ist ein weiterer Grund, die Berufsunfähigkeitsversicherung möglichst früh abzuschließen, bevor Sie die Kur oder eine andere Behandlung benötigen.

Tipp:

Sie können schon für Kinder ab zehn Jahren eine Berufsunfähigkeitsversicherung abschließen. Die Beiträge sind aus zwei Gründen meistens extrem günstig: Durch die lange Laufzeit der Versicherung profitieren Sie vom Zinseszinseffekt. Sie müssen also weniger Geld einzahlen, da die Versicherung dieses Geld langfristig anlegen und vermehren kann. Außerdem haben jüngere Menschen in der Regel weniger Vorerkrankungen, also weniger Ausschlussklauseln oder Zusatzkosten. Mehr dazu lesen Sie im Kapitel »Ältere Kinder, neue Fragen«.

Hausratversicherung

Die Hausratversicherung erstattet Ihnen im Schadenfall Ihre Möbel, Elektrogeräte und alle anderen Gegenstände, die in Ihrem Haushalt enthalten sind. Sie greift bei Feuer, Wasserschäden oder Sturm, aber auch bei Einbruch, Vandalismus und Raub. Die Versicherungssumme sollte dem Wert Ihres Hausrats entsprechen; Sie müssen sie entsprechend regelmäßig anpassen. Da die Hausratversicherung preislich sehr überschaubar ist und Ihnen im Ernstfall gute Dienste leistet, gehört sie für uns zu den sinnvollen Versicherungen.

Tipp:
Über die Hausratversicherung ist auch Gepäck im Hotelzimmer versichert (Außenversicherung). Wenn Sie Kinder haben, die in einer eigenen Wohnung leben und gerade eine Ausbildung oder ein freiwilliges Jahr absolvieren, greift die Außenversicherung auch für deren Hausrat.

Es gibt Versicherungen, die nicht zwingend nötig sind, Sie aber besser schlafen lassen. Hier lohnt es sich, mit spitzem Stift durchzurechnen: Wie wahrscheinlich ist es, dass der Schadensfall eintritt, und wie hoch ist der entstehende Schaden? Wenn Ihnen in der Großstadt regelmäßig das Fahrrad gestohlen wird, kann es sich beispielsweise lohnen, das Fahrraddiebstahlrisiko über eine Hausratversicherung abzudecken, obwohl das Risiko nicht existenzbedrohend ist.

Risikolebensversicherung

Stellen Sie sich vor, Sie sterben und hinterlassen Ihren Partner und fünf Kinder. Nicht nur ist Ihre Familie von Trauer überwältigt; noch dazu ist Ihr Partner oder Ihre Partnerin jetzt alleinerziehend mit fünf Kindern. Um den Verlust Ihres Einkommens zu kompensieren, gibt es die Risikolebensversicherung.

Ihre Risikolebensversicherung zahlt, um Ihre Hinterbliebenen abzusichern, sofern Sie innerhalb der Laufzeit der Versicherung versterben. Sie lohnt sich eigentlich nur, wenn Sie Kinder haben oder wenn Sie Schulden haben, die abbezahlt werden müssen (beispielsweise ein Immobilienkredit). In einer emotional schwierigen Situation sichern Sie so Ihre Hinterbliebenen finanziell ab.

Als kleiner Tipp: Schließen Sie die Risikolebensversicherung über Kreuz ab. Damit sind Sie und Ihre Partnerin/Ihr Partner jeweils Versicherungsnehmende füreinander und können im Ernstfall Erbschaftsteuer sparen.[49]

Rechtsschutzversicherung

Eine Rechtsschutzversicherung schützt Sie vor den finanziellen Konsequenzen, die durch rechtliche Auseinandersetzungen entstehen können. Das kann zum Beispiel ein Gerichtsverfahren, ein Streit mit einer Nachbarin oder ein Konflikt bei der Arbeit sein.

Wenn Sie oft rechtliche Unterstützung suchen oder sich wünschen oder befürchten, dass Sie in Zukunft welche brauchen könnten, ist eine Rechtsschutzversicherung eine gute Option. Manchmal reicht es schon, glaubwürdig mit Ihrer Anwältin zu drohen, um einen Streit zu beenden.

Eine Rechtsschutzversicherung kann unterschiedlich ausgestattet sein. Die meisten Versicherungen decken jedoch Gerichtsverfahren, Verwaltungsverfahren, außergerichtliche Auseinandersetzungen und Beratungen durch Anwälte ab. Für Selbstständige gehört eine Rechtsschutzversicherung zu den sehr sinnvollen Versicherungen, weil es deutlich öfters mal zu einem Rechtsstreit mit einer unzufriedenen Kundin oder Kunden kommen kann. Überprüfen Sie dabei genau, welchen Versicherungsbedarf Sie haben und welchen Schutz die Versicherung Ihnen geben kann.

Es gibt allerdings auch tendenziell überflüssige Versicherungen. Für die meisten Menschen lohnen sie sich nicht; vielleicht sind Sie aber genau die Ausnahme, für die sie eben doch sinnvoll sind.

Unfallversicherung

Eine Unfallversicherung greift, wenn Sie aufgrund eines Unfalls verletzt werden oder sterben. Diese Art von Versicherung deckt in der Regel medizinische Kosten, Krankenhausaufenthalte, Rehabilitation und gegebenenfalls Tod und Invalidität. Für die meisten Menschen ist es sinnvoller, das Geld, das die Unfallversicherung kostet, beiseitezulegen und zu investieren, denn die meisten Kosten werden ohnehin von der Krankenversicherung übernommen. Diese Rücklagen können Sie anzapfen, wenn Sie wirklich einen Unfall haben, den die normale Krankenversicherung nicht abdeckt. Falls Ihr Unfallrisiko besonders hoch ist – beispielsweise durch Extremsport – sieht die Lage anders aus, und eine Unfallversicherung kann sich für Sie lohnen.

Ausbildungsversicherung

Die Ausbildungsversicherung ist gerade für Eltern eine häufig gewählte Option, um die Zukunft der Kinder abzusichern. Eine Ausbildungsversicherung zahlt in der Ausbildung Ihrer Kinder einen monatlichen oder jährlichen Betrag. Dafür zahlen Sie vorher entsprechend hohe Beiträge. Klingt prinzipiell sinnvoll: Sie zwingen sich selbst, regelmäßig Geld für die Ausbildung Ihrer Kinder beiseitezulegen, um Ihre eigene zukünftige finanzielle Belastung zu reduzieren. Denn als Eltern sind Sie verpflichtet, Ihrem Kind die erste Ausbildung oder das Erststudium zu ermöglichen. Wenn Sie dazu finanziell nicht in der Lage sind, gibt es staatliche Unterstützungsmöglichkeiten wie Ausbildungs- oder Studien-BAföG.

Allerdings gehen Ausbildungsversicherungen mit hohen Kosten einher. Es ist also sinnvoller, Sie legen das Geld selbst beiseite und investieren es. Damit sparen Sie sich nicht nur die hohen

Gebühren der Versicherung, sondern sind außerdem flexibel: Falls es im Zeitraum der Ausbildung Ihres Kindes finanziell eng wird, müssen Sie das zurückgelegte Geld nicht für die Ausbildung Ihres Kindes verwenden, sondern können es für das verwenden, was gerade notwendig ist. Wenn es um das Dach über dem Kopf oder das Brot auf dem Teller geht, ist es besser, Ihr Kind finanziert sich die Ausbildung selbst.

Weitere Versicherungen

Handyversicherung, Brillenversicherung, Reisegepäckversicherung … Es gibt sie wie Sand am Meer. Natürlich können manche dieser Versicherungen im Einzelfall sinnvoll sein; überprüfen Sie sie unbedingt in Bezug auf Ihre individuelle Situation. Für die meisten Menschen sind die Risiken, die sie abdecken, aber zu gering, als dass es sich lohnen würde, die Verantwortung aus der eigenen Hand und in die Versicherungsgemeinschaft zu geben.

Neutralität hat ihren Preis

Versicherungen sind eine knifflige Sache, bei der es häufig aufs Kleingedruckte ankommt. Wenn Sie unsicher sind, welche Versicherung für Sie sinnvoll ist, können Sie sich beraten lassen. Wichtig für eine Beratung ist dabei das Stichwort »unabhängig«. Diese drei unterschiedlichen Beratungsformen gibt es:

Versicherungsvertreterin: Eine Versicherungsvertreterin vertritt eine Versicherungsgesellschaft. Die empfohlenen Angebote stammen also nur von diesen Unternehmen. Die Vertreterin erhält eine Provision für jede verkaufte Versicherung; sie hat also tendenziell ein Interesse daran, Ihnen eine (möglichst teure) Versicherung zu verkaufen, und wird Sie vor diesem Hintergrund vermutlich nicht gänzlich unabhängig beraten.

Versicherungsmaklerin: Eine Versicherungsmaklerin oder ein Versicherungsmakler arbeitet unabhängig, ist also nicht an ein oder mehrere Versicherungsunternehmen gebunden. Sie bekommt aber, genauso wie die Versicherungsvertreterin, ebenfalls eine Provision bei Vertragsabschluss und könnte damit ein wirtschaftliches Interesse haben, Ihnen nicht unbedingt das beste, sondern das teuerste Angebot zu unterbreiten. Hier kommt es auf die Seriosität des Versicherungsmaklers an. Der Vorteil des Versicherungsmaklers ist, dass er Sie im Schadensfall unterstützt und gegenüber der Versicherungsgesellschaft vertritt, da er juristisch seinem Kunden, also Ihnen, verpflichtet ist.

Versicherungsberaterin: Die Versicherungsberaterin berät Sie als Einzige der hier aufgeführten Berufsvertreterinnen tatsächlich unabhängig und ganz in Ihrem Sinn. Sie verkauft Ihnen keine Versicherung, sondern bietet eine reine Beratungsleistung an. Ihren Lebensunterhalt verdient sie durch ein Honorar, das Sie ihr zahlen. Das ist zwar im ersten Moment schmerzhaft, lohnt sich aber in den meisten Fällen über die Laufzeit der Versicherung. Es gibt in Deutschland nur etwa 300 registrierte Versicherungsberaterinnen oder -berater. Sie finden Sie, gefiltert nach Ihrem Beratungsbedarf, über den Bundesverband der Versicherungsberater (www.bvvb.de/).

Es ist wichtig und richtig, möglichst konkrete Pläne zu entwickeln und an deren Erfüllung zu arbeiten. Dabei sollten Sie im Hinterkopf behalten: Sie können Ihr Leben nicht komplett planen. Im Zweifelsfall kommt irgendetwas ganz anders, als Sie dachten. Bleiben Sie daher flexibel, auch mit Ihren Versicherungen.

»Life is what happens to us while we are busy making other plans.« Allen Saunders

Ihre Versicherungen sichern die größten Risiken ab, die Sie in den finanziellen Ruin treiben würden. Für alle anderen Herausforderungen – die Ausbildung Ihres Kindes, der nächste Autokauf – sollten Sie Rücklagen aufbauen, um darauf zurückgreifen zu können.

Altersvorsorge in Deutschland

Welche Emotionen löst das Wort *Altersvorsorge* bei Ihnen aus? Eher Vorfreude, positive Energie und Sorglosigkeit oder eher Sorgen, Stress und Unwohlsein? Schauen Sie sich gern die Glaubenssätze aus Kapitel 1 noch einmal an. Wenn es Ihnen ähnlich geht wie den meisten Menschen, dann ist das Gespräch über die Altersvorsorge ähnlich angenehm wie die Aussicht auf einen Zahnarztbesuch. Versuchen Sie es mit einem simplen Trick: Denken Sie nicht an Ihre AltersvorSORGE, sondern an Ihre AltersvorFREUDE. Worauf freuen Sie sich, wenn Sie an Ihren Ruhestand denken? Welche Träume haben Sie, die Sie sich spätestens dann erfüllen werden? Welche Vision Ihrer Zukunft haben Sie? Die Zeit nach Ihrer Erwerbstätigkeit ist kein schwarzes Loch, das möglichst wenig negativ sein soll; es ist ein weißes Blatt Papier, das Sie nach Ihrem Geschmack gestalten und bemalen können!

Denken Sie jetzt, Sie zahlen ja in die gesetzliche Rente ein, damit wird es schon reichen? »Die Rente ist sicher!« Dieser berühmt-berüchtigte Satz vom ehemaligen Bundesarbeitsminister Norbert Blüm hat sich in unser kollektives Gedächtnis gebrannt. Das Problem an dem Satz: Er war schon damals nicht ganz wahr.

Mit diesem Trugschluss wollen wir in diesem Kapitel ein für alle Mal aufräumen. Die Rente mag zwar sicher sein; ausreichend ist sie aber schon lange nicht mehr.

Die Altersvorsorge in Deutschland beruht auf drei Säulen: Der Grundsicherung, der staatlich geförderten Altersvorsorge (die betriebliche Altersvorsorge und die Riester-Rente) und der privaten Vorsorge. Als sozialversicherungspflichtige Angestellte zahlen Sie automatisch in eine Grundsicherung, nämlich die gesetzliche Rentenversicherung, ein. Jeder Arbeitgeber in Deutschland ist zudem seit 2019 dazu verpflichtet, seinen Angestellten eine betriebliche Altersvorsorge anzubieten. Und die private Vorsorge beinhaltet alles, was Sie an zusätzlichem Vermögensaufbau betreiben: Immobilien, Börseninvestitionen, aber auch ein Bausparvertrag, eine private Rentenversicherung oder eine Lebensversicherung zählen dazu.

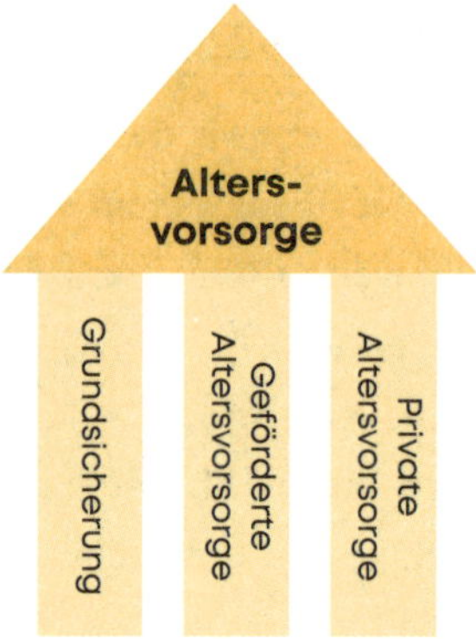

Abbildung 7: Drei Säulen der Altersvorsorge in Deutschland.

Stellen Sie sich Ihre Altersvorsorge wie einen dreibeinigen Hocker vor: Wenn ein Bein fehlt, kann der Hocker zwar vielleicht noch stehen, aber er wackelt. Wenn jedoch zwei Beine fehlen, wird er sicherlich umkippen.

Money Talk: Altersvorsorge

In Deutschland wird oft über die gesetzliche Rente geschimpft, weil sie so niedrig ist und den Menschen ihren bisherigen Lebensstandard nicht finanziert. Woher kommt die Überzeugung, dass der Staat für die Sicherung unseres Lebensstandards im Ruhestand verantwortlich ist? Ist sie gerechtfertigt? In anderen Ländern ist die finanzielle Eigenverantwortung für die Altersvorsorge (oder Altersvor FREUDE) ganz selbstverständlich. Wie sehen Sie und Ihr Kind das?

Erste Säule: Die Grundsicherung

Die Grundsicherung soll Ihre grundlegenden Lebenshaltungskosten abdecken. Zu dieser ersten Säule zählen die gesetzliche Rente, aber auch die berufsständischen Versorgungswerke, die Beamtenpension und die Altersvorsorge der Künstlersozialkasse. Die meisten dieser Altersvorsorgeangebote sind verpflichtend; nur, wenn Sie selbstständig sind, haben Sie einigen Entscheidungsspielraum. Wir möchten, dass Sie wissen, mit welcher Grundsicherung Sie später rechnen können.

Es wird empfohlen, im Ruhestand etwa 60 bis 70 Prozent Ihres vorherigen Bruttogehalts zur Verfügung zu haben. Warum nicht 100 Prozent? Das liegt an verschiedenen Gründen:

- **Sie zahlen weniger Sozialabgaben.** Mit Ihrem Bruttogehalt zahlen Sie in die Rentenversicherung, die Arbeitslosenversicherung, die Kranken- und Pflegeversicherung ein. Wenn Sie in Rente sind, zahlen Sie zwar weiterhin in die Kranken- und Pflegeversicherung, aber nicht mehr in die Arbeitslosen- und Rentenversicherung ein.

- **Ihr Steuersatz ist niedriger.** In unserem Steuersystem zahlen höhere Einkommen mehr Steuern. Die Rente wird bei den meisten Menschen niedriger ausfallen als das Gehalt. Dadurch zahlen Sie prozentual weniger Steuern.
- **Bei den meisten Menschen sinken die Lebenshaltungskosten** in den letzten Jahren der Erwerbstätigkeit und im Ruhestand: Die Kinder sind nicht mehr finanziell von Ihnen abhängig, Sie benötigen weniger Arbeitskleidung, vielleicht brauchen Sie nur noch ein oder gar kein Auto mehr und haben insgesamt weniger Kosten für Mobilität.

Es ist natürlich nicht garantiert, dass Ihre Lebenshaltungskosten im Alter sinken. Deshalb empfehlen wir Ihnen, nicht zu knapp zu kalkulieren. Für eine freie Gestaltung Ihrer AltersvorFREUDE und Ihres Ruhestands ist es angenehm, ausreichend Geld zu haben.

- **Sie haben mehr Zeit.** Nur weil Sie nicht mehr Ihrem Job nachgehen, sind sie nicht von heute auf morgen gebrechlich und alt. Sie sind genauso fit wie an Ihrem letzten Arbeitstag. Mit dieser Energie und genug finanziellen Ressourcen können Sie die neue Freiheit genießen und Ihr Leben ganz neu nach Ihren Vorstellungen gestalten: Reisen, neue Hobbys, Treffen mit Freunden und Bekannten, Kreuzworträtsel lösen … Häufig geben wir mehr Geld aus, wenn wir mehr Gelegenheit dazu haben. Es wäre schön, im Ruhestand dieses Geld zu haben.
- **Ihre Gesundheitskosten steigen.** In den ersten Jahren nach Renteneintritt sind Ihre Lebenshaltungskosten wahrscheinlich niedriger. Irgendwann steigen Sie wieder, weil Ihre Gesundheitskosten steigen: Medikamente, Gerätschaften wie ein Treppenlift oder eine Gehhilfe, ein Griff im Badezimmer … Und nicht zu vergessen: die Pflegekosten. Selbst bei höchster

Pflegestufe beläuft sich der Eigenbehalt auf durchschnittlich 2610 € pro Monat, mit großen Unterschieden zwischen Länge des Aufenthalts im Pflegeheim, Bundesländern und Pflegeeinrichtungen.[50]

- **Die nächsten Generationen freuen sich.** Im Zweifelsfall befinden sich Ihre Kinder in der Zeit, wenn Sie in Rente gehen, selbst in der »Rushhour des Lebens«: Kinder, Karriere, Nestbau … Erfahrungsgemäß freuen sich Menschen in dieser Zeit über finanzielle Unterstützung, insbesondere in Zeiten explodierender Immobilienpreise. Natürlich ist die Möglichkeit, ein Erbe zu vergeben, unglaublich privilegiert; falls Sie das nicht können oder wollen, sollten Sie sich nicht grämen. Ihre Absicherung und Lebensqualität haben Priorität!

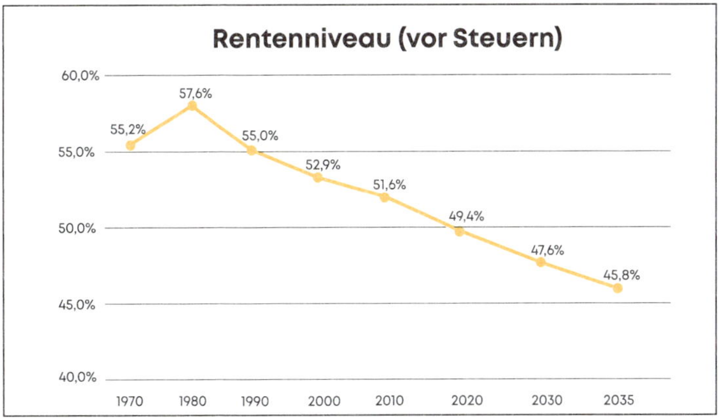

Abbildung 8: Niveau der gesetzlichen Rentenversicherung (1970 – 2023) vor Steuern.

Wie Sie in Abbildung 8 sehen können, deckt die gesetzliche Rentenversicherung inzwischen weniger als 50 Prozent des durchschnittlichen Bruttogehalts ab. Die Lücke zwischen dem Bedarf im Alter und der Höhe der Rentenzahlungen wird also immer größer.

Vielleicht sind Sie optimistisch und gehen davon aus, dass die Politik das System überarbeiten wird. Tatsächlich gibt es immer wieder Überlegungen in Richtung einer Aktienrente, Generationenkapital oder Ähnliches. Alle diese Bestrebungen haben aber zunächst lediglich das Ziel, das Rentenniveau zu sichern und die aktuell Einzahlenden zu entlasten. Konkrete, durchschlagende Neuerungen bleiben bislang aus. Und da die Höhe der gesetzlichen Rente seit 55 Jahren kontinuierlich sinkt, raten wir Ihnen davon ab, auf eine schnelle Verbesserung des Systems zu hoffen. Selbst Bundesfinanzminister Christian Lindner sagte im Interview mit dem Deutschen Aktieninstitut: »Allein wird das Generationenkapital die Herausforderungen bei der Altersvorsorge nicht lösen können. Der private Aufbau von Kapital bleibt unverzichtbar.«[51]

Da diese Wahrheit bei vielen Menschen noch nicht vollständig angekommen ist, werden wir Ihnen im Folgenden die Funktionsweise und voraussichtliche Höhe Ihrer gesetzlichen Rente ausführlich erklären. Sie können sich über alle Aspekte der gesetzlichen Rente individuell bei der Deutschen Rentenversicherung informieren und auch beraten lassen.[52]

Die gesetzliche Rente: Als Angestellte zahlen Sie und Ihr Arbeitgeber automatisch in die gesetzliche Rentenversicherung ein. Damit sammeln Sie Entgeltpunkte (häufig als »Rentenpunkte« bezeichnet), die einen bestimmten Wert haben. Wenn Sie exakt das durchschnittliche deutsche Bruttogehalt verdienen, bekommen Sie einen Entgeltpunkt gutgeschrieben. Im Jahr 2023 liegt das Jahresbruttogehalt in Deutschland bei durchschnittlich 43 142 €; ein Entgeltpunkt entspricht einem Rentenwert von 37,60 €.

Der Zeitpunkt Ihres Renteneintritts spielt natürlich auch eine große Rolle und ist abhängig von Ihrem Alter. Menschen, die 1957 geboren worden sind, können mit 65 Jahren und elf Monaten in Regelaltersrente gehen; für alle nachkommenden Jahrgänge wird das reguläre Renteneintrittsalter schrittweise angehoben, bis es für alle ab 1964 oder später geborenen Menschen bei 67 Jahren liegt. Wenn Sie früher in Rente gehen, bekommen Sie entsprechend niedrigere Rentenzahlungen, Sie müssen also Abschläge in Kauf nehmen. Ausnahmen sind schwerbehinderte Menschen, Bergleute und langjährig Beschäftigte mit 45 Einzahlungsjahren; diese Personengruppen können bereits vor ihrer Regelaltersgrenze abschlagsfrei ihre Rente beziehen.

Neben der Regelaltersrente (die »normale« Rente) gibt es die Witwenrente und die Erwerbsminderungsrente. Auch hierzu lohnt sich eine individuelle Beratung durch die Deutsche Rentenversicherung. Hier sehen Sie die Berechnung der gesetzlichen Rente übersichtlich dargestellt:

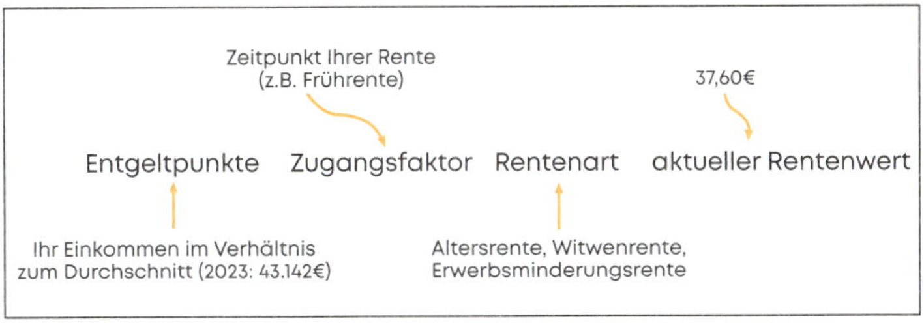

Abbildung 9: Zusammensetzung der gesetzlichen Rente.

Die durchschnittliche Rente in Deutschland belief sich 2022 auf folgende Zahlungen:

- **Männer:** In Westdeutschland bekamen Männer durchschnittlich 1249 € pro Monat gesetzliche Rente, in Ostdeutschland durchschnittlich 1313 €.

- **Frauen:** In Westdeutschland bekamen Frauen durchschnittlich 800 € pro Monat gesetzliche Rente, in Ostdeutschland durchschnittlich 1145 €.[53]

Die gesetzliche Rente ist nicht dazu da, Ihren Lebensstandard zu halten!

Die Deutsche Rentenversicherung rechnet gerne mit ihrem »Eckrentner«, einer Person, die ihrer Meinung nach repräsentativ ist. Dieser Eckrentner mit 45 Beitragsjahren, der in jedem seiner Einzahlungsjahre exakt das Durchschnittseinkommen verdient hat, erhält 2023 eine monatliche Rente in Höhe von 1692 € vor Steuern. Eine Person, die ihr Leben lang etwa 2370 € netto pro Monat verdient hat, bekommt 1451 € Nettorente. Damit liegt diese Person deutlich über der Durchschnittsrente, muss aber trotzdem im Ruhestand mit 1120 € weniger pro Monat auskommen als früher. Mit 1451 € Zahlungseingang kann man sicherlich leben; ihren früheren Lebensstandard kann diese Person damit aber nicht halten.

Einige wichtige Hinweise zur gesetzlichen Rentenversicherung

- Von Ihrer gesetzlichen Rente werden 15 Prozent automatisch für die **Krankenversicherung** abgezogen, sofern Sie gesetzlich krankenversichert sind.
- Ab 2040 müssen Sie die Rentenzahlungen voll **versteuern**. 2023 mussten Sie 83 Prozent der Rentenzahlung versteuern; der zu versteuernde Anteil steigt bis 2040 kontinuierlich um einen Prozentpunkt pro Jahr.

- Für **Kindererziehungszeiten** bekommen Sie drei Entgeltpunkte für jedes nach 1992 geborene Kind angerechnet; für Kinder, die vor 1992 geboren wurden, erhalten Sie jeweils 2,5 Entgeltpunkte. Aber Vorsicht: Die Kindererziehungszeit wird demjenigen Elternteil zugeordnet, der das Kind hauptsächlich erzogen hat. Wenn die Erziehung gemeinsam erfolgt, erhält in der Regel die Mutter die Kindererziehungszeit. Wenn der Vater diese Zeit erhalten möchte, obwohl er nicht hauptsächlich erzieht (beispielsweise bei paritätisch aufgeteilter Elternzeit), muss eine gemeinsame Erklärung abgegeben werden, die auch rückwirkend, jedoch höchstens für zwei Kalendermonate, möglich ist. Die Zuteilung der Kindererziehungszeiten erfolgt nicht automatisch und muss entsprechend bei der Deutschen Rentenversicherung beantragt werden.[54]
- Sie müssen **mindestens fünf Jahre** lang in die Rentenversicherung eingezahlt haben (»Mindestversicherungszeit« oder »Wartezeit«), sonst verfallen Ihre Ansprüche. Diese Wartezeit muss aber nicht am Stück erfolgen. Zudem zählen auch Kindererziehungszeiten, freiwillige Beiträge oder Beiträge aus einem Versorgungsausgleich bei Scheidung hierzu.

Die gesetzliche Rente ist nur als **Grundsicherung** gedacht; sie ist nicht dafür konzipiert, Ihnen im Ruhestand denselben Lebensstandard zu ermöglichen wie zu Zeiten Ihrer Erwerbstätigkeit, Ihnen schöne Reisen zu finanzieren oder Schenkungen an Ihre Nachkommen zu ermöglichen. Für alle diese Zwecke brauchen Sie die beiden anderen Säulen der Altersvorsorge.

Das ist genau der Grund, weshalb Sie bei Ihren Finanzen an erster Stelle stehen sollten: Wenn Sie sich auf die gesetzliche Rente verlassen, wird Ihr Kind später finanziell für Sie aufkommen müssen. Es wird es Ihnen danken, wenn Sie sich zuerst um sich selbst kümmern.

Money Talk: Finanzen sind wie Sauerstoff!

Häufig neigen gerade Eltern dazu, ihre Kinder stärker zu priorisieren als sich selbst. Schauen Sie gemeinsam mit Ihrer Partnerin oder Ihrem Partner beziehungsweise Ihrem Umfeld, in welchen Bereichen Sie möglicherweise Ihre eigenen Grenzen überschreiten und ob Sie diese Prioritäten gegebenenfalls an der einen oder anderen Stelle überdenken wollen. Vielleicht hilft Ihnen dieses Bild als Ausgangspunkt für das Gespräch:

Mit Ihren Finanzen (wie mit allen Ihren Ressourcen) ist es wie mit der Sauerstoffmaske im Flugzeug: Zuerst sollten Sie Ihre eigene Sauerstoffversorgung sicherstellen; erst danach kümmern Sie sich um Ihre Mitreisenden. Wenn Sie sich erst um Ihre Nachbarn kümmern und dabei ohnmächtig werden, können Sie niemandem mehr helfen, sondern sind eine zusätzliche Belastung für das Rettungsteam. Wenn Sie dagegen sich erst die eigene Sauerstoffmaske aufsetzen, sind Sie versorgt und können sich dann auch um Ihre Mitreisenden kümmern.

Anders formuliert: Man kann nur aus einem vollen Krug gießen. Sorgen Sie dafür, dass Ihr Krug gut gefüllt ist, und geben Sie nur den Überfluss ab – und auch das nur, wenn Sie es wollen.

Wenn Sie nicht sozialversicherungspflichtig angestellt sind, sondern verbeamtet, freiberuflich oder selbstständig tätig, zahlen Sie nicht automatisch in die gesetzliche Rentenversicherung ein. Es gibt folgende Alternativen, um Ihre Basisversorgung sicherzustellen:

- **Freiwillig gesetzlich rentenversichert:** Als Selbstständige, die nicht in eine andere Pflichtversicherung (berufsständisches Versorgungswerk, Künstlersozialkasse) einzahlt, können Sie freiwillig in die gesetzliche Rentenversicherung einzahlen. Der Beitrag wird entweder nach Ihrem Einkommen bemessen, oder Sie zahlen einen Pauschbetrag (631,47 € pro Monat in Westdeutschland, 611,94 € pro Monat in Ostdeutschland).
- **Berufsständisches Versorgungswerk:** Wenn Sie einen kammerfähigen freien Beruf ausüben, zahlen Sie normalerweise in das Versorgungswerk der jeweiligen Kammer ein. Zu diesen Berufen gehören unter anderem Ärztinnen, Apotheker, Architektinnen, Notarinnen, Rechtsanwälte, Steuerberaterinnen und Wirtschaftsprüferinnen. Die meisten berufsständischen Versorgungswerke bieten eine bessere Absicherung als die gesetzliche Rentenversicherung. Dennoch sollten Sie sich nicht ausschließlich darauf verlassen, sondern gründlich Ihre Altersvorsorgeinformation lesen und sich entsprechend zusätzlich aufstellen.
- **Künstlersozialkasse:** Die Künstlersozialkasse (KSK) soll die Altersvorsorge von freischaffenden Künstlern und Publizistinnen sicherstellen. In der KSK sind beispielsweise Musikerinnen, Schriftsteller und Journalistinnen, Übersetzer, aber auch Fachleute aus Rundfunk und Fernsehen versichert. Ihr Beitrag (und damit Ihre spätere Auszahlung) bemisst sich an der Höhe Ihres Einkommens.
- **Beamtenpension:** Wenn Sie verbeamtet sind, beispielsweise als Richterin oder Ministerialbeamte, zahlen Sie nicht in die gesetzliche Rentenversicherung ein, sondern bekommen ein sogenanntes Ruhegeld. Das Ruhegeld der Beamtinnen ist deutlich höher als die gesetzliche Rente. 2022 bekamen Pensionäre im Schnitt 3350 € brutto pro Monat Ruhegeld ausgezahlt, Pensionärinnen 2750 €. Zur Erinnerung: Die gesetzliche Rente zahlte

Männern 1249 € pro Monat (Westdeutschland), Frauen 800 € (Westdeutschland). Von der Pension müssen Sie sowohl Steuern als auch Ihre (meistens private) Krankenversicherung zahlen.

Geschlechterspezifische Rentenlücke

Es beginnt mit Ihnen! Diese Aussage haben Sie mittlerweile mehrfach in diesem Buch gelesen. Sie sind ein Vorbild für Ihr Kind; Sie sollten die oberste Priorität in Ihrer Finanzplanung sein. Es gibt noch einen weiteren Aspekt, bei dem Sie ein Vorbild für Ihr Kind sind: die Rollenverteilung in Ihrer Beziehung und deren finanzielle Auswirkungen.

In den meisten Beziehungen verändert sich die Aufgabenteilung spätestens mit der Familiengründung: Ein Elternteil übernimmt einen größeren Teil der unbezahlten Sorgearbeit, der andere Elternteil übernimmt den größeren Teil der bezahlten Erwerbstätigkeit. Prinzipiell spricht nichts gegen eine Aufgabenteilung, wenn beide Elternteile damit einverstanden sind. In Bezug auf die Altersvorsorge wird allerdings klar, dass die Person mit dem größeren Anteil unbezahlter Arbeit einen dreifachen finanziellen Nachteil haben wird: Alle drei Säulen der Altersvorsorge hängen vom Gehalt ab. Wenn Sie nun der Elternteil sind, der zu einem geringeren Anteil seiner Erwerbstätigkeit nachgeht, werden Sie:

- weniger in die gesetzliche Rente einzahlen, denn die Einzahlungen in die Rente berechnen sich nach Ihrem Gehalt;
- weniger in die betriebliche Altersvorsorge einzahlen, denn auch diese richten sich nach der Höhe ihres Gehalts;
- zudem weniger Möglichkeiten haben, privat vorzusorgen, weil sie weniger Gehalt haben und somit weniger finanziellen Spielraum, um zu sparen und zu investieren.

Es gibt den Begriff der »Motherhood Penalty« – die finanzielle Bestrafung dafür, Mutter geworden zu sein. In Deutschland beläuft sich diese Strafe auf 60 Prozent: Selbst fünf Jahre nach Geburt des Kindes ist das Gehalt einer Mutter 60 Prozent niedriger als ihr Gehalt, bevor sie Mutter wurde.[55] Das Gehalt von Vätern ist dagegen höher als das Gehalt von Männern, die keine Kinder haben![56] Kinder sind also für Männer finanziell lukrativ!

Entscheidende Weichen für Ihre berufliche (und damit finanzielle) Zukunft werden bereits in der Elternzeit gestellt. Die wenigsten Eltern teilen sich die Elternzeit paritätisch auf, sondern ein Elternteil, meistens die Mutter, nimmt längere Elternzeit. Laut Väterreport des Bundesministeriums für Familie, Senioren, Frauen und Jugend nehmen Mütter von 2022 geborenen Kindern durchschnittlich 13,8 Monate Elternzeit, Väter dagegen 3,6 Monate.[57] In den meisten Fällen wird der Elternteil, der den größeren Teil der Elternzeit übernimmt, auch in den nächsten Jahren die Hauptverantwortung für das Kind übernehmen:[58] Wochenarbeitsstunden stärker reduzieren (natürlich nur im bezahlten Job; die unbezahlten Care-Arbeitsstunden werden dagegen ansteigen), mehr Urlaubstage für Schließtage der Kinderbetreuung aufwenden, mehr Kinderkranktage nehmen, weniger Abende für Fortbildungen, Dienstreisen oder spontane Überstunden zur Verfügung haben. Das führt zu deutlich reduzierten Karrierechancen in Teilzeit.

Dieser Elternteil wird aber auch seltener bei den Netzwerkveranstaltungen seiner Branche dabei sein. Er wird weniger Zeit für Kaffeepausen mit den Kollegen haben und nicht bis zum Ende des Team Meetings dabei sein, das mal wieder den vorgesehenen Zeitrahmen sprengt.

Das mag nach unwichtigen Kleinigkeiten aussehen. Häufig sind es aber diese Situationen, die den entscheidenden Vorteil mit sich bringen: Wer gilt als zuverlässig und belastbar? Wer wird als sympathisch wahrgenommen? Das ist vermutlich die Person, die auch mal länger sitzen bleibt und entspannt den Kaffee zu Ende trinkt. Diesen Luxus können Sie sich nur leisten, wenn Sie nicht jeden Tag ein Kind abholen oder aus anderen Gründen pünktlich das Büro verlassen müssen.

> *Entscheidend für Ihre finanzielle Zukunft ist nicht, ob Sie sechs, zwölf oder 24 Monate Elternzeit nehmen, entscheidend sind die vielen Jahre in Teilzeit und die daraus resultierenden Karriereverluste.*

Leider hängen alle drei Säulen Ihrer Altersvorsorge direkt von Ihrem Gehalt ab: Je höher Ihr Gehalt, umso höher die automatischen Einzahlungen in die gesetzliche Rentenversicherung, umso höher die Einzahlung in die betriebliche Altersvorsorge und umso größer Ihre finanziellen Möglichkeiten, Geld zu sparen und privat vorzusorgen.

Deshalb ist es so wichtig, in Ihrer Beziehung über Geld zu sprechen, über Aufgabenteilung, über Verantwortung. Ein Kind hat häufig zwei Elternteile; beide haben eine Verantwortung gegenüber dem Kind, aber auch einander gegenüber. Wie Sie im Abschnitt zum »Ehevertrag« schon gelesen haben, ist diese Verantwortung sogar gesetzlich verankert (§ 1360 BGB).

Beide Ehegatten sind verpflichtet, ihren Beitrag zum Familienwohlstand beizutragen. Wenn eine der Parteien die Haushaltsführung übernimmt, ist damit ihr Beitrag abgedeckt. Die andere Partei ist verpflichtet, ehelichen Unterhalt zu zahlen: »Die Unterhaltspflicht beginnt frühestens vier Monate vor der Geburt und besteht für mindestens drei Jahre nach der Geburt. Sie verlängert sich, solange und soweit dies der Billigkeit entspricht. Dabei sind insbesondere die Belange des Kindes und die bestehenden Möglichkeiten der Kinderbetreuung zu berücksichtigen.« (Bürgerliches Gesetzbuch § 1615 l)

Das heißt: Wenn Sie die Person sind, die mehr Haushaltspflichten übernimmt, dann ist Ihr Partner gesetzlich dazu verpflichtet, Ihnen einen finanziellen Ausgleich zu zahlen!

Money Talk: **Wer zahlt für die Kinderbetreuung?**

Besprechen Sie in Ihrer Beziehung, wer welche Verantwortung für Kinderbetreuung, Einkommen oder andere Aspekte des gemeinsamen Lebens übernimmt (Stichwort Mental Load). Gerade Kinderbetreuung ist ein häufiges Streitthema. Es ist nun mal so: Irgendjemand muss für die Kinderbetreuung aufkommen. Entweder trägt der Staat die Kosten, indem er Kinderbetreuung anbietet; oder Sie tragen die Kosten für externe Kinderbetreuung privat; oder aber Sie kümmern sich selbst um Ihr Kind und bezahlen faktisch mit Ihrem (entgangenen) Gehalt. Es ist aber nicht allein Ihr Kind, sondern es ist das Kind von Ihnen und dem zweiten Elternteil. Das heißt auch, es sollte nicht nur Ihr Gehalt sein, das für die Kinderbetreuung bezahlt, sondern das von beiden Elternteilen.

Bis heute ist messbar: Ein Kind ist für einen Mann ein Karrierebooster, für eine Frau ein Karrierehemmnis.[59] Dabei sind Kinder niemals das Problem! Das Problem ist ein System, das die Vereinbarkeit von Familie und Karriere immer noch erschwert und die (emotionale) Arbeit von Männern und Frauen unterschiedlich bewertet.

Das Buch *Wie du erfolgreich wirst, ohne die Gefühle von Männern zu verletzen* von Sarah Cooper zeigt mit messerscharfem Humor auf, wie unterschiedlich ähnliches Verhalten bewertet wird:

Ein Vater, der seine Tochter mit ins Büro bringen möchte, ist ein Familienmensch. Eine Mutter, die ihre Tochter mit ins Büro bringen möchte, ist unorganisiert.

Ein Mann, der vier Kinder hat, braucht eine Beförderung, damit er sich um seine Familie kümmern kann. Eine Frau, die vier Kinder hat, kann nicht befördert werden, weil sie sich um ihre Familie kümmern muss.

Die Zahlen der gesetzlichen Renten zeigen zweifelsfrei, dass Sie zusätzlich zur Grundsicherung vorsorgen **müssen**. Welche Optionen Sie haben, lesen Sie im Folgenden.

Zweite Säule: Die staatlich geförderte Altersvorsorge

Der Staat unterstützt Sie bei Ihrer Altersvorsorge. Neben der Grundsicherung gibt es die staatliche geförderte Altersvorsorge, die sich vor allem durch steuerliche Vorteile oder durch direkte staatliche Zuschüsse auszeichnet. Die Förderung kann auf zwei unterschiedliche Arten erfolgen:

- Zuzahlungen von Staat oder Arbeitgeber oder
- Steuerersparnisse

Neben betrieblicher Altersvorsorge gehören vermögenswirksame Leistungen und Riester-Rente zur geförderten Altersvorsorge.

Betriebliche Altersvorsorge: Neben der Grundsicherung haben Angestellte ein Anrecht auf eine betriebliche Altersvorsorge. Die betriebliche Altersvorsorge bietet Angestellten die Möglichkeit, zusätzlich für den Ruhestand vorzusorgen. Es handelt sich um eine vom Arbeitgeber organisierte Altersvorsorge, bei der Teile des Gehalts in eine Vorsorge fließen, die im Ruhestand eine zusätzliche Rente einbringt. Der Vorteil: Es wird direkt aus dem Bruttogehalt gezahlt, also vor dem Abzug von Steuern und Sozialabgaben. Seit 2019 ist jeder Arbeitgeber dazu verpflichtet, eine betriebliche Altersvorsorge anzubieten. Falls Ihr Betrieb Ihnen davon noch nichts gesagt hat, könnte das eine freundliche Nachfrage wert sein, meistens in der Personalabteilung.

Es gibt verschiedene Möglichkeiten, wie die betriebliche Altersvorsorge durchgeführt werden kann. Allerdings haben Sie als Arbeitnehmerin hierauf keinen Einfluss. Das hängt damit zusammen, dass Ihre Arbeitgeberin dafür haftet, was sie Ihnen verspricht. Deshalb entscheidet sie auch allein, was sie Ihnen anbietet.

Die am weitesten verbreitete Form der betrieblichen Altersvorsorge ist die der Direktversicherung. Ihr Arbeitgeber wird in diesem Fall Versicherungsnehmer und Sie werden versicherte Person. Der Arbeitgeber führt die Beiträge ab; im Auszahlungszeitraum werden die Leistungen aber von der Versicherung direkt und ausschließlich an Sie ausbezahlt.

Die betriebliche Altersvorsorge hat verschiedene Vorteile:

- Sie sparen Abgaben: In der Ansparphase werden die Beiträge von Ihrem Bruttogehalt abgezogen; dadurch zahlen Sie weniger Steuern und Sozialabgaben. In der Auszahlungsphase ist Ihr Abgabensatz niedriger, sodass Sie in Summe weniger Abgaben tätigen.
- Am Ende der Ansparphase können Sie frei wählen zwischen einer Einmalzahlung und einer lebenslangen und steigenden Rentenzahlung. Verträge der betrieblichen Altersvorsorge sind

gesetzlich dazu verpflichtet, die Rentenauszahlung regelmäßig zu steigern, um die Inflation auszugleichen.

- Ergibt sich für Ihren Arbeitgeber eine Sozialversicherungsersparnis durch Ihre Entgeltumwandlung, ist ein Arbeitgeberzuschuss von mindestens 15 Prozent gesetzlich vorgeschrieben. Sie profitieren also doppelt: von den Steuerersparnissen und von den Zuschüssen Ihres Arbeitgebers!
- Die betriebliche Altersvorsorge ist pfändungssicher: Bei längerer Arbeitslosigkeit und Bezug von Bürgergeld sind Betriebsrentenverträge im Gegensatz zu privatem Vermögen oder privaten Vorsorgeverträgen für den Staat und andere Gläubiger unantastbar.

Allerdings hat die betriebliche Altersvorsorge auch ihre Nachteile:

- Durch die Entgeltumwandlung sinkt Ihr Bruttolohn, also auch Ihre Beitragsbemessungsgrenze. Dadurch kann sich Ihr Anspruch auf bestimmte Leistungen (gesetzliche Rentenzahlungen, Elterngeld) verringern.
- Die Leistungen aus der betrieblichen Altersvorsorge sind – genauso wie die der gesetzlichen Rente – in der Auszahlungsphase steuer- und sozialversicherungspflichtig. Kleine Entwarnung: Ihr individueller Steuersatz wird als Rentnerin vermutlich niedriger sein als jetzt in der Ansparphase.
- Achtung Vererbbarkeit! Die Leistungen einer betrieblichen Altersvorsorge können nur an kindergeldberechtigte Kinder (bis 25 Jahre!) und (Ehe-)partnerinnen weitervererbt werden. Haben Sie keine direkte Familie, verfallen Ihre Ansprüche.
- Die betriebliche Altersvorsorge ist nicht notwendigerweise übertragbar bei Arbeitgeberwechsel. Hier haben Sie verschiedene Möglichkeiten, die wir im Infokasten vertiefen.

Jobwechsel: Was passiert mit der betrieblichen Altersvorsorge?

Sie wechseln öfters den Job? Die betriebliche Altersvorsorge sollte kein Hinderungsgrund sein! Es gibt eine gewisse Übertragungsmöglichkeit von betrieblichen Altersvorsorgen. Konkret gibt es die folgenden Möglichkeiten:

- Mitnehmen: Sie nehmen den aktuellen Vertrag mit zur neuen Arbeitgeberin. Diese Mitnahme muss vom Arbeitgeber genehmigt werden.
- Privat weiterführen: Sie führen den aktuellen Vertrag privat weiter. Das lohnt sich bei sehr attraktiven Garantien und/oder bei Altverträgen mit Konditionen, die neue Verträge in dem Ausmaß nicht mehr bieten.
- Stilllegen: Sie legen den Vertrag still, zahlen also nicht weiter ein, bauen dadurch natürlich auch keine weiteren Ansprüche auf.
- Kapitalübertragung: Sie übertragen das bereits eingezahlte Geld, das Kapital, zu einem neuen Vertrag beim neuen Arbeitgeber.
- Neu abschließen: Sie führen den alten Vertrag weiter und schließen zusätzlich einen neuen ab. Achtung: Mehrere parallele Verträge sind meistens ungünstig, da laufende Verwaltungskosten und Abschlussgebühren Ihre Rendite schmälern. Es lohnt sich prinzipiell, Ihre Zahlungen in einem Vertrag zu bündeln.

Geschlechterspezifische Vorsorgelücke

Übrigens gibt es auch bei der betrieblichen Altersvorsorge eine geschlechterspezifische Vorsorgelücke: Laut Alterssicherungsbericht aus dem Jahr 2020 nimmt aktuell etwa jeder zweite männliche Angestellte, aber nur jede vierte weibliche Angestellte ihr Recht auf betriebliche Altersvorsorge in Anspruch.[60]

Wenn Sie verbeamtet oder selbstständig sind, haben Sie keine betriebliche Altersvorsorge. Damit Ihr Altersvorsorgehocker nicht ins Wackeln gerät, sollten Sie also die anderen Säulen besonders solide aufbauen.

Vermögenswirksame Leistungen: Vermögenswirksame Leistungen sind freiwillige Leistungen des Arbeitgebers, die einzig dazu bestimmt sind, Vermögen für die Altersvorsorge aufzubauen. Sie können also nicht als Gehalt ausgezahlt werden. Als abhängig Beschäftigte können Sie bis zu 40 Euro im Monat von Ihrem Arbeitgeber erhalten. Verträge für vermögenswirksame Leistungen laufen in der Regel sieben Jahre. Die ersten sechs Jahre zahlen Sie in den Vertrag ein, das siebte ist ein Ruhejahr. Nach den sieben Jahren können Sie frei über das Geld verfügen. Sie können bereits nach dem sechsten Jahr einen neuen Vertrag beginnen, damit Sie im siebten Jahr nicht auf die Einzahlungen vom Arbeitgeber verzichten müssen.

Zusätzlich zum Arbeitgeber beteiligt sich auch der Staat an der Vermögensbildung. Abhängig von Ihrem Einkommen erhalten Sie die sogenannte Arbeitnehmersparzulage. Hierbei gilt: Je niedriger Ihr Einkommen ist, umso höher fällt die Zulage aus, die Sie bekommen. Ausschlaggebend dafür ist nicht Ihr Bruttoeinkommen, sondern Ihr zu versteuerndes Einkommen. Das macht vermögenswirksame Leistungen gerade für Familien mit Kindern attraktiv, bei denen das zu versteuernde Einkommen aufgrund der steuerlichen Freibeträge deutlich niedriger ist als das Bruttoeinkommen.

Die genaue Höhe des zu versteuernden Einkommens können Sie Ihrem Steuerbescheid entnehmen. Die genaue Höhe Ihrer Arbeitnehmersparzulage können Sie beispielsweise bei Finanztip nachlesen.[61]

Riester-Rente: Die Riester-Rente wurde 2002 eingeführt und galt lange Zeit als Vorzeigeprojekt und Erfolgsgeschichte. In den letzten Jahren fand jedoch eine deutliche Ernüchterung statt; die Neuabschlüsse von Riester wurden fast komplett eingestellt.

Die Riester-Rente kann attraktiv sein, weil sie Steuervorteile bietet: Sie zahlen mindestens 4 Prozent Ihres Bruttogehalts ein (mindestens 60 € pro Jahr) und können davon bis zu 2100 € steuerlich geltend machen. Für diese Einzahlung erhalten Sie

- Eine Grundzulage in Höhe von 175 €
- Eine Kinderzulage in Höhe von 185 € (für vor 2008 geborene Kinder) beziehungsweise 300 € (für seit 2008 geborene Kinder)

Die Riester-Rente ist in den letzten Jahren massiv in die Kritik geraten, weil die hohen Gebühren und niedrigen Zinsen bei den meisten Verträgen zu einem realen Verlust der Versicherten geführt haben.

Früher lohnte sich die Riester-Rente aufgrund der Förderung und deutlich höheren garantierten Zinsen für eine Vielzahl von Familien und auch gut verdienende Singles. Heute lohnt es sich am ehesten für Familien mit Kindern oder für Geringverdiener, weil sie von den staatlichen Zuschlägen profitieren. Generell gilt: Prüfen Sie mit spitzem Stift, welche Möglichkeiten der Altersvorsorge sich für Sie lohnen. Die Antworten können je nach Lebens- und Einkommenssituation unterschiedlich ausfallen.

Tipp: Riester-Vertrag checken lassen und nicht überstürzt kündigen!

Falls Sie eine Riester-Rente abgeschlossen haben und unsicher sind, ob das für Sie noch das richtige Produkt ist, lohnt es sich, diese Verträge von einer unabhängigen Stelle durchleuchten zu lassen. Solch eine Beratung bekommen Sie zum Beispiel bei den Verbraucherzentralen oder einer Honorarberatung. Wenn Sie mit Ihrem Riester-Vertrag unzufrieden sind, sollten Sie ihn nicht direkt kündigen. Denn sonst müssen Sie alle staatliche Unterstützung – die gezahlten Zulagen und die gesparten Steuern – zurückzahlen. Sie können den Vertrag beitragsfrei stellen oder zu einem anderen Anbieter wechseln.

Dritte Säule: Private Vorsorge

Neben der Grundsicherung und der staatlich geförderten Vorsorge geht es im nächsten Teil dieses Kapitels um die private Vorsorge. Diese dritte Säule ist der Bereich, in dem Sie die größte Entscheidungsfreiheit haben. Hier kommen wir wirklich in den Bereich der AltersvorFREUDE.

Wenn Sie an private Vorsorge, konkret ans Investieren, denken, kommen Ihnen vielleicht Vorbehalte wie: kein Geld, keine Zeit, kein Wissen. Das sind die häufigsten Sorgen, weshalb die meisten Menschen sich noch nicht mit ihren Finanzen beschäftigen. Das verstehen wir gut! Und wir sind froh, Ihnen diese Sorgen nehmen zu können: Sie brauchen nicht viel Geld; entscheidend ist, was Sie mit Ihrem Geld machen. So können Sie zum Beispiel schon mit nur einem Euro anfangen zu investieren. Außerdem kostet es Sie nicht mehr als drei Stunden pro Jahr, sich um Ihre Altersvorsorge zu kümmern, wenn die Struktur einmal steht. Und Sie müssen nicht täglich die Börsenkurse verfolgen; im Gegenteil, das wäre sogar kontraproduktiv! Wenn Sie sich einen Finanztag pro Jahr nehmen, sind Sie und Ihre Investitionen bestens aufgestellt!

»Wenn ich Zeit habe, mache ich Sport.« Schon mal versucht? Klappt nicht. »Ich trainiere dreimal pro Woche und laufe in acht Wochen einen Fünf-Kilometer-Lauf.« Das ist ein konkreter Plan mit einem Ziel, und damit hat er zumindest eine Chance, in die Realität umgesetzt zu werden.

Je konkreter die Ziele, umso höher die Wahrscheinlichkeit, sie zu erreichen. Die Herausforderung bei der Altersvorsorge ist die lange Planungszeit. Wer weiß schon, wie sich das Leben, das Steuersystem, die Altersvorsorgestruktur in den nächsten 30 Jahren entwickeln werden?

Sie haben zwei Perspektiven, mit denen Sie auf Ihre Investitionen und Ihren Vermögensaufbau schauen können:

1. Was möchten Sie später haben?
2. Wie viel können Sie heute erübrigen?

Wie viel Sie im Hier und Jetzt erübrigen können, wissen nur Sie. In Kapitel 3 haben Sie einige Tricks an die Hand bekommen, wie Sie den Überblick über Ihre Alltagsfinanzen behalten können.

Tipp:
Konzentrieren Sie sich mehr auf Ihre Einnahmen als auf Ihre Ausgaben. Irgendwann ist es leichter, 100 € im Monat mehr zu verdienen, als noch mal 100 € zu sparen. Gehaltsverhandlung, Weiterbildung, Stundenaufstockung, Jobwechsel … Das sind alles Möglichkeiten, Ihre Einnahmen zu erhöhen. Häufig konzentrieren wir uns auf das Sparpotenzial, weil das schneller geht. Mittel- und langfristig haben Ihre Einnahmen aber den deutlich größeren Hebel.

Auch die Frage, wie viel Sie später benötigen werden, können Sie relativ konkret beantworten; natürlich mit den Einschränkungen, die der lange Zeithorizont mit sich bringt. Gehen wir Schritt für Schritt an, wie Sie Ihren Investitionsbedarf berechnen.

Ihre Rentenlücke: Die Grundlage Ihrer Investitionsstrategie sollte Ihre Altersvorsorge sein. Durch Ihren Vermögensaufbau finanzieren Sie das, was Grundsicherung und staatlich geförderte Altersvorsorge nicht abdecken. Konkret schließen Sie Ihre Rentenlücke. Die Rentenlücke ist die Differenz zwischen dem, was Sie an Altersvorsorge bekommen werden, und dem, was Sie benötigen.

Altersvorsorge	Auszahlungswert (Beispiel)	Ihre Zahlen
Grundsicherung	800 €	
Betriebliche Altersvorsorge	240 €	
Riester-Rente	50 €	
Private Lebensversicherung	90 €	
...		
Vorsorge gesamt	1.180 €	
Ihr Bedarf	2.500 €	
Ihre monatliche Rentenlücke	1.320 €	

Tabelle 3: Ihre Rentenlücke.

Sie können diese Rentenlücke berechnen, natürlich mit allen Eventualitäten. Diese Online-Rechner können Ihnen helfen:

- **Deutsche Rentenversicherung:** www.deutsche-rentenversicherung.de/
- **Finanzrechner:** www.finanzrechner.org/sonstige-rechner/rentenluecke-berechnen/
- **Sparkasse:** www.sparkasse.de/service/rechner/rentenrechner.html

Kosten von Pflege in Deutschland: Die verpflichtende Pflegeversicherung wurde eingeführt, um die steigenden Pflegekosten zu decken. Sie übernimmt, abhängig vom Pflegegrad, einen Teil der Pflegekosten. Den Rest müssen Sie privat zahlen – entweder aus Ihrer Rente oder aus finanziellen Rücklagen, die Sie haben.

Die genaue Höhe der Pflegekosten lässt sich nicht bestimmen; sie ist abhängig von der Länge des stationären Aufenthalts, des Bundeslands und des jeweiligen Pflegeheims. Die durchschnittliche Eigenbeteiligung von Pflegebedürftigen (bereits nach Abzug der Zuzahlungen aus der Pflegeversicherung) betrug im Juli 2023 in Deutschland zwischen 1738 € und 2548 € pro Monat. Auffällig ist dabei der starke Anstieg im Vergleich zum Vorjahr: 2022 lag die Eigenbeteiligung noch zwischen 1573 € und 2200 €.

Durchschnittlich konnten Sie 2023 mit diesen Zuzahlungen aus der Pflegeversicherung rechnen:

Pflegegrad	monatlicher Leistungssatz
Pflegegrad 2	770 €
Pflegegrad 3	1262 €
Pflegegrad 4	1775 €
Pflegegrad 5	2005 €

Tabelle 4: Zuzahlung der Pflegeversicherung, abhängig vom Pflegegrad.

Altersvorsorge ist wie der Klimawandel: Wir wissen, dass wir frühzeitig handeln sollten, um schlimme Auswirkungen zu vermeiden. Gleichzeitig ist es noch so weit weg, dass die Handlungsmotivation nur schwer aufzubringen ist. Außerdem gibt es immer kurzfristige, wichtigere Themen. Wenn wir allerdings die Auswirkungen spüren – Wetterextreme oder die sich nähernde Rente –, ist es zu spät für sanfte Anpassungen. Dann müssen wir sehr schnell sehr stark handeln und haben einen schmerzhafteren Weg, als wenn wir uns frühzeitig vorausschauend aufgestellt hätten.

Sparen ist gut, investieren ist besser! Die Deutschen, ein Volk der Sparer. Selbst Olaf Scholz, damals noch als Bundesfinanzminister, behauptet: »Ich lege mein Geld nur auf einem Sparbuch, also sogar auf dem Girokonto an, und da kriege ich, wie bei allen anderen, keine Zinsen. Ich mache das, was einem kein Anlageberater empfiehlt.«[62] Wenn Sie auch zu dieser Gruppe gehören, dann konzentrieren Sie sich auf den zweiten Teil von Scholz' Aussage: Keine Anlageberaterin würde Ihnen das empfehlen. Und auch, wenn Anlageberater nicht immer nur Ihr Bestes verfolgen, sollten Sie in diesem Fall auf sie hören.

Sparen ist die notwendige Grundlage, um überhaupt am Ende des Monats Geld übrig zu haben. Wenn Sie aber Ihren Notgroschen angespart und weiterhin am Ende des Monats Geld übrig haben, dann sollten Sie dieses Geld nicht nur sparen, sondern unbedingt investieren. Wenn Sie Ihr Geld sparen, fällt es der Inflation anheim; Sie machen also garantierte Verluste. Wenn Sie Ihr Geld dagegen investieren, können Sie durchaus realistisch mit 6 Prozent Gewinn pro Jahr rechnen. Was das über 30 Jahre bedeutet, sehen Sie in Abbildungen 10 und 11.

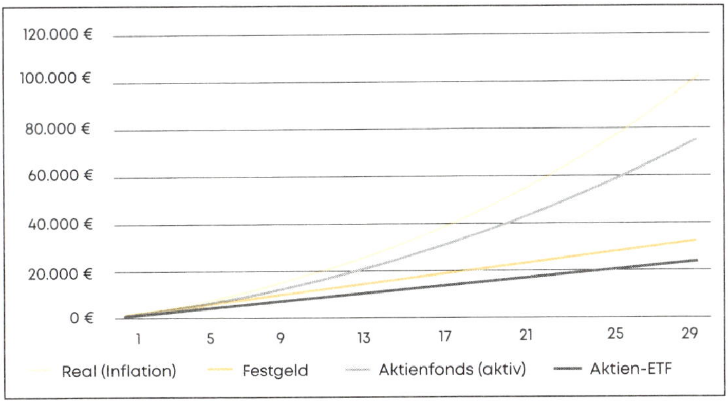

Abbildung 10: Entwicklung von 10 000 € über eine Laufzeit von 30 Jahren bei unterschiedlicher Rendite.

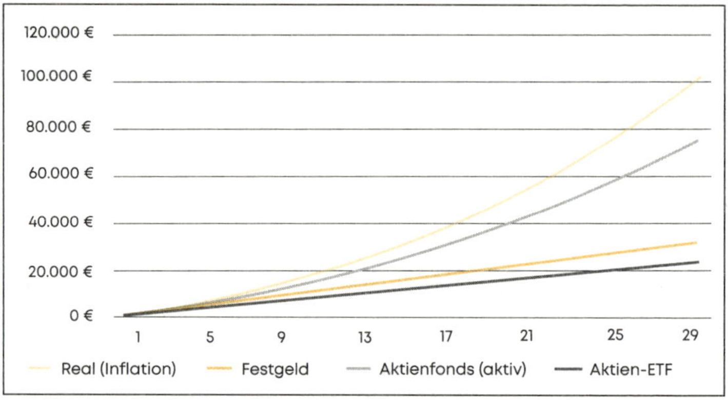

Abbildung 11: Entwicklung einer monatlichen Investition von 100 € über eine Laufzeit von 30 Jahren bei unterschiedlicher Rendite.

Lebensplanung ist die wichtigste Grundlage Ihrer Finanzstrategie! Dabei sollten Sie beachten:

> *Alles Geld, was Sie kurzfristig (in den nächsten fünf Jahren) benötigen, sollten Sie nicht investieren! Und alles Geld, was Sie langfristig (in den nächsten zehn Jahren) nicht benötigen, sollten Sie auf jeden Fall investieren!*

Sie müssen sich also zunächst klar werden: Wie groß sollte der Notgroschen sein? Welche Ausgaben könnten (kurzfristig) auf Sie zukommen, die Sie nicht aus Ihrem normalen Gehalt bestreiten können?

Das magische Dreieck der Geldanlage: Bei unserer Geldanlage versuchen wir, idealerweise alle drei Ecken des magischen Dreiecks der Geldanlage abzudecken.

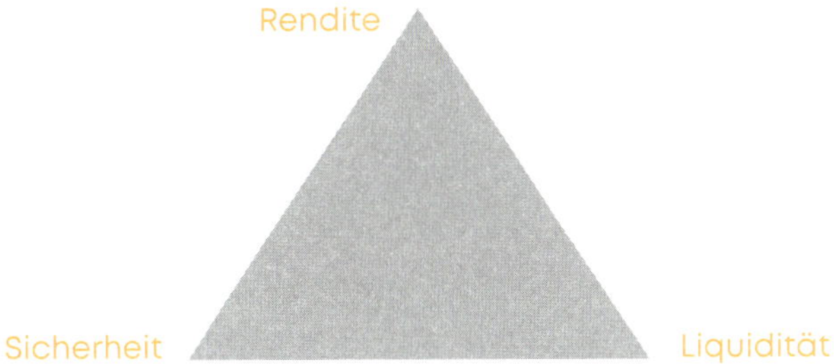

Abbildung 12: Das magische Dreieck der Geldanlage.

- **Sicherheit:** Je sicherer eine Anlage, umso höher die Wahrscheinlichkeit, dass sie nicht durch Kursverluste oder Ausfall reduziert wird oder gar einen Totalverlust erleidet. Besonders sicher sind Produkte, die unter die Einlagensicherung fallen. Beispiel: Geld auf dem Spar-, Tagesgeld- oder Festgeldkonto ist äußerst sicher.
- **Liquidität:** Eine liquide Geldanlage bedeutet, dass das Geld schnell verfügbar ist. Beispiel: Über das Geld auf dem Giro- oder Tagesgeldkonto können Sie jederzeit verfügen. Aktien, Anleihen und Fondsanteile können ebenfalls in der Regel täglich verkauft werden – allerdings nur zu dem aktuellen Kurs. Eine Immobilie können Sie nicht schnell verkaufen, sie ist also nicht liquide.
- **Rendite:** Je höher der Gewinn, den Sie mit Ihrer Geldanlage erwirtschaften können, umso rentabler ist diese Geldanlage. Dieser Gewinn kann entweder die Form von Zinsen haben (z. B. auf dem Festgeldkonto, bei Anleihen), oder von Kursgewinnen (insbesondere Aktien, Immobilien).

Das magische Dreieck hilft, die unterschiedlichen Anlageklassen nach Rendite, Sicherheit und Liquidität einzusortieren. Die

Kombination der drei Ecken wäre die »eierlegende Wollmilchsau« – ein schöner Wunsch, der aber nicht in der Realität erfüllbar ist.

Geldanlage für verschiedene Zeiträume: Der wichtigste Faktor, um zu entscheiden, wie Sie Ihr Geld investieren wollen, ist Zeit. Je länger Sie Zeit haben, umso mehr Risiko können Sie eingehen. Wenn Sie Ihr Geld in zwei Jahren brauchen, um davon eine Zusatzausbildung zu bezahlen, können Sie keinen Börsencrash aushalten. Wenn Sie Ihr Geld aber erst in 30 Jahren für die Altersvorsorge nutzen wollen, können in der Zwischenzeit noch mehrere Börsencrashs stattfinden; Sie haben alle Zeit der Welt, um in Ruhe abzuwarten, bis sich die Börse wieder erholt hat.

Abbildung 13: Verschiedene Zeithorizonte für verschiedene Investitionsformen.

Girokonto: Das Girokonto ist für die meisten von Ihnen das Standardkonto, über das Ihre alltäglichen Zahlungen laufen: Gehalt, Miete usw. Sie können Überweisungen von diesem Konto tätigen (und empfangen) und jederzeit Ihr Geld am Geldautomaten abheben. Übrigens muss ein Überweisungsauftrag in der Regel innerhalb eines Arbeitstags ausgeführt werden.

Die Zinsen sind zurzeit immer noch niedrig, wenn auch steigend. Im Vergleich zur Inflation werden Sie auf dem Girokonto aber fast nie wirklich Gewinn erzielen.

Tagesgeldkonto: Das Tagesgeldkonto funktioniert ähnlich wie ein Girokonto. Allerdings können Sie vom Tagesgeldkonto keine Überweisungen tätigen und kein Geld direkt einzahlen. Das läuft über ein Referenzkonto, normalerweise ein verbundenes Girokonto.

Da beim Tagesgeldkonto die Liquidität etwas geringer ist als zum Beispiel beim Girokonto – Sie können ja nicht einfach eine Überweisung tätigen –, sind die Zinsen etwas höher als beim Girokonto. Allerdings sind auch beim Tagesgeldkonten die Zinsen meistens unter dem Inflationsniveau.

Das Tagesgeldkonto eignet sich hervorragend, um Ihren Notgroschen darauf zu »parken«. Dies hat zwei Gründe: Sie bekommen auf Ihrem Tagesgeldkonto höhere Zinsen als auf dem Girokonto. Das ist gut, da Ihr Notgroschen somit zumindest etwas weniger stark von der Inflation aufgefressen wird. Außerdem kommen Sie zwar im Notfall jederzeit an Ihren Notgroschen dran, haben ihn aber dennoch separat und nehmen ihn nicht, um Ihre laufenden Ausgaben zu decken (oder Urlaub zu buchen).

Festgeldkonto: Bei einem Festgeldkonto stellen Sie Ihr Geld für einen bestimmten Zeitraum (mindestens einen Monat) der Bank zur Verfügung. Während der Zeit können Sie dieses Geld nicht abheben. Das Festgeldkonto hat entweder eine festgelegte Laufzeit oder eine bestimmte Kündigungsfrist.

Da die Liquidität im Vergleich zum Girokonto geringer ist – Sie kommen nicht so schnell an Ihr Geld –, sind die Zinsen etwas höher. Das Festgeldkonto ist dennoch keine Geldanlage, sondern höchstens zur Überbrückung geeignet. Wenn Sie also wissen, dass Sie in zwei Jahren einen bestimmten Betrag benötigen (weil Sie z. B. eine Ausbildung finanzieren wollen oder einen Umbau Ihrer Immobilie), dann können Sie diesen Betrag für die Zeit auf ein Festgeldkonto legen. Für so eine kurze Zeitspanne ist es nicht empfehlenswert, Geld in Aktien zu investieren. Auf dem Festgeldkonto bekommen Sie immerhin etwas höhere Zinsen als auf dem Giro- oder Tagesgeldkonto.

Anleihe: Eine (Staats- oder Unternehmens-)Anleihe ist quasi ein Kredit, den Sie dem jeweiligen Staat oder Unternehmen geben, von dem Sie eine Anleihe kaufen. Es gibt eine festgelegte Laufzeit sowie eine ebenfalls festgelegte jährliche Zinszahlung. Am Ende der Laufzeit bekommen Sie Ihre Investition wieder ausbezahlt. Anleihen gelten als ziemlich sicher, da sie im Falle eines Unternehmenskonkurses vorrangig behandelt werden. Das heißt, dass eine Anleihe zurückbezahlt wird, sofern das Unternehmen die nötigen Mittel aufbringen kann; eine Aktie dagegen würde in so einem Fall komplett ausfallen.

Aktie: Wenn Sie die Aktie eines Unternehmens kaufen, kaufen Sie einen Anteil an diesem Unternehmen. Sie haben das Recht, bei der jährlichen Hauptversammlung Ihre Stimme bezüglich der zukünftigen Ausrichtung des Unternehmens abzugeben. Ihre Gewinne setzen sich aus zwei Aspekten zusammen:

- **Durch den Kursgewinn Ihrer Aktie.** Wenn ein Unternehmen sich positiv entwickelt, steigt der Wert dieses Unternehmens und damit der Wert der Aktien, die Sie halten. Wenn Sie diese Aktien dann zu diesem höheren Wert verkaufen, machen Sie Gewinn. Allerdings ist das »Problem« bei Aktien: Der Wert Ihres

Unternehmens, und damit sein Aktienkurs, kann auch deutlich sinken. Wenn Sie zu diesem Zeitpunkt verkaufen wollen, machen Sie gegebenenfalls Verluste.
- **Durch die Dividende,** die den Anteilseignerinnen ausgeschüttet wird. Der Gewinn eines Unternehmens wird in der Regel zum Teil an die Aktionäre ausgeschüttet, normalerweise kurz nach der Hauptversammlung.

Immobilien: Immobilien binden Ihr Geld für eine lange Laufzeit. Wenn Sie eine Immobilie nach kurzer Investitionszeit wieder verkaufen, zahlen Sie eine Spekulationssteuer auf den Gewinn.

Immobilien als Investition

Investieren in Immobilien kann eine attraktive Möglichkeit sein, um langfristig Vermögen aufzubauen. Dabei gibt es einige Vor- und Nachteile, die Sie beachten sollten.

Vorteile von Immobilieninvestitionen

1. **Fremdkapitalhebel:** Einer der größten Vorteile beim Investieren in Immobilien ist der Einsatz von Fremdkapital, also Krediten. Sie können einen Teil des Kaufpreises über einen Kredit finanzieren. Dadurch können Sie mit vergleichsweise wenig Eigenkapital eine größere Immobilie erwerben, was Ihr Renditepotenzial erhöht. Wenn der Wert der Immobilie im Laufe der Zeit steigt, profitieren Sie von einem gehebelten Gewinn.
2. **Planbare Einnahmen:** Einnahmen aus Mieteinnahmen sind oft vergleichsweise stabil und planbar. Mieter zahlen in der Regel monatlich, wodurch ein regelmäßiger Cashflow entsteht. Dies kann dazu beitragen, laufende Kosten wie Darlehensraten und Instandhaltungskosten zu decken.

3. **Langfristigkeit:** Immobilieninvestitionen sind oft langfristig angelegt. Das kann ein Vorteil sein, da Immobilien idealerweise im Wert steigen, insbesondere über einen längeren Zeitraum. Sie können von langfristigen Wertsteigerungen profitieren.

Nachteile von Immobilieninvestitionen

1. **Hohe Einstiegsinvestition:** Der Kauf einer Immobilie erfordert in der Regel eine erhebliche Einstiegsinvestition, einschließlich des Eigenkapitals und eventuell anfallender Nebenkosten wie Grunderwerbsteuer und Maklergebühren. Dies kann für viele Menschen eine finanzielle Herausforderung darstellen.
2. **Geld ist gebunden:** Wenn Sie in Immobilien investieren, ist Ihr Kapital langfristig gebunden. Es kann schwierig sein, Ihr investiertes Geld schnell wieder verfügbar zu machen, falls Sie es benötigen sollten. Im Gegensatz zu Aktien oder Anleihen sind Immobilien weniger liquide.
3. **Nicht flexibel:** Immobilieninvestitionen sind weniger flexibel als andere Formen der Geldanlage. Sie können nicht einfach einen Teil Ihrer Immobilie verkaufen, wenn Sie Geld benötigen. Der Verkauf einer Immobilie kann zeitaufwendig und kostenintensiv sein.

Gerade Eltern haben häufig das Bedürfnis, ihren Kindern ein Heim zu bieten und dieses Heim später auch vererben zu können. Das ist ein schöner Wunsch, dessen Erfüllung wir Ihnen aus vollem Herzen gönnen. Wir möchten Ihnen dazu drei Gedanken mitgeben:

Ein Eigenheim ist keine Investition: Laut einer Umfrage des Markt- und Meinungsforschungsinstituts Ipsos aus dem Jahr 2022 wollen 60 Prozent der Deutschen sich den Traum vom eigenen Haus verwirklichen, bei den 16- bis 24-Jährigen liegt dieser Anteil sogar bei 74 Prozent.

Und dabei lässt sich der Traum von den eigenen vier Wänden in Deutschland finanziell schwieriger realisieren als etwa in unseren Nachbarländern. Grund dafür sind unter anderem die hohen Kaufnebenkosten: Grunderwerbssteuer, Maklercourtage, Grundbucheintrag. Als größter Batzen schlägt die Grunderwerbssteuer mit 3,5 bis 6,5 Prozent des Kaufpreises zu Buche. Eine höhere Grunderwerbssteuer als in Deutschland erheben nur Luxemburg (6–9 Prozent) und Italien (2–9 Prozent) Die gesamten Kaufnebenkosten belaufen sich in der Regel auf 9–15 Prozent des Kaufpreises. Wer eine Immobilie für 400 000 Euro erwirbt, zahlt also zwischen 36 000 und 60 000 Euro nur für die Nebenkosten …

Das selbst bewohnte Eigenheim ist – rein finanziell betrachtet – nicht die beste Investitionsform.

Betrachten wir langfristige historische Daten und vergleichen den Eigenheimbesitz mit anderen Anlageformen ähnlichen Risikoprofils, so führte der Kauf eines Eigenheims in den vergangenen 46 Jahren (Stand 2016) zu einem niedrigeren Endvermögen als eine Investition in Aktien und Anleihen.[63]

Anders sieht es natürlich aus, wenn Sie eine Immobilie zur Vermietung kaufen. Dann kann es sich durchaus um eine kluge Investition handeln.

Vorsicht Klumpenrisiko! Außerdem kann eine Immobilie ein Klumpenrisiko darstellen. Wenn der Großteil Ihres Vermögens in einer einzigen Immobilie steckt (was bei den meisten von uns der Fall ist), wäre es extrem schmerzhaft, wenn mit dieser Immobilie etwas passiert. Demographischer Wandel, Klimawandel und andere Faktoren können dazu führen, dass ehemals attraktive Wohngegenden nicht mehr angesagt sind und deshalb der Wert Ihrer Immobilie fällt. Wenn dadurch der Großteil Ihres Vermögens schwindet, haben Sie möglicherweise ein Problem.

Ein Eigenheim lässt sich nicht aufteilen: Wenn Sie darüber nachdenken, Ihr Eigenheim irgendwann an die nächste Generation weiterzugeben, sollten Sie idealerweise so viele Immobilien besitzen, wie Sie Kinder haben. Ansonsten sollte Ihnen bewusst sein, dass Ihr Fokus auf diesem Aspekt gut durchdacht sein sollte. Wenn Ihr Erbe groß genug ist, können Sie die anderen Kinder auszahlen und für alle gut vorsorgen. Lesen Sie den Absatz »Erbschaft« in Kapitel »Ältere Kinder, neue Fragen« gut durch, um die Erbschaftsaspekte zu durchdenken.

Keine Angst vor der Börse

In Deutschland haben wir ein kollektives Trauma, was die Börse betrifft: Die Telekom-Aktie hat Anfang der 2000er-Jahre dafür gesorgt, dass viele Menschen in Deutschland sich erstmalig an die Börse getraut haben. Leider ist die Aktie damals abgestürzt, unüberlegtes Handeln und fehlende finanzielle Bildung haben vielen Neuaktionärinnen und Neuaktionären finanziell geschadet. Und die vorher schon dürftig ausgeprägte Aktionärskultur in Deutschland bekam einen weiteren Schlag: Das Vorurteil, die Börse sei ein Casino, hatte sich scheinbar bestätigt.

Dabei ist die Börse weder ein Casino noch Spekulation. Im Gegenteil: Sie ist eine gut regulierte Einrichtung, die seit über 400 Jahren existiert. Sie hat Fürstentümer zu Kaiserreichen und demokratischen Staaten werden sehen, Weltkriege überstanden und

Währungsumstellungen miterlebt. Dennoch ist sie in Deutschland ein ungeliebtes Kind. Zu Unrecht, finden wir!

Die Börse funktioniert wie ein Supermarkt: Lebensmittelhersteller (nennen wir sie Landwirte) produzieren Mehl, Eier und Kartoffeln. Sie bringen diese Produkte in den Supermarkt und bekommen vom Supermarkt Geld. Wir Konsumentinnen gehen in den Supermarkt und kaufen dort alles, was wir brauchen (und manchmal ein bisschen mehr). Dafür bezahlen wir im Supermarkt. Unser Geld wird nach Abzug von Gebühren an die Landwirte weitergegeben. Die Landwirte sind froh, dass sie nur zu einem Händler gehen müssen und dort alle ihre Produkte verkaufen können. Wir Konsumentinnen sind froh, dass wir in einem Geschäft alle unsere Bedürfnisse befriedigen können. Der Aufwand, Produkte zu kaufen und zu verkaufen, wird durch den Supermarkt enorm erleichtert.

Im Prinzip funktioniert die Börse genauso mit dem Unterschied, dass es Unternehmen sind, die Unternehmensanteile (Aktien) verkaufen, und Investorinnen, die diese Aktien kaufen (vgl. Abbildung 14).

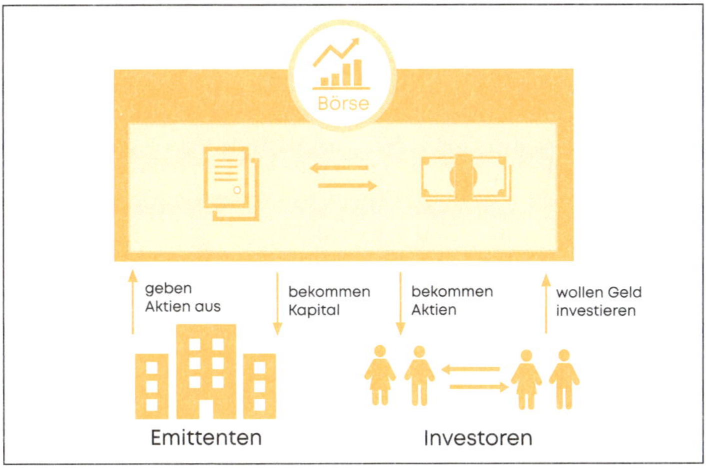

Abbildung 14: Funktionsweise der Börse.

Die Börse ist kein Casino; allerdings nur, wenn Sie die wichtigen Grundregeln befolgen:

- Investieren Sie langfristig, mindestens zehn Jahre. Das gibt Ihnen genug Zeit, um Börsenschwankungen in Ruhe auszusitzen.
- Streuen Sie breit: Investieren Sie international, idealerweise global. Achten Sie darauf, viele verschiedene Branchen in Ihrem Depot zu haben.
- Achten Sie auf die Kosten, denn die reduzieren Ihre Rendite. (Spoiler: ETFs, von denen Sie weiter unten lesen werden, sind unter anderem wegen ihrer besonders niedrigen Kosten zu Beliebtheit gekommen.)
- Reduzieren Sie Ihr Verlustrisiko, indem Sie Schritt für Schritt Ihre eigenen Erfahrungen machen. Der große Vorteil der Börse: Sie können schon mit kleinen Beträgen (ab 1 €!) investieren.
- Schauen Sie sich die Optionen des nachhaltigen Investierens an. Denn ja, es ist möglich und lohnt sich!

Bei der Investition in Aktien sollten Sie von einem Investitionshorizont von mindestens zehn Jahren ausgehen. Das liegt vor allem an den Kursschwankungen, die es immer wieder geben kann. Da ist es gut, wenn Sie nicht genau in einem Crash verkaufen müssen, sondern problemlos noch ein paar Jahre warten können, bevor Sie Ihr Geld brauchen. Diesen Ansatz nennt man Buy-and-Hold: Einmal kaufen, langfristig behalten.

Die folgende Grafik verdeutlicht, wie wichtig es ist, in einer Krise nicht zu verkaufen, sondern investiert zu bleiben.

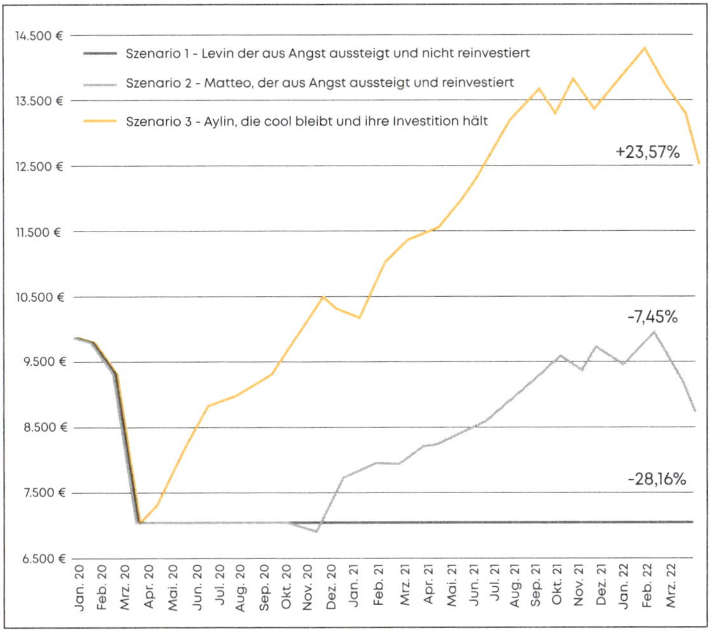

Abbildung 15: Die Bedeutung von »Buy & Hold«. (Female Finance Forum, 2022)

Eine günstigere Variante, wie Sie das Risiko von Einzelaktien reduzieren und mehr Diversifikation in Ihre Geldanlage bringen können, ist die Investition in einen Fonds. Dieser Fonds bündelt viele Aktien, und Sie kaufen einen Anteil an dem ganzen Fonds. Damit ist es für Sie nicht so kritisch, wenn ein einzelnes Unternehmen in Probleme gerät, da Sie auch Anteile an vielen anderen Unternehmen halten.

Fonds	Aktie
Durchschnittliche Performance	Performance kann fantastisch sein, kann aber auch null sein
Breite Risikostreuung	Risikostreuung ist teuer zu erkaufen
Minimaler Zeitaufwand für Sie	Zeitintensiv
Kostengünstig	Kostenintensiv
Keine Möglichkeit der Mitbestimmung	Möglichkeit, Ihr Stimmrecht auszuüben
Super, wenn Sie mit möglichst geringem Aufwand und niedrigen Kosten eine gute Rendite erwirtschaften wollen.	Super, wenn Sie Finanzen zu Ihrem neuen Hobby machen wollen UND Sie ein gutes Händchen haben.

Tabelle 5: Fonds vs. Aktie.

Hier sind zwei grundlegende Arten von Fonds zu unterscheiden:

Aktive Fonds: Bei einem aktiven Fonds sorgt ein Fondsmanager für die Auswahl der Wertpapiere und bestimmt das Verhältnis dieser zueinander. Aktiv gemanagte Fonds werden in der Regel nicht an der Börse gehandelt.

Passive Fonds/ETFs: Beim passiven Management ist der Verlauf des Fonds an einen Basiswert gekoppelt. In der Regel ist ein solcher Basiswert ein Aktienindex wie zum Beispiel der DAX. Es gibt allerdings auch passiv gemanagte Fonds, die an andere Indizes wie einen Rentenindex oder den Goldpreis gekoppelt sind. Passiv gemanagte Fonds sind häufig an der Börse handelbar und gehören damit zu den börsengehandelten Fonds.

Aufgrund der deutlich höheren Kosten von aktiven Fonds empfehlen wir, in passive Fonds zu investieren. Hier bieten sich ETFs (Exchange Traded Funds = börsengehandelte Fonds) an, da sie kostengünstig agieren und sehr leicht zugänglich sind. Aber auch aktive Fonds haben ihre Daseinsberechtigung. So können sie (Stand 2023) beispielsweise in Sachen Nachhaltigkeit ihre passiven Kollegen teilweise noch übertreffen.

Bei ETFs haben Sie die Möglichkeit, entweder einmalig zu investieren oder regelmäßig per Sparplan (monatlich oder pro Quartal) einen bestimmten Betrag anzulegen. Dieser Sparplan funktioniert ähnlich wie ein Dauerauftrag, den Sie jederzeit anpassen, pausieren oder beenden können. Es ist oft sinnvoll, regelmäßig zu investieren, da Sie dadurch den Markt nicht »timen« müssen – Sie müssen nicht darauf warten, dass es günstig ist, sondern investieren einfach automatisch. Zudem können Sie so Ihren Sparbetrag direkt investieren, ohne ihn lange auf einem Konto zu parken, wo er an Wert verlieren könnte.

It's not about timing the market, it's about time in the market! (Es kommt nicht auf den perfekten Zeitpunkt an, sondern auf die Investitionsdauer!)

Im Jahr 2022 gab es weltweit 9537 verschiedene ETFs[64], was die Auswahl nicht gerade einfach macht! Wir werden Ihnen Schritt für Schritt erklären, worauf Sie bei Ihrer Auswahl achten sollten, um schnell und unkompliziert zu Ihrem Wunsch-ETF zu gelangen.

Die meisten Informationen, über die wir sprechen, finden Sie in den sogenannten Factsheets. Factsheets fassen alle wesentlichen

Informationen zu einem ETF übersichtlich zusammen. Sie finden diese beispielsweise auf https://extraetf.com/de/ oder www.justetf.de.

Die Wahl des Index: Als Erstes müssen Sie sich für einen Index entscheiden, in den Sie investieren möchten. Sollen es Aktien der wichtigsten Unternehmen der Industrieländer sein? Dann könnte ein ETF auf den MSCI World eine gute Wahl sein. Möchten Sie auch in Schwellenländer investieren? Dann sollten Sie Emerging Markets-ETFs in Betracht ziehen. Oder möchten Sie am liebsten in beides zusammen investieren? Dann könnte ein All Countries World-ETF (ACWI) interessant sein. Im MSCI World bildet die USA mit circa 60 Prozent der Unternehmen ein absolutes Schwergewicht. Es handelt sich hierbei also um ein geographisches Klumpenrisiko, welches Ihnen bewusst sein sollte. Der MSCI ACWI bietet dagegen eine deutlich breitere Basis. Für eine ausreichende Risikostreuung sollten sowohl Industrie- als auch Schwellenländer in einem ausgewogenen Portfolio enthalten sein, beispielsweise über einen MSCI ACWI oder einen FTSE All World.

Index-Anbieter, die Big Player im ETF-Geschäft: Es gibt verschiedene Index-Anbieter, wobei die beiden größten MSCI und FTSE sind. Achten Sie darauf, dass Sie die Anbieter nicht mischen, wenn Sie mehr als einen ETF besparen möchten. Die Anbieter haben unterschiedliche Definitionen darüber, welche Länder als »Schwellenländer« (Emerging Markets) beziehungsweise »Industriestaaten« (World) gelten. Wenn Sie ETFs von beiden Anbietern mischen, könnte es passieren, dass Sie ein Land entweder komplett auslassen oder unabsichtlich übergewichten, da Sie doppelt darin investieren.

Die Größe (und das Alter) spielen eine Rolle! Achten Sie bei Ihrer ETF-Auswahl auch auf das Fondsvolumen und das Auflegungsdatum. ETFs mit einem größeren Fondsvolumen werden seltener geschlossen. Wenn ein ETF bereits lange existiert, sind die Chancen ebenfalls hoch, dass dies in Zukunft so bleibt. Wenn ein ETF geschlossen wird, stellt dies jedoch kein Risiko für Ihre Investitionen dar, da sie als Sondervermögen gelten. Es ist nur administrativer Aufwand, weil Sie einen neuen ETF auswählen müssen.

Auszahlen oder Reinvestieren? Wie soll Ihr Wunsch-ETF mit Erträgen umgehen? Als Investorin haben Sie Anspruch auf die Dividende, also den Unternehmensgewinn, der von den Unternehmen ausgezahlt wird. Möchten Sie, dass der ETF Ihnen diese Dividenden auszahlt, um sie beispielsweise als Taschengeld zu verwenden oder anderweitig zu investieren? Dann sind ausschüttende ETFs für Sie geeignet. Wenn der ETF jedoch Ihre Erträge direkt und ohne Kosten reinvestieren soll, sollten Sie bei Ihrer Auswahl thesaurierende ETFs bevorzugen. (Thesaurierend kommt vom griechischen »Thesaurus« = Schatzhaus, Tresor.) Unser Tipp: Um den Zinseszins-Effekt optimal zu nutzen und die Kosten gering zu halten (Kosten für die Reinvestition!), empfehlen wir im Sinne eines Buy-and-Hold-Ansatzes thesaurierende ETFs.

Replikationsmethode/Die Abbildung des Index: Eine weitere Entscheidung, die Sie auf dem Weg zu Ihrem Wunsch-ETF treffen müssen, betrifft die Art und Weise, wie der ETF den Index nachbilden soll. Soll der ETF genau die Aktien kaufen, die im Index enthalten sind (»physische Replikation«), oder kauft er andere Aktien und betreibt ein Tauschgeschäft (»swap-basierte« oder »synthetische Replikation«)? Nur eine Empfehlung: Wenn Sie nachhaltig investieren möchten, ist eine swap-basierte Replikation nicht sinnvoll, weil Swap-ETFs Nachhaltigkeitsstandards nicht erfüllen müssen.

Ein Herz für Nachhaltigkeit: Seit März 2021 sind die ETF-Anbieter dazu verpflichtet, ihre nachhaltigen Produkte entsprechend der von der EU entwickelten Klassifizierung für nachhaltige Investments auszuweisen. Wie und in welchem Ausmaß ein ETF nachhaltige Ziele erreichen möchte, geben ETF-Anbieter in ihren Factsheets an. Dort können Sie sich also darüber informieren, wie »grün« ein ETF wirklich ist.

Index, leicht erklärt: Lassen Sie uns den Zusammenhang zwischen Börse, Index, ETF usw. an einem anschaulichen Beispiel erklären. Nehmen wir an, Sie wollen für Ihre Familie eine große Schüssel Obstsalat auf den Tisch bringen. Die Protagonisten unserer Geschichte sind:

- **Ein Broker/Depotanbieter:** Ein Supermarkt
- **Der ETF:** Ein fertiger Obstsalat
- **Der Index:** Das Rezept für den Obstsalat
- **Aktien:** Die einzelnen Zutaten im Obstsalat, also verschiedene Obstsorten, evtl. Nüsse ...
- **Der ETF-Anbieter:** Die Marke des Obstsalats

Um genug Obstsalat für Ihre Familie auf den Tisch zu stellen, können Sie die Zutaten einzeln kaufen und den Salat selbst zubereiten. Die Zutaten alle ganz kaufen zu müssen (z. B. eine ganze Ananas, eine ganze Wassermelone), kann möglicherweise dazu führen, dass Sie viel zu viel Obstsalat erhalten und aufpassen müssen, dass er Ihnen nicht verkommt; außerdem müssen Sie relativ viel Geld ausgeben, bis Sie alle Zutaten beisammenhaben.

Alternativ können Sie vorgefertigten Obstsalat in der Dose kaufen. Den gibt es in fast jedem Supermarkt. Es unterscheiden sich aber die angebotenen Marken je nachdem, ob Sie bei Aldi, Lidl, Rewe oder Alnatura einkaufen gehen. Sie können exakt die richtige Menge Obstsalat für die Anzahl Personen kaufen. Allerdings können Sie nicht selbst bestimmen, welche Zutaten im Obstsalat sind. Die genaue Zusammensetzung, also das Rezept des Obstsalats, wird vom jeweiligen Hersteller vorgegeben. Wenn Sie einfach irgendeinen Obstsalat essen wollen, können Sie in den nächstbesten Supermarkt gehen. Wenn Sie aber genau wissen, was Sie wollen (welche Marke, regional oder doch lieber tropisch, biozertifiziert oder nicht etc.), sollten Sie erst den Obstsalat auswählen und dann schauen, in welchem Supermarkt Sie diesen kaufen können.

Nun die Übersetzung auf die Börse: Sie können die Aktien einzeln kaufen, müssen dafür aber viel Geld ausgeben, so wie für die verschiedenen Obstsorten für den Obstsalat. Alternativ kaufen Sie einen ETF (Obstsalat in der Dose) für genau den Betrag, den Sie ausgeben wollen; mindestens 1 €. Fast jeder Supermarkt hat Obstsalat im Angebot; genauso werden Sie in (fast) jedem Depot einen ETF kaufen können. Wenn Sie aber das Depot von einem speziellen Anbieter oder mit einer speziellen Zusammensetzung (z. B. besonders nachhaltig) suchen, müssen Sie zuerst den ETF auswählen und dann schauen, in welchem Depot Sie diesen ETF finden.

Nachhaltigkeit an der Börse

Haben Sie Bedenken, dass nachhaltige ETFs schlechter abschneiden könnten als konventionelle? Dann kann Sie die folgende Abbildung sicher beruhigen.

Abbildung 16: Rendite eines nachhaltigen und eines konventionellen Aktienfonds.

Der ETF mit dem Zusatz SRI (Socially Responsible Investing, also sozial verantwortliches Investieren) schlägt den konventionellen ETF deutlich.

Dabei muss klar sein: Eine Geldanlage kann nur so gut sein wie die Unternehmen, in die Sie investieren. Und diese Unternehmen sind menschengemacht und Teil des kapitalistischen Systems. Genauso wie Ihr Konsum ein Stimmzettel für die jeweiligen Produkte ist, so ist es auch Ihre Geldanlage. Das große Problem der Nachhaltigkeit: Es gibt keine klare Definition. Wahrscheinlich haben Sie und wir schon unterschiedliche Meinungen, welche Gewichtung gelegt werden soll. Ein hoher CO_2-Ausstoß? Natürlich nicht! Kinderarbeit? Niemals! Faire Bezahlung und gute Aus- und Weiterbildungsmöglichkeiten? Auch wichtig. Die perfekte Investition und das perfekte Unternehmen gibt es nicht. Dennoch sind wir der Meinung: Wir müssen unser Geld investieren, damit es reicht. Es ist niemandem geholfen, wenn Sie sich die hochwertigen, nachhaltigen und langlebigen Produkte nicht leisten können, weil Sie Ihr Geld nicht investiert haben. Und es gibt nichts, was für die konventionelle anstelle von nachhaltiger Geldanlage spricht. Nein, die nachhaltige Geldanlage ist nicht perfekt; unsere

Vermutung ist, dass Sie das auch nicht sind. Wir sind es definitiv nicht.

ESG: Die ESG-Kriterien sind ein wichtiger Aspekt, wenn es um nachhaltige Geldanlagen geht. »ESG« steht für Umwelt (Environmental), Soziales (Social) und Unternehmensführung (Governance). Diese Kriterien werden verwendet, um zu bewerten, wie Unternehmen in diesen drei Bereichen agieren.

- **Umwelt (Environmental):** Diese Dimension betrifft die Auswirkungen eines Unternehmens auf die Umwelt. Hierbei wird geschaut, wie das Unternehmen mit Themen wie Umweltverschmutzung, Energieeffizienz, erneuerbare Energien und natürliche Ressourcen umgeht. Unternehmen, die sich für Umweltschutz und Nachhaltigkeit einsetzen, erzielen hierbei bessere ESG-Bewertungen.
- **Soziales (Social):** In dieser Kategorie wird untersucht, wie ein Unternehmen mit sozialen Angelegenheiten umgeht. Dazu gehören Fragen zur Arbeitsplatzsicherheit ebenso wie Fragen zu den Arbeitsbedingungen in einem Unternehmen, zu Vielfalt und Inklusion, zu Menschenrechten sowie zur sozialen Verantwortung in der Gemeinschaft. Unternehmen, die fair mit ihren Mitarbeitern umgehen und soziale Verantwortung zeigen, erhalten positive Bewertungen in dieser Kategorie.
- **Unternehmensführung (Governance):** Dieses Kriterium bezieht sich auf die Art und Weise, wie ein Unternehmen geführt und kontrolliert wird. Hierbei wird geprüft, ob es transparente Geschäftspraktiken gibt, wie gut die Corporate Governance strukturiert ist und ob es einen unabhängigen Verwaltungsrat gibt. Unternehmen, die eine gute Unternehmensführung zeigen, erzielen eine höhere ESG-Bewertung.

SRI: SRI steht für »Socially Responsible Investing«, also das sozial verantwortliche Investieren. Bei SRI-Investitionen geht es ebenfalls darum, Ihr Geld nicht nur auf finanziell rentable Weise zu investieren, sondern auch sicherzustellen, dass Ihre Investitionen im Einklang mit Ihren ethischen und sozialen Überzeugungen stehen. Das bedeutet, dass Unternehmen, die gegen Ihre Werte verstoßen oder in umstrittenen Branchen tätig sind, in der Regel ausgeschlossen werden.

Die SRI-Kriterien sind in der Regel strenger als die ESG-Kriterien und werden hauptsächlich vom Indexanbieter MSCI verwendet.

Durch die Berücksichtigung von Nachhaltigkeitskriterien in Ihren Investitionsentscheidungen können Sie sicherstellen, dass Ihr Geld nicht nur Gewinne erzielt, sondern auch einen positiven Beitrag zur Umwelt und Gesellschaft leistet. Dieser Ansatz kann dazu beitragen, eine nachhaltige und verantwortungsvolle Geldanlagestrategie zu entwickeln, die Ihre Werte und Überzeugungen widerspiegelt.

Geldanlage für Kinder

Haben Sie vor, Ihrem Kind einen möglichst guten Start in sein (Erwachsenen-)Leben zu ermöglichen und ihm so einen finanziellen Vorsprung verschaffen? Hier kommen ein paar Tipps für die Geldanlage für die nächste Generation.

Denken Sie daran, auch das Geld Ihrer Kinder (nachhaltig) anzulegen. Besonders aufgrund der aktuellen wirtschaftlichen Lage, der Inflation und anderer Herausforderungen ist es ratsam, Geld nicht einfach auf dem Konto liegen zu lassen. Der große Vorteil bei Geldanlagen für Kinder liegt in der langen Zeitspanne, die für beeindruckende Erträge durch Zinseszinsen sorgt. Sie müssen sich in den nächsten 18 Jahren keine Gedanken über Kursschwankungen machen und können der Buy-and-Hold-Strategie folgen: Einmal investieren und dann langfristig behalten.

Selbst Geldgeschenke von Verwandten und Freunden können flexibel in ETFs investiert werden, um mehr daraus zu machen als aus dem zehnten Kuscheltier.

Wenn das Konto oder Depot auf den Namen Ihres Kindes läuft, haben Sie als Vormund bis zu seinem 18. Geburtstag Verfügungsgewalt über dieses Geld. Damit dürfen Sie das Geld ausschließlich für Ihr Kind ausgeben und nicht für Ihre eigenen Bedürfnisse verwenden. Diese Regelung kann Vor- und Nachteile haben. Einerseits erfordert sie finanzielle Disziplin, da das Geld nicht für persönliche Ausgaben zur Verfügung steht. Andererseits schränkt sie Ihre Flexibilität ein, selbst wenn es vielleicht für die gesamte Familie in bestimmten Situationen vorteilhafter wäre.

Darüber hinaus hat Ihr Kind mit 18 Jahren auf jeden Fall die volle Kontrolle über sein Geld. In diesem Alter sind viele Kinder bereits ausreichend bereit, um verantwortungsbewusst mit ihrem Geld umzugehen, während andere möglicherweise eher dazu neigen, es leichtfertig auszugeben und später bereuen, nicht sparsamer gewesen zu sein.

Wenn die Geldanlage auf den Namen Ihres Kindes läuft, kann zudem der steuerliche Freibetrag für Kapitalerträge ausgeschöpft werden (»Sparerpauschbetrag«). Jeder Mensch hat einen steuerlichen Freibetrag von 1000 € (Stand 2023); auch Ihr Kind. Den Freistellungsauftrag stellen Sie ganz einfach bei Ihrer Bank, im Normalfall online. Sie können die 1000 € auf verschiedene Konten oder Depots verteilen.[65] Dadurch können Sie mehr Gewinn aus der Geldanlage erzielen, ohne darauf Abgeltungssteuer zahlen zu müssen.

Sollten Sie für Ihr Kind mit Erträgen jenseits des Sparerpauschbetrags rechnen, können Sie eine Nichtveranlagungsbescheinigung beantragen. Diese gilt immer für drei Jahre und befreit auch ohne Steuererklärungspflicht von der Abgeltungssteuer auf Kapitalerträge. Sie können Sie einfach bei Ihrem zuständigen Finanzamt stellen.

Allerdings könnte Ihr Kind bei zu hohem Vermögen möglicherweise kein BAföG[66] erhalten (Höhe des Vermögens des Kindes darf 15 000 € nicht überschreiten) und aus der kostenfreien Mitversicherung in der gesetzlichen Krankenversicherung ausscheiden (monatliches Einkommen des Kindes darf 4000 € nicht überschreiten). Da das erst der Fall ist, wenn das Kind auch wirklich ein entsprechend großes, eigenes Vermögen hat, kann man hinterfragen, ob BAföG in seiner eigentlichen Absicht dann überhaupt vonnöten ist.

Hier sehen Sie die Aspekte noch einmal zusammengefasst:

Ihr Name	Name Ihres Kindes
Ihr Kind hat erst Zugriff auf Geld, wenn Sie es ihm schenken.	Ihr Kind hat mit 18 Zugriff auf sein Geld; bis dahin verwalten Sie es in seinem Sinne.
Das Geld zählt zu Ihrem Vermögen, d. h., Sie zahlen Steuern.	Sie können den Steuerfreibetrag Ihres Kindes nutzen.
Sie können das Depot/Konto (auf Ihren Namen) allein eröffnen.	Beide Elternteile müssen bei Depot-/ Kontoeröffnung unterzeichnen (bei gemeinsamem Sorgerecht).
	Ihr Kind hat ggf. keinen Anspruch auf BAföG oder Sozialhilfe.
	Ihr Kind fällt ggf. aus der kostenlosen Familienkrankenversicherung.

Tabelle 6: Geldanlage auf Ihren Namen oder den Namen des Kindes.

More Risk, more Fun? Geldanlage jenseits der Börse

Gerade im Gespräch mit Ihren Kindern kommen möglicherweise aktuelle, aufmerksamkeitsheischende Themen auf. Die Medien sind voll von Investitions- und Spekulationsmöglichkeiten. Lassen Sie uns versuchen, ein wenig Licht ins Dunkel zu bringen.

Kryptowährungen

In den letzten Jahren kamen Sie kaum darum herum: Kryptowährungen dominieren die Medien und die Gespräche. Was ist dran am Hype um Bitcoin, Ethereum und Co?

Kryptowährungen sind digitale oder virtuelle Währungen, die auf der Blockchain-Technologie basieren. Eine Blockchain ist eine digitale Datenbank, in der die Daten in Blöcken zusammengefasst gespeichert werden. Das Besondere daran: Die Datenblöcke werden dezentral auf einer Vielzahl vernetzter Rechner kryptografisch verschlüsselt. Die Datenbank ist (in der Regel) komplett transparent und somit öffentlich einsehbar. Kryptowährungen bieten eine dezentrale Form des Finanzwesens und ermöglichen es Menschen, Transaktionen ohne die Beteiligung traditioneller Finanzinstitute durchzuführen. Sie versprechen Anonymität in einem regulierten Finanzmarkt.

Das Potenzial für hohe Renditen hat Kryptowährungen für viele Anleger attraktiv gemacht. Dennoch ist es wichtig, die damit verbundenen Risiken zu verstehen. Die extremen Preisschwankungen und die Unsicherheit bezüglich der Regulierung machen Kryptowährungen zu einem hochspekulativen Anlageinstrument. Sie eignen sich möglicherweise für kurzfristige Spekulationen, sind jedoch keine geeignete Option für die langfristige

Altersvorsorge. Anleger sollten sich bewusst sein, dass sie bei Investitionen in Kryptowährungen ihr gesamtes Kapital verlieren können und daher äußerst vorsichtig sein.[67]

Sie können mit Ihrem Kind besprechen, einen festgelegten, kleinen Betrag beiseitezulegen, den es in Kryptowährungen investieren kann. So kann es mit einem kleinem Budget Fehler machen und lernen, ohne seine Altersvorsorge zu verspielen.

Gold und andere Edelmetalle

Gold hat seit jeher eine besondere Anziehungskraft auf Menschen ausgeübt. Es wird nicht nur für Schmuck und Dekoration verwendet, sondern auch als eine Form der Investition.

Gold wird oft als »sicherer Hafen« betrachtet, insbesondere in Zeiten wirtschaftlicher Unsicherheit. Es hat sich historisch gesehen als werthaltiger Vermögenswert erwiesen, der in Krisenzeiten an Wert gewinnen kann. Viele Investoren nutzen Gold als Absicherung gegen Inflation und Währungsabwertung.

Obwohl Gold als sicherer Hafen gilt, ist es nicht immun gegen Volatilität. Der Goldpreis kann erheblichen Schwankungen unterliegen, und Investitionen in Gold bergen Risiken. In der Vergangenheit gab es Phasen, in denen der Goldpreis gefallen ist, was bedeutet, dass Verluste möglich sind.

Statistisch betrachtet lohnt sich der Kauf von Gold nicht, wenn man die Rendite mit der Entwicklung von Aktien vergleicht. Wenn Sie das Bedürfnis haben, Gold zu kaufen, dann belassen Sie es bei maximal 5 bis 10 Prozent Ihres investierten Vermögens.

Sneakers, Kunst, Oldtimer

In der Welt der Finanzen sind Sneakers, Kunst und Oldtimer aufgrund ihrer Popularität als alternative Investitionsmöglichkeiten auch für junge Menschen in den Fokus gerückt. Bevor Sie sich in diese Märkte stürzen, sollten Sie jedoch einige wichtige Überlegungen anstellen.

1. **Leidenschaft oder Investment?** Sneakers, Kunst und Oldtimer sind oft mehr als nur Geldanlagen. Viele Menschen haben eine echte Leidenschaft für diese Sammlerstücke. Sie sammeln sie aus Liebe zu Design, Kunst oder Geschichte. Investieren Sie nur, wenn Sie wirkliches Interesse und Freude daran haben, da diese Märkte volatil sind und keine Gewinngarantien bieten.
2. **Expertise ist entscheidend** Wenn Sie ernsthaft in diese Märkte investieren möchten, benötigen Sie ein tiefes Verständnis und Wissen. Experten kennen die Trends, Werte und Authentizität von Sammlerstücken. Ein oberflächliches Engagement kann riskant sein.
3. **Keine risikoarme Altersvorsorge** Bedenken Sie, dass Investitionen in Sneakers, Kunst und Oldtimer nicht als risikoarme Altersvorsorge betrachtet werden sollten. Diese Märkte sind spekulativ und unsicher. Traditionelle Anlageformen sind zuverlässiger für Ihre finanzielle Zukunft.

In alternative Vermögenswerte zu investieren, kann eine aufregende Ergänzung zu Ihrem Portfolio sein, aber übertreiben Sie es nicht. Diese Regel sollte auch Ihr Kind befolgen: Als Ergänzung gerne, aber nicht als Hauptinvestition.

Beratung

Es spricht nichts dagegen, wenn Sie sich beraten lassen. Im Gegenteil: Nicht umsonst gibt es Expertinnen und Experten, denen wir vertrauen können. Wenn Sie ein gesundheitliches Problem haben, gehen Sie ja auch zur Ärztin oder zum Arzt Ihres Vertrauens.

Vermutlich holen Sie bei schwerwiegenden medizinischen Eingriffen eine zweite Meinung ein. Genauso sollten Sie das bei Ihren Finanzen auch handhaben: Lassen Sie sich beraten, aber holen Sie mehrere Meinungen ein und informieren Sie sich selbst (auch durch Bücher und Zeitschriften, Bekannte und im Freundeskreis) und treffen Sie dann Ihre eigene, fundierte Entscheidung.

Eine Bankberaterin verdient ihr Geld genauso wie eine Autoverkäuferin: indem sie Produkte verkauft. Wenn Sie in ein Autohaus gehen, wissen Sie, dass

- Ihnen ein Auto angeboten wird (und keine tiefgreifende Analyse durchgeführt wird, ob Sie überhaupt ein Auto benötigen);
- Ihnen ein Auto der jeweiligen Marke empfohlen wird;
- Ihnen vermutlich ein Modell mit der etwas höherpreisigen Ausstattung vorgeführt wird.

Genauso verdient die Bankberaterin ihr Geld: indem sie Ihnen das für sie lukrativste, hauseigene Produkt verkauft. Und je höher dessen Wert, umso höher ihr Gewinn. Wenn Sie ein Auto kaufen, informieren Sie sich vermutlich, indem Sie verschiedene Informationen einholen und Angebote vergleichen. Genauso sollten Sie Ihre Finanzen angehen! Informieren Sie sich eigenständig, und wenn Sie sich beraten lassen, achten Sie stets auf Unabhängigkeit.

Unabhängige Beratung bekommen Sie beispielsweise bei den Verbraucherzentralen oder bei einer Honorarberatung. Gute Informationen bieten auch Stiftung Warentest und Finanztip. Achten Sie darauf, dass die Quelle, aus der Sie Ihre Informationen beziehen, unabhängig berät und auf Ihrer Seite ist.

5

Ältere Kinder, neue Fragen

Bis jetzt ging es in diesem Buch viel um Ihre eigenen Finanzen und um den Umgang mit Finanzen für ein Kind, das noch relativ wenig eigenes Geld hat. In diesem Kapitel soll es darum gehen, Ihrem Kind die echte eigene Finanzsouveränität beizubringen. Durch Finanzbildung ermöglichen Sie es Ihrem Kind, finanzielle Verantwortung zu übernehmen, fördern seine finanzielle Unabhängigkeit und helfen ihm dabei, wichtige Fähigkeiten für seine zukünftige finanzielle Stabilität zu entwickeln. Sie können Ihr Kind in diesem Zeitraum des Erwachsenwerdens dabei unterstützen, seine eigenen Finanzen von Anfang an auf stabile Beine zu stellen.

Ziele kosten Geld – Sparen für Jugendliche

Sie haben im Kapitel »Umgang mit Geld im Alltag« bereits Tipps bekommen, wie Sie das Taschengeld, sofern Sie welches geben, auf unterschiedliche Töpfe aufteilen können: kurzfristiger Konsum, mittelfristiges Sparen, langfristiges Investieren, Spenden. Bei älteren Kindern werden meistens die Wünsche teurer: Kleidung wird teurer, der erste Urlaub ohne Eltern, der Führerschein in den nächsten Jahren. Diese Wünsche können meistens nicht mehr mit dem Taschengeld weniger Wochen finanziert werden, sondern erfordern eine längerfristige Planung.

Idealerweise reflektiert Ihr Geldverhalten Ihre Prioritäten: Je mehr Geld Sie für eine Kategorie ausgeben, umso wichtiger sollte Ihnen diese Kategorie sein. Natürlich gibt es einige grundlegende Kategorien, auf die Sie vermutlich nicht verzichten können: Miete oder zumindest Nebenkosten müssen Sie bezahlen, ebenso wie Lebensmittel. Aber insgesamt lassen die Proportionen Ihrer Ausgabentöpfe Rückschlüsse auf Ihre Vorlieben zu.

Dasselbe gilt für Jugendliche und ihr Geld. Wahrscheinlich hat Ihr Kind mehr Wünsche, als es sich leisten kann. Besprechen Sie mit ihrem Kind

- sein verfügbares Geld,
- seine Prioritäten,
- seine kurz- und mittelfristigen Ziele.

Wahrscheinlich wird das Geld nicht für alle Ziele reichen. Deshalb ist es so wichtig, die Prioritäten herauszuarbeiten. Falls die Ziele für Ihr Kind allein nicht realistisch erreichbar sind, Sie ihm die finanzielle Belastung nicht zumuten wollen oder Sie die Finanzierung in Ihrer elterlichen Verantwortung sehen, spricht nichts dagegen, sich die Kosten zu teilen. Das kann über Geld verdienen durch zusätzliche Aufgaben (z. B. Auto saugen, Pfand oder Altpapier wegbringen) stattfinden, oder Sie steuern einen Teil der Kosten ohne Gegenleistung hinzu.

Money Talk: Führerschein

Fragen Sie Ihr Kind, welche Wünsche es sich in den nächsten fünf Jahren erfüllen und finanzieren möchte. Als Beispiel: der Führerschein. Zuerst sollte es recherchieren, wie viel Geld der Führerschein kostet. Nun können Sie diese Zahl neben den aktuellen Stand des Sparbuchs Ihres Kindes legen. Und neben sein zu erwartendes Einkommen (Taschengeld, Nebenjob) in der Zeit bis zum Führerschein oder seine anderen Wünsche. Jetzt können Sie berechnen, welchen Betrag Ihr Kind monatlich beiseitelegen muss, um zum gewünschten Zeitpunkt die erforderliche Summe angespart zu haben.

Um eine Vorstellung zu bekommen, wie sich die Länge der Ansparzeit auf die Höhe der notwendigen monatlichen Sparrate auswirkt, stellen wir hier zwei beliebte Sparziele vor.[68]

Ziel	5 Jahre	3 Jahre	1 Jahr	~Ziel-summe
Führerschein[69]	55,42 €	92,36 €	277,08 €	3325 €
Reise nach Schulabschluss	25 €	41,67 €	125 €	1500 €

Tabelle 7: Höhe der notwendigen Sparrate für verschiedene Ziele und Ansparzeiten.

Um Ihre eigenen Sparziele beziehungsweise die Ihres Kindes zu berechnen, können wir Ihnen den Rechner www.zinsen-berechnen.de/sparrechner.php empfehlen. Hier können Sie Ihre Zielsumme eintragen, die Länge der Ansparphase anpassen und mit den Zahlen spielen.

Vielleicht stellt Ihr Kind fest, dass sein Erspartes zusammen mit seinem Taschengeld nicht reichen wird, um das Geld rechtzeitig zusammenzuhaben. Statt den Kopf in den Sand zu stecken, ist jetzt ist sein Unternehmergeist gefordert! Sie können Ihr Kind unterstützen, nach Strategien zu suchen, dieses fehlende Geld aufzubringen. Vielleicht wird Ihr Kind plötzlich überall Möglichkeiten sehen, sein Geld zu vermehren: Durch Gartenarbeit bei den Nachbarn, Nachhilfestunden, Ferienjobs, Hunde spazieren führen …[70]

Um den Überblick über das noch verfügbare Geld zu behalten und zu wissen, wie viel noch übrig ist, kann es sehr wertvoll sein – für Ihr Kind genauso wie für Sie – ein klassisches Haushaltsbuch zu führen. Wofür gibt es wirklich sein Geld aus? Gerade bei jungen Menschen summieren sich die kleinen Ausgaben stark auf: Mal der Snack in der Schule hier, das Getränk dort. Gerade diese kleineren Beträge werden häufig bar bezahlt, was den Überblick erschwert.

Es ist egal, ob Ihr Kind das Haushaltsbuch mit Stift und Papier führt, mit einer App oder mit einer Excel-Tabelle. Wichtig ist, dass das System für das Kind funktioniert und dass es das Haushaltsbuch für mindestens einen, besser drei Monate lang führt. Erwiesenermaßen ist es besonders effektiv, Dinge handschriftlich festzuhalten. Aber hier wie auch allgemein gilt:

80 Prozent richtig ist besser als 100 Prozent nicht gemacht.

Budgets

Wenn das Kind seine eigenen Prioritäten und Ziele herausgefunden hat, kann es sich Budgets setzen. Ihrem Kind wird es wahrscheinlich nicht leichtfallen, Geld für unbestimmte Ziele in der ferneren Zukunft zu sparen. Deshalb ist es so wichtig, mit Ihrem Kind eine klare Vision zu entwickeln, was es mit seinem Geld erreichen möchte, und konkrete Zahlen mit seinen Träumen zu verbinden.

Lassen Sie Ihr Kind jetzt sein verfügbares Geld auf verschiedene Kategorien aufteilen: Welchen Betrag möchte es für Freizeit ausgeben, welchen Betrag möchte es für den mittelfristigen Wunsch (z. B. Führerschein, ein Auslandsaufenthalt ...) beiseitelegen, und welchen Anteil möchte es investieren?

Es kann lehrreich sein, Ihr Kind teilweise an der Finanzierung von Anschaffungen zu beteiligen. Das neue Fahrrad, das nicht nur als Geburtstagsgeschenk daherkommt, sondern teilweise von Ihrem Kind mitbezahlt wird. Sie können es auch in Stufen angehen: Die Standardausstattung übernehmen Sie; die preisliche Differenz zur Sonderausstattung, beispielsweise die 21-Gang-Schaltung anstelle der standardmäßigen Drei-Gang-Schaltung, übernimmt Ihr Kind. Somit bekommen die Gegenstände, die Ihr Kind bekommt und mitbezahlt, einen anderen Wert.

Budgetgeld zusätzlich zum Taschengeld

Im Kapitel »Umgang mit Geld im Alltag« haben Sie mögliche Aufteilungen für Ihr eigenes Budget kennengelernt. Für Ihr Kind ist es vermutlich nicht sinnvoll, dieselben Kategorien zu verwenden. Im Normalfall sind die absolut notwendigen Ausgaben niedriger, da keine Kosten für Miete oder Versicherungen anfallen.

Sie können Ihrem Kind auch ein Budgetgeld geben, von dem es seine eigenen, notwendigen Ausgaben tätigt: Schulmaterial, öffentlicher Nahverkehr, Kleidung, Körperpflege … Das Deutsche Jugendinstitut empfiehlt 2020 die folgende Höhe für das Budgetgeld:

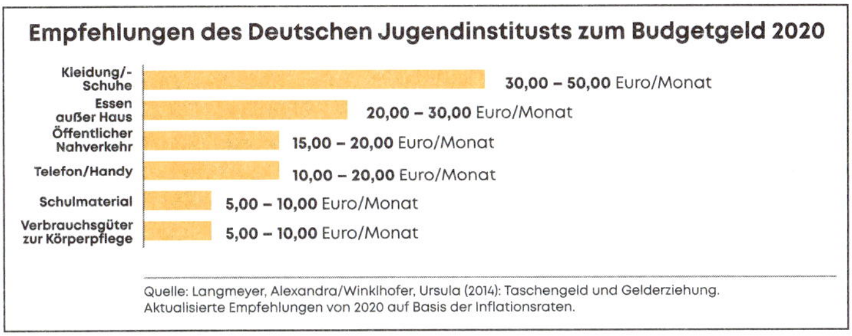

Abbildung 17: Empfehlungen des Deutschen Jugendinstituts zum Budgetgeld 2020.[71]

Wenn Sie Ihrem Kind Budgetgeld geben, dann sollte es zusätzlich zum und unabhängig vom Taschengeld gezahlt werden. Das Taschengeld ist weiterhin das Geld, über das Ihr Kind vollkommen frei verfügen darf. Was es davon kauft, ist allein die Entscheidung Ihres Kindes.

Besprechen Sie in regelmäßigen Abständen mit Ihrem Kind, wie es mit diesem Budget zurechtkommt. Reicht das Geld für die notwendigen Ausgaben? Kommt es mit der Aufteilung auf die verschiedenen Kategorien klar, oder müssen Sie die Verteilung anpassen?

Eigenes Geld hinzuverdienen

Ab dem Alter von 13 Jahren können Jugendliche erste Arbeitserfahrung und Zuverdienst in Form von Nebenjobs oder Praktika erwerben. Allerdings gelten für Schülerinnen und Schüler strenge Regeln des Kinder- oder Jugendarbeitsschutzes. Ihr Job ist es, zur Schule zu gehen und ihren Abschluss zu machen. In den Ferien sollen sie sich in erster Linie erholen.

Je jünger Ihr Kind ist, umso strenger sind die Arbeitsschutzregeln. Grundsätzlich ist es Kindern unter 13 Jahren untersagt, zu arbeiten, da Kinderarbeit gesetzlich verboten ist.

Für 13- und 14-jährige Schülerinnen und Schüler, die einen Minijob ausüben möchten, ist die Zustimmung ihrer Eltern erforderlich. In diesem Fall dürfen sie täglich bis zu zwei Stunden arbeiten, während in landwirtschaftlichen Familienbetrieben bis zu drei Stunden pro Tag erlaubt sind. Die Arbeitszeiten sind beschränkt und liegen zwischen 8 und 18 Uhr. Es ist streng verboten, während der Unterrichtszeit zu arbeiten.

Im Alter von 15 bis 17 Jahren wird Jugendlichen erlaubt, zwischen 6 und 20 Uhr bis zu acht Stunden pro Tag arbeiten. Allerdings sind besondere Schutzvorkehrungen für ihr Wohlergehen vorgesehen: Ihre wöchentliche Arbeitszeit darf 40 Stunden nicht überschreiten und sollte auf fünf Arbeitstage verteilt sein. Ebenso muss ausreichend Freizeit gewährleistet sein: Es müssen zwei aufeinanderfolgende freie Tage zur Verfügung stehen, und zwischen zwei Arbeitstagen muss eine Pause von mindestens zwölf Stunden liegen. An Wochenenden ist die Arbeit in der Regel verboten.

Diese Bestimmungen gelten für alle Jugendlichen, die noch der Vollzeitschulpflicht unterliegen. Während der Schulferien besteht die Möglichkeit, bis zu vier Wochen im Jahr zu arbeiten, wobei eine wöchentliche Arbeitszeit von bis zu 40 Stunden erlaubt ist. Auch hierfür ist die Zustimmung der Eltern erforderlich.

Durch einen Job sammeln Jugendliche vielfältige und wichtige Erfahrungen: Sie lernen, Verantwortung außerhalb des bekannten Umfelds aus Schule, Familie und Hobby zu übernehmen; sie lernen, wie viele Arbeitsstunden es dauert, bis man sich einen

Wunsch erfüllen kann; sie erhalten idealerweise Einblicke in die Berufswelt und können auf dieser Grundlage wichtige Orientierung für ihren eigenen Berufswunsch bekommen.

Außerdem haben sie durch das Gehalt mehr Geld im Budget, das sie auf die verschiedenen Töpfe verteilen können. Sie haben also mehr finanziellen Spielraum und dadurch mehr Möglichkeiten, Prioritäten zu setzen und sich Wünsche zu erfüllen.

Ein eigenes Konto für Ihr Kind

Gerade für kleine Kinder ist es hilfreich, ihr Taschengeld bar zu bekommen. So hat Geld einen echten Wert; sie spüren das Geld in den Händen, können eine Spardose nutzen und sehen dort immer auf einen Blick, wie viel Geld sie noch haben. Ungefähr mit dem zehnten Lebensjahr, also in den meisten Bundesländern dem Übergang auf die weiterführende Schule, ist es wertvoll, wenn Kinder auch den Umgang mit Giralgeld lernen, also den Umgang mit einer Bankkarte und elektronischem Geld. Es ist psychologisch erwiesen, dass Menschen mehr Geld ausgeben, wenn sie mit Karte bezahlen; das gilt für Erwachsene und umso mehr für Kinder. Erwarten Sie von Ihrem Kind also nicht, dass ihm automatisch klar ist, dass das Geld auf der Karte genauso real ist wie das Geld in der Spardose.

Es gibt mittlerweile diverse Möglichkeiten, wie Ihr Kind genau dieses Verständnis lernen kann. Sie können ihm beispielsweise mit einer Prepaidkarte Zugriff auf ein Konto geben, über das Sie anfänglich verfügen. Damit können Sie auch bestimmen, welche Summe Ihr Kind zur Verfügung hat. Sie können einen Teil des Taschengelds auf das Konto überweisen und diese Überweisungen kontinuierlich erhöhen. So kann Ihr Kind Schritt für Schritt lernen, mit dem greifbaren Bargeld und dem nicht greifbaren Giralgeld umzugehen. Bei manchen Bank-Apps kann Ihr Kind sogar Pläne machen, was es mit dem Geld tun möchte, beispielsweise auch für konkrete Projekte Rücklagen aufbauen. Das kann dabei helfen, das Geld nicht für andere, kurzfristige Wünsche auszugeben. Außerdem sieht es zu jeder Zeit genau, wie viel Geld es noch zur Verfügung hat, und kann entsprechend damit planen.

Wahl des Kinderkontos

Sie können schon früh ein Konto für Ihr Kind eröffnen; tatsächlich bei vielen Banken schon ab der Geburt. Eine eigene Karte bekommt Ihr Kind, abhängig von der Bank, ab dem siebten Geburtstag oder später. Eine Übersicht über die Konditionen verschiedener Kinder- oder Juniorkonten finden Sie beispielsweise bei Finanztip.[72]

Achtung: Ihr minderjähriges Kind kann nicht eigenständig ein Konto eröffnen. Alle Sorgeberechtigten müssen unterschreiben. Das gilt auch, wenn Sie sich das Sorgerecht teilen.

Diese Aspekte sollten Sie bei der Wahl des Kinderkontos beachten:

- **Kontoführungsgebühren:** Viele Kinderkonten sind günstig oder kostenfrei; die Banken freuen sich, die neue Kundschaft früh an sich zu binden. Falls Ihr Kind relativ bald volljährig wird, sollten Sie darauf achten, wie die Gebühren bei volljährigen Kontonutzern sind.
- **Kosten von Bargeldabhebung:** Ihr Kind wird vermutlich häufig mit Bargeld bezahlen und entsprechend oft an einem Geldautomaten Geld abheben. Achten Sie unbedingt darauf, dass die Bank seines Kontos entweder zu einem sehr weitverbreiteten

Geldautomatennetz gehört oder dass es kostenlos möglich ist, Geld abzuheben.

- **Möglichkeit, Bargeld einzuzahlen:** Direktbanken, die häufig kostengünstiger sind als Filialbanken und gerade von der jüngeren Generation gern wegen ihrer Online-Präsenz genutzt werden, haben keine Geldautomaten, bei denen Ihr Kind sein Bargeld einzahlen kann. Häufig werden Geldgeschenke bar übergeben; die Notwendigkeit der Bargeldeinzahlung kann also sehr hoch sein.

Augen auf bei Schulden!

Mittlerweile leiden immer mehr Menschen unter Konsumsucht. Rund 20 Prozent aller Jugendlichen und jungen Erwachsenen im Alter zwischen 14 und 29 haben Schulden.[73] Die Hochglanzbilder in den sozialen Medien erwecken den Wunsch nach vielen Dingen und Erlebnissen, und die ständige Möglichkeit, jederzeit online einkaufen zu gehen, schafft die Gelegenheit, diesem Wunsch nachzugehen.

Buy-Now-Pay-Later-Angebote führen dazu, dass wir uns unsere Wünsche selbst dann erfüllen können, wenn wir kein Geld dafür haben. Wir bestellen ein Produkt online und bezahlen erst Wochen oder Monate später dafür; wir delegieren das Problem also an unser zukünftiges Ich.

Diese Falle ist für Jugendliche besonders verlockend. Immer mehr Jugendliche sind bereits verschuldet, obwohl sie noch nicht volljährig sind. Es ist immens wichtig, dass Ihr Kind lernt, zwischen Wünschen und Bedürfnissen zu differenzieren, und dass es lernt, sein Budget einzuhalten.[74]

Perspektivwechsel: Das Wort »Schulden« impliziert, dass sich jemand etwas zuschulden hat kommen lassen, die Schulden also selbst verschuldet sind. Dabei können Schulden unterschiedlichste Hintergründe, Notwendigkeiten und Zielsetzungen haben. Sie lassen sich weder pauschal verurteilen, noch trägt die Person, die Schulden hat, immer selbst Schuld.

Schauen Sie gemeinsam mit Ihrem Kind ins Kleingedruckte dieser Buy-Now-Pay-Later-Angebote: Die Null-Prozent-Finanzierung kostet selten wirklich null Prozent Zinsen, sondern das Angebot gilt nur für die ersten Monate des ersten Vertrags. Sobald Ihr Kind (oder Sie) mehrere dieser Angebote abgeschlossen hat, steigen die Zinsen exponentiell. Dasselbe gilt für die Teilzahlungsfunktion, die einige Kreditkarten anbieten. Damit zahlen Sie nur einen Teil des Betrags sofort; der Rest wird zu einem späteren Zeitpunkt oder in Raten abgebucht. In den meisten Fällen verstecken sich dahinter klassische Kredite, auf die nicht selten Zinsen in zweistelliger Höhe fällig werden. Und: Einige dieser Verträge führen zu einem negativen Schufa-Eintrag.

Die Schufa ist ein Unternehmen, das die Kreditwürdigkeit von Personen und Unternehmen bewertet. Ein schlechter Schufa-Score kann sich negativ auswirken, wenn Sie beispielsweise eine Wohnung mieten oder einen Kredit aufnehmen wollen. Ein schlechter Score bedeutet, dass Sie weniger kreditwürdig sind, und führt dazu, dass Sie bei einem Kredit höhere Zinsen zahlen müssen, um das für die Bank erhöhte Risiko zu kompensieren. Es lohnt sich also, schlechte Schufa-Einträge nur im echten Notfall in Kauf zu nehmen!

Die folgenden Aspekte haben negative Auswirkungen auf Ihre Schufa-Glaubwürdigkeit: viele verschiedene Bankkonten, ein überzogener Disporahmen, Mahnverfahren, Zahlungsverzug bei Kreditraten, privater Konkurs.

Es wird häufig kritisiert, dass die Schufa weder transparent noch fair agiert. Leider hat der Schufa-Score eine große Relevanz.

Es gibt Bestrebungen, die Schufa transparenter zu gestalten, aber bislang ist das noch das System, mit dem wir arbeiten müssen.

Nicht alle Schulden sind kategorisch schlecht. Die Zielsetzung ist entscheidend: Geht es um kurzfristigen Konsum oder um langfristige Weiterentwicklung? Generell können wir zwischen sinnvollen und weniger sinnvollen Schulden unterscheiden. Allerdings sollten Sie daran denken: Ein Kredit, egal mit welcher Zielsetzung, kann immer eine Belastung sein. Das Wissen, jeden Monat eine Zahlung an die Bank oder andere Kreditgeber überweisen zu müssen, kann Entscheidungen hemmen: Eine Zusatzausbildung anfangen, die Zeit aus der bezahlten Erwerbstätigkeit nimmt und damit das Gehalt senkt? Eine Selbstständigkeit wagen, wenn die Erfolgsaussichten in der Anfangszeit unklar sind? Selbst eine Familiengründung oder -erweiterung wurde schon auf Eis gelegt, weil die monatlichen Ausgaben für Lebenshaltungskosten plus Kredittilgung samt Zinsen zu hoch waren. Ihr Kind sollte sich also gut überlegen, welche Schulden es aufnehmen möchte.

Tendenziell sinnvolle Schulden: Sinnvolle Schulden helfen Ihrem Kind, schneller die Vision seines zukünftigen Ichs zu verwirklichen. Ein Studienkredit kann es Ihrem Kind ermöglichen, ein Studium zu absolvieren. Ein Immobilienkredit macht es möglich, Immobilienbesitzerin zu werden. Schulden können Ihrem Kind den Schritt auf die nächste Stufe seiner persönlichen Entwicklungstreppe erleichtern. Denken Sie daran: Diese Treppe kann für jeden Menschen anders aussehen!

Obwohl diese Schulden sinnvoll sein können, können sie eine Belastung darstellen: Am Anfang der Erwerbstätigkeit zuerst die BAföG-Zahlungen tilgen zu müssen, bevor man eigene Rücklagen aufbauen kann; ein Immobilienkredit, den man zusätzlich zu den Rücklagen für die Immobilie und für andere Dinge zurückzahlen muss. Je höher die Fixkosten, umso niedriger die finanzielle Entscheidungsfreiheit. Jeder Kredit sollte daher wohlüberlegt sein.

Weniger sinnvolle Schulden: Aufgrund der emotionalen und finanziellen Belastung sollte man sich gut überlegen, mit welcher Zielsetzung man einen Kredit aufnimmt. Ein sinnvoller Kredit kann dazu beitragen, schneller das eigene Ziel zu erreichen. Ein nicht sinnvoller Kredit kann das Gegenteil bewirken: Er bremst in der Verfolgung der eigenen Ziele, weil die finanzielle Belastung zu allen Zeiten getragen werden muss. Alle Konsumkredite sollten, wenn irgendwie möglich, vermieden werden: der Fernseher, das Handy, die Reise. Dabei muss klar sein, dass sich ein Konsumkredit manchmal nicht vermeiden lässt. Wenn Sie ein neues Handy brauchen und keine Rücklagen haben, ist die Ratenzahlung Ihre einzige Möglichkeit und eine sehr gute Lösung. Wenn es aber um die Befriedigung kurzfristiger Wünsche (statt echter Bedürfnisse) geht, empfehlen wir dringend, erst die notwendigen Rücklagen aufzubauen und mit diesen Rücklagen die Anschaffungen zu tätigen.

#KlarnaSchulden:
Klarna ist ein schwedischer Zahlungsdienstleister, der im Online-Shopping wegen seiner Buy-Now-Pay-Later-Möglichkeit zu Beliebtheit gekommen ist. Der Hashtag Klarna-Schulden war vor einiger Zeit unter Jugendlichen beliebt: Wer die meisten (!) Klarna-Schulden angehäuft hatte, war besonders cool.[75]

Investieren für und mit Ihrem Kind

Im Kapitel »Absicherung, Vorsorge und Geldanlage« haben Sie gelesen, wie Sie für sich und, wenn Ihre eigene Absicherung steht, für Ihr (kleines) Kind Geld anlegen. Vielleicht nähert sich jetzt der Zeitpunkt, zu dem Sie Ihr Kind in die Geheimnisse des Investierens einführen möchten, damit es zu einem späteren Zeitpunkt sein Geld selbst verwalten und verantwortungsbewusst nutzen kann.

Lassen Sie Ihr Kind mitbestimmen!

Sie kennen es bestimmt von sich selbst: Zuschauen ist gut, selbst machen ist besser! Binden Sie Ihr Kind in Ihre Investitionen ein. Erklären Sie ihm, was Sie machen, und lassen Sie Ihr Kind auch auf den »Investieren«-Knopf drücken.

Vielleicht ist ein globaler ETF nicht unbedingt das, was das Interesse Ihres Kindes weckt. Zugegeben: Es gibt spannendere Investitionsmöglichkeiten! Sie wissen aus dem vorigen Kapitel, dass statistisch betrachtet ein globaler ETF für die meisten von uns die beste Wahl ist. Was spricht dagegen, zusätzlich zu dem vernünftigen ETF noch einen kleinen Betrag in einen Themen-ETF zu investieren, den Ihr Kind aussuchen darf? Egal, ob das E-Sports, Künstliche Intelligenz, Mode, Sport oder Luxus ist – es gibt für alle Interessen einen passenden ETF. Vielleicht entscheidet sich Ihr Kind auch für einen Erneuerbare-Energien-ETF? Hören Sie ihm offen zu und lassen Sie Ihr Kind seine eigene Entscheidung treffen! Denn was ist cooler für einen jugendlichen Menschen, als eigene Investitionsentscheidungen treffen zu dürfen und diese auch umzusetzen?

Eine Investition ist der beste Weg, um mit Ihrem Kind über Geld zu reden.

Vielleicht kommen Sie auch dahin, nicht nur über Themen-ETFs zu reden, sondern auch über Dividenden-ETFs oder Einzelaktien. Hier können Sie ganz besonders Ihre eigenen Ansichten einfließen lassen: Die Produkte von börsennotierten Unternehmen begegnen uns überall im Alltag; egal, ob es der Autohersteller, das Lebensmittelunternehmen oder der Bettwäschehersteller ist.

Auch über Dividenden lässt sich hervorragend ein Gespräch beginnen: Wie hoch müsste die Investition sein, damit Sie von der Dividende eine Kugel Eis bezahlen können? Einen Eisbecher? Welche Unternehmen zahlen überhaupt Dividenden aus, und was hat es mit Sachdividenden auf sich?

Denken Sie an das magische Dreieck der Geldanlage und an die Lebensplanung, die jeder Finanzplanung zugrunde liegt. Für Ihr Kind ist die Zukunft vermutlich noch sehr ungewiss; die nächsten wenigen Jahre sind noch absehbar, aber was danach kommt, weiß niemand. Deshalb ist es wichtig, die Lebensplanung nicht allzu präzise machen zu wollen. Es ist auch ein großer Unterschied, ob Ihr Kind in absehbarer Zeit finanziell auf komplett eigenen Beinen stehen soll oder ob Sie im Ernstfall nicht nur emotional, sondern auch finanziell an seiner Seite stehen.

Ein Investitionsrechner kann enorm motivierend sein. Junge Menschen haben in den meisten Fällen relativ wenig Geld (im Vergleich zu einem vollen Gehalt fällt das Taschengeld normalerweise sehr klein aus), dafür aber noch sehr viele Jahre, um ihr Geld zu investieren. Nutzen Sie diesen Hebel für den Zinseszins und zeigen Sie Ihrem Kind, welchen Vorteil es durch die lange Laufzeit hat.

Die Geschichte vom Josephscent – wie aus einem Cent ein unfassbares Vermögen wird.

Stellen Sie sich vor, Joseph legt als verantwortlicher Vater im Jahre Null zur Geburt seines Sohnes einen Cent bei der Sparkasse Bethlehem an. Der vereinbarte jährliche Zinssatz beträgt 2 Prozent, die Gewinne werden wieder angelegt (Zinseszins). Am Ende des ersten Jahres bekommt Joseph 0,02 Cent auf Jesus' Konto gutgeschrieben; ein mageres Ergebnis. Doch im Laufe der Jahre wird es interessant: Zur Thronbesteigung Karl des Großen im Jahr 768 liegen schon 40 265,39 € auf dem Konto! Im Jahr 1000 sind es fast 4 Millionen € (3 982 646,52 €), und im Jahr 2023 müsste die Sparkasse Bethlehem Joseph 600 000-mal die Sonne aus purem Gold gutschreiben!

Mit einem Online-Rechner können Sie leicht herausfinden, welchen Betrag Ihr Kind monatlich beiseitelegen muss, um die 100 000-€-Marke in 10, 30 oder 50 Jahren zu erreichen, ausgehend von einer Rendite von 5 Prozent pro Jahr. Es wird Sie nicht überraschen, dass die Person, die diese Summe in zehn Jahren erreichen will, überproportional viel mehr zurücklegen muss als die Person, die noch 50 Jahre Zeit hat. Aber zeigen Sie diese Zahlen auch Ihrem Kind:

Ziel	100 000 €		
Laufzeit	Monatlich investierter Betrag	Eingezahlte Summe insgesamt	Durch Zinsen hinzugekommen
10 Jahre	645,07 €	77 408,40 €	22 591,98 €
30 Jahre	122,12 €	43 963,20 €	56 035,84 €
50 Jahre	38,76 €	23 256,00 €	76 753,10 €

Tabelle 8: Monatlich notwendiger Betrag, um 100 000 € Vermögen anzusparen über 10, 30 oder 50 Jahre. Annahme: 5 Prozent Rendite pro Jahr, vor Steuern.

Natürlich bleibt es Ihnen überlassen, welche Summe Sie sich als Ziel nehmen. Mit dem Online-Rechner »Zinsen berechnen«[76] können Sie mit den Zahlen spielen: Laufzeit, Rendite, Sparrate … Natürlich sollte klar sein, dass es keine Prognose für die nächsten 50 Jahre geben kann. Wer weiß schon, wie sich das Finanzsystem entwickelt, wie der Steuersatz sein wird und, vor allem: Wie sich das Leben Ihres Kindes entwickelt? Aber eine klare Zahl vor Augen zu haben kann motivieren, das Ziel »Investieren« möglichst selten zugunsten von Alltagsausgaben hintanzustellen.

Money Talk: Aktien im Alltag

Schauen Sie sich gemeinsam mit Ihrem Kind mit offenen Augen um: Welche Produkte nutzen Sie und Ihre Familie im Alltag? Wo steht zurzeit der Preis einer Aktie von Apple, und was kostet eine Microsoft-Aktie? Was sind die Unterschiede? Kann man in Schokolade investieren, und warum ist die

Lindt-Aktie so teuer? All diese Fragen können Sie gemeinsam mit Ihrem Kind erforschen. Und vielleicht die ein oder andere Aktie kaufen, um neben der Theorie auch die Praxis kennenzulernen. Dafür kann ein Kind auch einen Teil seines eigenen Geldes verwenden. Als das Kind jünger war, haben Sie vielleicht den »Investieren«-Topf vermehrt und das Geld für Ihr Kind aus Ihrem Budget investiert. Jetzt können Sie langsam Ihr Kind an diese Verantwortung heranführen und es seine eigenen Investitionsentscheidungen treffen lassen.

Ein Hinweis noch: Grämen Sie sich nicht, falls Sie das Gefühl haben, Sie kommen nicht an Ihr Kind heran. Wir können unsere Kinder nicht dazu zwingen, sich für Themen zu interessieren. Gleichzeitig ist das Thema Geld zu wichtig, als dass man es sich leisten könnte, sich nicht dafür zu interessieren. Aber manchmal sind Eltern nicht die richtigen Personen, um das Thema anzubringen; ebenso wie es schwierig sein kann, in einer Beziehung über Geld zu reden. Suchen Sie nach Lösungen, wie Ihr Kind das notwendige Wissen erlangt: durch Bücher, Finfluencerinnen und Finfluencer in den sozialen Medien, im Freundeskreis, Pateneltern … Erklären Sie ihm, dass nicht alle Quellen vertrauenswürdig sind und neutrale Aufklärungsarbeit leisten, sondern dass es wichtig ist, die Beweggründe der Institutionen und Personen zu verstehen. So helfen Sie Ihrem Kind, seine und Ihre Entscheidungen zu verstehen, und unterstützen es dabei, verantwortungsbewusste und informierte Schritte zu gehen.

Und wenn Ihr Kind letztlich andere Entscheidungen trifft, als Sie sich gewünscht hätten, dann sollten Sie das akzeptieren.

Versicherungen für ältere Kinder

Im Kapitel »Absicherung, Vorsorge und Geldanlage« haben Sie viel über Versicherungen für sich selbst und für die Absicherung Ihres jungen Kindes gelesen. Jetzt konzentrieren wir uns auf die Versicherungen für ältere Kinder, die bald oder bereits nicht mehr im elterlichen Zuhause leben. Außerdem geben wir Ihnen Anregungen mit, wie Sie das Thema Versicherungen als Gesprächsanlass nutzen können.

Krankenversicherung

Wenn beide Eltern gesetzlich versichert sind, ist Ihr Kind bis zum 25. Lebensjahr über die Familienversicherung kostenlos krankenversichert, sofern es kein eigenes Einkommen hat. Das gilt also vor allem während einer unbezahlten Ausbildung oder eines Studiums.[77]

Wenn mindestens eines der Elternteile privat krankenversichert ist, kann das Kind nicht familienversichert sein, sofern

- die Eltern verheiratet oder verpartnert sind,
- das Einkommen des privatversicherten Elternteils höher als das des gesetzlich versicherten ist, und
- das Einkommen des Privatversicherten über der Jahresarbeitsentgeltgrenze liegt (2023: 66 600 €).

Wenn Ihr Kind nicht kostenfrei über die Familienversicherung abgedeckt ist, maximal 25 Jahre alt ist und kein eigenes Einkommen hat (beispielsweise während Ausbildung oder Studium), ist die gesetzliche Krankenversicherung normalerweise deutlich günstiger als die private (abhängig von der Beihilfe). Der Beitrag zur gesetzlichen Versicherung liegt 2023 bei 111 € pro Monat (Kranken- und Pflegeversicherung) zuzüglich dem Zusatzbeitrag der jeweiligen Krankenversicherung.

Achtung:

Die Entscheidung für die gesetzliche oder private Krankenversicherung lässt sich normalerweise während des Studiums nicht rückgängig machen. Sobald Ihr Kind 25 Jahre alt wird, bekommen Sie keine Beihilfe mehr; die private Krankenversicherung wird damit schlagartig deutlich teurer. Auch wenn Ihr Kind nach Abschluss der Ausbildung oder des Studiums für eine Übergangszeit arbeitslos ist und Bürgergeld bezieht, kann es nicht in die gesetzliche Krankenversicherung wechseln, sondern muss die teurere Privatversicherung bezahlen. Es gibt lediglich einen Zuschuss, der möglicherweise nicht die gesamten Mehrkosten abdeckt.

Money Talk:

Wenn Sie das nächste Mal mit Ihrem Kind in eine Arztpraxis gehen, erklären Sie ihm die Funktionsweise der Krankenversichertenkarte: Durch Ihren Versichertenbeitrag »kaufen« Sie die Erlaubnis, jederzeit einen Arztbesuch wahrzunehmen, wann immer Sie ihn brauchen. Sie müssen nicht vor Ort für die Behandlung bezahlen, sondern können einfach die Karte durch das Lesegerät ziehen und im Wartezimmer Platz nehmen. Lediglich für die Medikamente müssen Sie gegebenenfalls einen Eigenanteil bezahlen. Sie können auch über die unterschiedlichen Versicherungssysteme diskutieren. Wenn Sie zum Beispiel einen Termin online bei einer Fachärztin oder einem Facharzt vereinbaren, können Sie Ihrem Kind zeigen, dass privat versicherte Menschen meistens schneller einen Termin bekommen als gesetzlich Versicherte. Ist dieser Unterschied gerechtfertigt? Wie könnte ein gerechtes Versicherungssystem aussehen?

Privathaftpflichtversicherung

Die Haftpflichtversicherung greift, wenn Ihr Kind einen Schaden an dem Eigentum eines anderen Menschen verursacht. Kinder sind in Ihrer Haftpflichtversicherung mitversichert, sogar wenn sie volljährig sind oder zeitweise außerhalb Ihres Wohnsitzes leben. Erst wenn die Kinder mit der Berufsausbildung fertig oder verheiratet sind, benötigen sie eine eigene Privathaftpflichtversicherung.

Berufsunfähigkeitsversicherung

Die Berufsunfähigkeitsversicherung zählt zu den Versicherungen, die für die meisten Menschen sinnvoll sind. Auch für Ihr Kind lohnt sie sich wahrscheinlich, und zwar so früh wie möglich. Wie weiter oben beschrieben, ist es bereits ab zehn Jahren möglich und sinnvoll, sich hinsichtlich einer Schüler-Berufsunfähigkeitsversicherung für Ihr Kind zu informieren. Vermutlich möchte sich Ihr zehnjähriges Kind noch nicht darauf festlegen, welchen Beruf es später ergreifen möchte. Das ist auch nicht nötig, denn bei einer Schüler-Berufsunfähigkeitsversicherung bleibt die Berufswahl offen. In einer guten Berufsunfähigkeitsversicherung muss Ihr Kind nach Erreichen der Volljährigkeit oder dem Einstieg in den ersten Job keine erneute Gesundheits- oder Risikoprüfung durchlaufen. Das bedeutet, dass die Beiträge in der Regel stabil bleiben, selbst wenn Ihr Kind in der Zwischenzeit gesundheitliche Herausforderungen bewältigen musste oder sich für einen beruflichen Pfad mit höherem Risiko entscheidet. Allerdings besteht die Möglichkeit, dass die Beiträge im Laufe der Zeit steigen, insbesondere wenn Ihr Kind beim Berufseinstieg eine höhere Berufsunfähigkeitsrente in seine Versicherung aufnehmen möchte.

Hausratversicherung

Die Hausratversicherung deckt alle im Haushalt wohnenden Personen ab, unabhängig vom Alter oder Familienstand. Solange Ihr Kind bei Ihnen wohnt, ist es somit automatisch über Ihre Hausratversicherung mitversichert. Sie sollten allerdings darauf achten, den Wert Ihres Hausrats regelmäßig anzupassen. Solange Ihr Kind sich in der Ausbildung befindet, ist sein Hausstand auch dann über Sie versichert, wenn es in einer eigenen Wohnung oder Wohngemeinschaft wohnt. Um ganz sicherzugehen, sollten Sie die Versicherung über die neuen Wohnumstände informieren und die Mitversicherung des Kindes außerhalb des Haushalts schriftlich bestätigen lassen.

> In einer **Wohngemeinschaft** besteht der Versicherungsschutz nur für das eigene Zimmer, nicht für die gesamte Wohnung. Eigentum in gemeinschaftlich genutzten Räumen ist nicht über die Hausratversicherung abgedeckt.

Money Talk:

Lassen Sie Ihr Kind schätzen, was es kosten würde, sein Zimmer neu einzurichten, falls die Wohnung abbrennt oder ein anderes Unglück passiert. Dann überlegen Sie gemeinsam, ob es im Ernstfall in der Lage wäre, alle Gegenstände (inklusive gegebenenfalls Laptop, Tablet, Musikinstrument und Ähnlichem) zu ersetzen.

Ausbildungs- und Berufswahl

Ihr Kind wird älter, eigenständiger und denkt über seine berufliche Zukunft nach: Welche Ausbildung möchte ich ergreifen? Welche Interessen und Begabungen habe ich? Welches Berufsfeld strebe ich an? Hat das Kind früher wahrscheinlich mit Feuerwehr, Bundeskanzlerin oder Astronautin geantwortet, treten nun vielleicht andere Berufswünsche in den Vordergrund – oder der ursprüngliche Traumberuf wird ganz konkret angegangen.

Beruf oder Berufung

Als Eltern haben Sie sicherlich nur das Beste für Ihr Kind im Sinn. Denken Sie daran, dass das, was in Ihren Augen das Beste für Ihr Kind wäre, nicht unbedingt das ist, was Ihr Kind für sich selbst möchte und/oder was es glücklich machen würde. Versuchen Sie, Ihre eigenen Wünsche für ihr Kind so weit wie möglich im Hintergrund zu halten und lediglich beratend zur Seite zu stehen. Auch in diesem Kontext zeigt sich wieder der große Einfluss von elterlichem Verhalten auf die Entscheidungen der Kinder. Viele Kinder streben dem Vorbild und auch den Erwartungen ihrer Eltern nach.

Bis heute sehen Eltern die berufliche Zukunft ihrer Töchter weniger in naturwissenschaftlichen Berufen als die Zukunft ihrer Söhne, selbst wenn die Töchter in naturwissenschaftlichen Fächern in der Schule genauso gut sind wie ihre Brüder. Gleichzeitig können sich Eltern für ihre Söhne schlechter einen künstlerischen Beruf vorstellen als für ihre Töchter, unabhängig von der jeweiligen Kunstnote.[78]

Der Tipp »Mach das, was dich interessiert« ist nur zur Hälfte richtig. Er müsste fortgesetzt werden mit: »Und was es dir ermöglicht, deine Lebensträume zu verwirklichen.«

Erinnern Sie sich an die Priorisierung, die Sie im vorigen Kapitel mit Ihrem Kind hinsichtlich seines Taschengelds und Ausgabeverhalten erarbeitet haben? Eine ähnliche Übung können Sie nun noch einmal durchführen, allerdings mit den größeren Lebensträumen. Wie steht Ihr Kind zu Eigenheim gegenüber einer Mietwohnung? Hat es teure Hobbys, denen es nachgehen möchte? Wie wichtig sind ihm ein (teures) Auto und andere Statussymbole? Natürlich können sich diese Ansichten noch ändern, aber es ist sehr hilfreich, sich darüber bereits vor der definitiven Berufswahl Gedanken zu machen und den finanziellen Aspekt in diese Wahl einzubeziehen.

Jetzt können Sie argumentieren, dass es wichtiger ist, einen Beruf zu haben, den man liebt, als ein hohes Gehalt. Das mag für Sie zutreffen, aber nicht unbedingt für alle Menschen. Und ein ehrlicher Blick auf die finanzielle Zukunft einiger Berufe kann dazu führen, dass die Wahl noch einmal überdacht wird.

Vielleicht muss auch nicht jede Leidenschaft zum Beruf gemacht werden. Eine begeisterte Musikerin kann sich einen Job suchen, der ihr den erwünschten Lebensstandard finanziert und ihr den Kauf der teuren Instrumente ermöglicht und in ihrer Freizeit viel Zeit zum Musizieren lässt. Viele Überstunden oder Schichtdienst sind nicht unbedingt förderlich für regelmäßige Hobbys. Die Musikerin muss die Musik nicht unbedingt zu ihrem Beruf machen, um sie in ihrem Leben zu haben.

Auch bei der Berufswahl können Erbschaftsaussichten eine Rolle spielen. Je höher das zu erwartende Erbe, umso weniger relevant ist die Höhe des zukünftigen Gehalts. Dazu lesen Sie später mehr.

Gehalt

Wenn Ihr Kind erste Ideen hat, welchen Beruf es erlernen möchte, können Sie mit ihm die Gehaltserwartungen dieser Branche recherchieren. Anhand einiger konkreter Beispiele können Sie ihm den Unterschied zwischen Brutto- und Nettogehalt erklären. Online-Rechner[79] helfen bei der Berechnung des Nettogehalts, abhängig vom Bruttogehalt, familiärer Situation, Krankenversicherung und Kirchensteuer. Hier sind einige Beispiele:

Eine Krankenpflegerin oder ein Krankenpfleger erhält als Berufseinsteiger im öffentlichen Dienst etwa 2880 € Gehalt pro Monat, was einem Jahresbruttogehalt von 34 560 € entspricht. Nach Abzug von Lohnsteuer (Steuerklasse 1), Renten-, Arbeitslosen-, Kranken- und Pflegeversicherung bleiben netto 1977 € monatlich.

Diese Zahlen können Sie beispielsweise mit dem Gehalt einer Ärztin/eines Arztes vergleichen: Als Berufseinsteigerin erhält die Ärztin etwa 4600 € Bruttogehalt pro Monat, was 55 200 € Jahresgehalt entspricht. Nach Abzug derselben Steuern und Sozialabgaben bleiben ihr netto 2890 € monatlich, also fast 1000 € mehr.

Ergebnis	Monat	Jahr
Brutto:	2.880,00 €	34.560,00 €
Geldwerter Vorteil:	0,00 €	0,00 €
Steuern		
Solidaritätszuschlag:	0,00 €	0,00 €
Kirchensteuer:	0,00 €	0,00 €
Lohnsteuer:	314,91 €	3.778,92 €
Steuern:	314,91 €	3.778,92 €
Sozialabgaben		
Rentenversicherung:	267,84 €	3.214,08 €
Arbeitslosenversicherung:	37,44 €	449,28 €
Krankenversicherung:	233,28 €	2.799,36 €
Pflegeversicherung:	48,96 €	587,52 €
Sozialabgaben:	587,52 €	7.050,24 €
Netto:	**1.977,57 €**	**23.730,84 €**

Abbildung 18: Brutto- vs. Nettogehalt Krankenpflege. (Quelle: Brutto-Netto-Rechner[80])

Ergebnis	Monat	Jahr
Brutto:	4.600,00 €	34.560,00 €
Geldwerter Vorteil:	0,00 €	0,00 €
Steuern		
Solidaritätszuschlag:	0,00 €	0,00 €
Kirchensteuer:	0,00 €	0,00 €
Lohnsteuer:	743,33 €	8.919,96 €
Steuern:	743,33 €	8.919,96 €
Sozialabgaben		
Rentenversicherung:	427,80 €	5.133,60 €
Arbeitslosenversicherung:	59,80 €	717,60 €
Krankenversicherung:	372,60 €	4.471,20 €
Pflegeversicherung:	105,80 €	1.269,60 €
Sozialabgaben:	966,00 €	11.592,00 €
Netto:	**2.890,67 €**	**34.688,04 €**

Abbildung 19: Brutto- vs. Nettogehalt Ärztin.

Zur Verdeutlichung des Abgabesystems in Deutschland könnten Sie jetzt noch ein Spitzengehalt von 10 000 € danebenlegen. Anhand dieses Beispiels können Sie Ihrem Kind zum Beispiel erklären, dass nur Menschen mit einem Jahresgehalt von über 60 000 € brutto den Solidaritätszuschlag zahlen. Es kann auch eine gute Ausgangsbasis für die Erklärung unseres Steuersystems und des progressiven Steuersatzes sein. Dazu lesen Sie unten mehr.

Ergebnis	Monat	Jahr
Brutto:	10.000,00 €	120.000,00 €
Geldwerter Vorteil:	0,00 €	0,00 €
Steuern		
Solidaritätszuschlag:	155,53 €	1.866,36 €
Kirchensteuer:	0,00 €	0,00 €
Lohnsteuer:	2.827,83 €	33.933,96 €
Steuern:	2.983,36 €	35.800,32 €
Sozialabgaben		
Rentenversicherung:	678,90 €	8.146,80 €
Arbeitslosenversicherung:	94,90 €	1.138,80 €
Krankenversicherung:	403,99 €	4.847,85 €
Pflegeversicherung:	114,71 €	1.376,55 €
Sozialabgaben:	1.292,50 €	15.510,00 €
Netto:	**5.724,14 €**	**68.689,68 €**

Abbildung 20: Brutto- vs. Nettogehalt Topverdienerin.

Lohnlücke

Lohnlücke, Teilzeitfalle, Rentenlücke … Auch wenn Sie sich wünschen, dass diese Themen in der Zukunft Ihres Kindes keine Rolle mehr spielen mögen: Reden Sie mit ihm darüber, dass es auch im 21. Jahrhundert noch alte Rollenklischees gibt und was die aktuelle Retraditionalisierung bedeutet. Die klassische Aufgabenteilung mag entspannt klingen; finanzielle Abhängigkeit ist es nicht.

Unsere Erfahrung beispielsweise aus unserem Schulfach »Finance4Future« hat gezeigt, dass junge Menschen nicht glauben, dass heutzutage ein Arbeitgeber andere Kriterien als Leistung als Grundlage für die Höhe der Bezahlung anlegt. Die geschlechterspezifische Lohnlücke wirkt wie ein Relikt der 1950er-Jahre. Leider ist sie das nicht; auch heute noch verdienen Mütter weniger Geld als kinderlose Frauen, wohingegen Väter mehr Gehalt bekommen als kinderlose Männer. Die geschlechterspezifische Lohnlücke beträgt 18 Prozent (Stand 2023). Dieser Wert bezieht sich allerdings auf das Gehalt pro Stunde; rechnen Sie Teilzeit mit ein, kommen Frauen auf 39 Prozent weniger monatliches Gehalt; sie gehen weniger Stunden einer bezahlten Erwerbstätigkeit nach und leisten dafür meist mehr unbezahlte Care-Arbeit. Hinzu kommen mehr Lücken in der Erwerbstätigkeit (also Zeiten, in denen Frauen keiner bezahlten Arbeit nachgegangen sind), und schon haben wir eine Rentenlücke von 43 Prozent. Insgesamt erwirtschaften Frauen im Laufe ihres Erwerbslebens 45 Prozent weniger Geld als Männer. Das sind 670 000 €[81]; dafür bekommt man selbst in Frankfurt eine Eigentumswohnung.

Familie und Karriere – die Quadratur des Kreises?

Vielleicht unterschätzt Ihr Kind die Tragweite, wenn Sie von der Lohnlücke erzählen. Dann lesen Sie ihm vor, was Sie in Kapitel 4 im Abschnitt »Geschlechterspezifische Rentenlücke« gelesen haben.

Um diese Problematik aufzulösen, braucht es viel gesellschaftlichen Wandel. In Skandinavien beispielsweise werden Arbeitnehmer, die um 18 Uhr noch im Büro sind, gefragt, ob sie schlecht organisiert seien und Hilfe bei Ihrem Job benötigten. Wenn Sie in Deutschland um 18 Uhr Feierabend machen, werden Sie angeschaut, als wären Sie nicht ausreichend motiviert oder würden Überstunden abbauen. Außerdem werden skandinavische Eltern, die sich nicht um ihre Familie kümmern, seltener für Führungspositionen in Betracht gezogen. Einer Person, die keine Verantwortung für ihre Familie übernimmt, wird nicht zugetraut, ein Team aus ihr nicht nahestehenden Menschen zu führen. In Deutschland ist es andersherum: Teamleitung mit Familie, um die man sich kümmern möchte, ist schwierig.

Und nicht nur die Karriere funktioniert besser, wenn beide Elternteile sich die Familienarbeit teilen: Paare, die sich die Verantwortung fair aufteilen, sind glücklicher in ihrer Familienroutine. Außerdem schaffen es beide Elternteile besser, finanziell unabhängig zu sein, und die finanzielle Situation der ganzen Familie ist stabiler. Aber das funktioniert nur, wenn die Väter ihre Verantwortung in der Frage der Kinderbetreuung wahrnehmen, so, wie es sich ihre Partnerinnen oft explizit wünschen.[82]

Gesprächstipp: Aufgabenteilung in der Familie

Reden Sie mit Ihren Kindern über die Herausforderungen berufstätiger Eltern. Wegen der vorherrschenden Sozialisierung verstehen Männer häufig etwas anderes darunter, wenn Sie sagen, sie wollen sich um das Kind kümmern, als Frauen. Krankheitstage, Schließtage der Betreuungseinrichtung, Ferienzeiten … Alle diese Aspekte sollten besprochen werden.

Reden Sie mit Ihrem Sohn über seine Verantwortung als möglicher Vater und Partner. Er sollte sich seiner Verantwortung bewusst sein und in einer Beziehung besprechen, welche Rollenverteilung beide Parteien haben möchten. Reden Sie mit ihm über seine privilegierte Rolle als Mann in einem patriarchalen System. Er sollte sich der Last der finanziellen Verantwortung der oder des Hauptverdienenden und des Risikos der finanziellen Abhängigkeit der weniger verdienenden Person bewusst sein. Denn das sind zwei Seiten derselben Medaille: finanzielle Verantwortung und finanzielle Abhängigkeit. Reden Sie mit Ihrer Tochter über die patriarchalen Strukturen in der deutschen Gesellschaft, die bei ihr zu konstanter Benachteiligung führen können, vor allem, falls sie Kinder bekommen möchte. Die folgenden Themen könnten Sie ansprechen:

- die geschlechterspezifische Lohnlücke, die häufig dazu führt, dass Frauen automatisch den Großteil der Care-Arbeit übernehmen;
- das erste Jahr der Elternzeit, das oft entscheidend für die zukünftige Rollenverteilung ist[83]; gleichzeitig ist es fast die »einfachste« Zeit bezüglich der Aufteilung der Kinderbetreuung;
- der Wiedereinstieg in den Beruf, der konkret geplant werden sollte: Das klassische Modell (ein Hauptverdiener und eine Nebenverdienerin) mag für manche Familien eine gute Lösung darstellen; es gibt jedoch viele verschiedene Möglichkeiten, und jede Personenkombination muss für sich selbst die beste Lösung finden. Ob diese Lösung aus Vollzeit-Teilzeit, Vollzeit-Vollzeit, Teilzeit-Teilzeit besteht oder sich ganz anders zusammensetzt, sollte jede Familie für sich entscheiden.
- die Problematik von Karriere in Teilzeit und Elterndiskriminierung.

Steuern

Anhand des Brutto-Netto-Gehalts können Sie Ihrem Kind auch erklären, wie das Steuersystem in Deutschland funktioniert. Der deutsche Sozialstaat arbeitet mit gezielter Umverteilung. Steuergelder werden dafür genutzt, öffentliche Bildung zu finanzieren genauso wie Straßen und Autobahnen, das Gesundheits- und Pflegesystem, die gesetzliche Rente und vieles mehr. Je höher das Gehalt einer Person, umso höher ihre Abgaben.

Lassen Sie Ihr Kind bei der nächsten Steuererklärung zuschauen. Und achten Sie – wieder einmal – auf Ihr eigenes Verhalten: Wenn Sie wochenlang darüber fluchen, dass die Steuererklärung ansteht und so viel Arbeit bedeutet und Sie die Belege raussuchen müssen – wie wird Ihr Kind über Steuererklärungen denken? Vermutlich so, als wäre es die schlimmste Aufgabe der Welt.

Wenn Sie sich hingegen freuen, dass Sie wahrscheinlich sehr viel Geld zurückbekommen (durchschnittlich über 1000 €[84]), dafür relativ wenig Arbeit leisten müssen (denn wie viele Stunden kostet eine Steuererklärung mit den modernen Hilfsmitteln wirklich, wenn Sie Ihre Unterlagen parat haben?), dann wird Ihr Kind ganz anders darauf blicken.

Leben Sie Ihrem Kind auch vor, dass es keine Schande ist, sich Unterstützung zu suchen: Wenn Sie eine Steuerberatung nutzen oder zum Lohnsteuerhilfeverein gehen, erklären Sie Ihrem Kind Ihre Beweggründe. Nehmen Sie es mit, wenn Sie die Steuererklärung durchsprechen, und lassen Sie Ihr Kind seine eigenen Fragen stellen. So lernt es, dass Steuern erst anfallen, wenn man einen Gewinn erzielt hat, der über den Grundfreibetrag[85] hinausgeht, dass die Steuern mit dem Einkommen steigen und dass bei niedrigen Einkommen die Steuern weniger schwer in die Waagschale fallen als die Sozialabgaben.

Ist für Sie selbst die Steuererklärung ein Buch mit sieben Siegeln? Dann freuen Sie sich darauf, dieses Rätsel gemeinsam mit Ihrem Kind zu lösen!

Das Prinzip der Steuererklärung: Vielleicht fragen Sie sich, weshalb Sie überhaupt eine Steuererklärung machen müssen. Das Prinzip in Deutschland ist ein einkommensabhängiger, progressiver Steuersatz. Konkret heißt das: Die Höhe der Steuern, die Sie zahlen, ist abhängig von Ihrem Einkommen und steigt kontinuierlich mit der Höhe Ihrer Einnahmen. Je weniger Einnahmen Sie haben, umso weniger Steuern zahlen Sie, und umgekehrt.

Zudem gibt es einige abzugsfähige Ausgaben. Wenn Sie beispielsweise Kosten für Kinder, für die Erwerbsarbeit oder für die Altersvorsorge haben, müssen Sie auf diese Ausgaben keine Steuern zahlen. Dasselbe gilt für Spenden.

Wenn Sie sozialversicherungspflichtig angestellt sind, zieht das Finanzamt automatisch jeden Monat Ihre Lohnsteuer ein. Allerdings weiß das Finanzamt nicht, ob Sie möglicherweise in diesem Monat eine Spende getätigt oder neue Arbeitskleidung gekauft haben. Durch diese Ausgaben reduziert sich Ihre Steuerlast, weil Sie Ihr zu versteuerndes Einkommen reduzieren. Sie zahlen also eigentlich zu viele Steuern. Diese zu viel gezahlten Steuern können Sie sich durch die Lohnsteuererklärung zurückholen.

Hier kommen ein paar Tipps rund um die Steuererklärung, die Sie mit Ihrem Kind besprechen können:

Einkommen: Ihre Steuerlast ist abhängig von Ihrem Einkommen. Dafür muss das Finanzamt wissen, welches Einkommen Sie gehabt haben. Durch Jobwechsel, Jobverlust, Elternschaft, variable Boni oder andere Gründe kann dieses Einkommen von Jahr zu Jahr schwanken. Einkommensquellen können sein: Lohn/Gehalt,

(Kinder-)Kranken,- Arbeitslosen-, Mutterschafts- oder Elterngeld, erhaltene Unterhaltsleistungen, Zins- und Kapitalerträge, Mieteinnahmen.

Kinder: Kosten, die Sie für Ihre Kinder haben, sind steuerlich abzugsfähig! Hierzu gehören Kinderbetreuungskosten, Schulgeld, Ausbildungs-/Studienkosten, Kranken- und Pflegeversicherungskosten bei privat versicherten Kindern.

Werbungskosten: Hierzu zählen alle jobbezogenen Kosten: Fahrtkosten, Fortbildungskosten, Arbeitsmittel, Beiträge für Berufsverbände, Berufskleidung, Bewerbungskosten, gegebenenfalls Umzugskosten, Kosten bei doppelter Haushaltsführung, Steuerberatungskosten; außerdem Belege bei vermieteter Immobilie: Darlehenszinsen, Erhaltungsaufwendungen (z. B. Austausch der Türen und Fenster), Nebenkostenabrechnung.

Sonderausgaben: Ausgaben für Kranken- und Pflegeversicherung, Unfall-, Haftpflicht-, Berufsunfähigkeits-, Lebens- und Rentenversicherung, Riester- und Rürup-Rente, Spenden, Kosten für eigene Berufsausbildung, gezahlte Unterhaltsleistungen oder Versorgungsausgleich.

Außergewöhnliche Belastungen: Krankheitskosten, Pflegekosten, Beerdigungskosten.

Sonstige Ausgaben: Handwerkerleistungen (Zahlungsnachweis notwendig), Haushaltsnahe Dienstleistungen (z. B. Gartenarbeit, Haushaltshilfe, Reinigungskraft – Rechnung und Zahlungsnachweis notwendig), Nebenkostenabrechnung, Bescheinigung über vermögenswirksame Leistungen.

In der Werkzeugkiste des Female Finance Forums können Sie sich eine elektronische Checkliste für Ihre Steuererklärung herunterladen.[86]

Money Talk: Steuern & Sozialabgaben

Diskutieren Sie mit Ihrem Kind die Gerechtigkeit eines progressiven Steuersatzes. Im deutschen Steuersystem zahlt eine Person mit hohem Einkommen mehr Steuern als eine Person mit niedrigem Einkommen; jemand mit vielen Kindern zahlt weniger Abgaben als eine Person ohne Kinder.

Was denken Sie: Wie fair ist dieses System?

Wir geben Ihnen ein paar Argumente, um in der Diskussion mit Ihrem Kind vorbereitet zu sein:

Kontra Umverteilung: Die Person mit Kindern hat sich aus freien Stücken dazu entschieden, diese Kinder zu bekommen. Warum sollten kinderlose Menschen diese Entscheidung finanzieren? Und warum sollte die Ärztin mehr Abgaben zahlen als die Pflegekraft? Die Pflegekraft hätte sich ja einfach mehr anstrengen können, dann wäre sie jetzt auch Arzt oder Ärztin. Es werden zu wenig Anreize für hoch bezahlte Erwerbsarbeit gesetzt.

Pro Umverteilung: Nicht alle Menschen haben dieselben Ausgangschancen. In Deutschland spielt der soziokulturelle Hintergrund des Elternhauses eine enorm wichtige Rolle. Ungleiche Startbedingungen können durch Umverteilung ausgeglichen werden. Außerdem profitieren alle von einer egalitären Gesellschaft: Die Lebensqualität ist am höchsten in Gesellschaften, die eine gleichmäßige Verteilung von Einkommen und Vermögen haben.[87] Und Kin der sind die Zukunft der Gesellschaft, weshalb Familien mit Kindern entlastet werden sollten. Darüber hinaus ist das Gehalt, das ein Job bringt, nicht aussagekräftig über den Wert, den diese Arbeit für die Gesellschaft hat.

Heute schon an morgen denken?

Ihr Kind steht vermutlich ganz am Anfang seiner Berufstätigkeit, und vielleicht fühlt es sich falsch an, jetzt bereits über die Rente, drohende Altersarmut und Altersvorsorge zu sprechen. Es sind aber unglaublich wichtige Themen, die Ihr Kind kennen oder zumindest schon mal gehört haben sollte.

Insbesondere im Gespräch mit Ihrem Kind können Sie mit den positiven Visionen arbeiten: Welche AltersvorFREUDE hat Ihr Kind? Welche Vision hat es für sein eigenes Leben? Die Zukunft ist ungewiss, und wer weiß, ob es überhaupt noch einen Sozialstaat oder eine Rentenversicherung geben wird, bis Ihr Kind das Rentenalter erreicht. Dennoch wird es auch in Zukunft meistens besser sein, Geld zu haben. Geld gibt uns Entscheidungsfreiheit, es erkauft uns Handlungsmöglichkeiten. Insbesondere in einer unsicheren Welt kann Geld ein Gefühl von Sicherheit geben. Dabei sollte es nicht wichtiger sein als das Selbstvertrauen Ihres Kindes in seine eigenen Fähigkeiten: Auch ohne oder mit wenig Geld ist Ihre Tochter die Erschafferin Ihrer eigenen Zukunft, ist Ihr Sohn der Architekt seines Lebens. Geld kann Ihr Kind lediglich dabei unterstützen, leichter seine eigene Vision Realität werden zu lassen.

Weitergeben an die nächste Generation: Schenkung und Erbe

Krankheit, Trennung und Tod sind sicherlich Themen, die die meisten von uns nicht gern ansprechen. Im Kontext mit unseren Finanzen ist es aber unerlässlich, diese Aspekte zu bedenken. Je konkreter Sie über Ihre eigene Vorsorge und die Ihres Umfelds – Ihrer Beziehung und die nächsten Generationen – nachdenken und sprechen, umso leichter wird es in der jeweiligen Situation sein.

Beim Thema Schenkung und Erbe vermischen sich viele Emotionen: Das gesellschaftliche Tabuthema Tod; Unwissenheit rund um Erbschaftsthemen; Sorge vor eventuellen Erbstreitigkeiten; Unvorhersehbarkeit des eigenen weiteren Lebenswegs und damit einhergehend des eigenen Finanzbedarfs. Wir wollen versuchen, Ihnen beim Sortieren Ihrer Gedanken und Emotionen zur Seite zu stehen.

Es beginnt mit Ihnen!

Erneut der Appell: Sie stehen an erster Stelle. Immer. Sie sollten nichts verschenken, was Sie nicht sicher entbehren können. Es ist schön, dass Sie Ihren Kindern ein finanzielles Polster mitgeben möchten. Solange Ihre eigenen Pflegekosten nicht sicher gedeckt sind, sollten Sie Ihr Vermögen aber nicht weitergeben. Die Höhe der Pflegekosten und Ihrer Altersvorsorge haben wir im vorigen Kapitel thematisiert.

Denken Sie daran: Es ist möglich, dass Ihr Kind finanziell für Sie aufkommen muss, wenn Ihre eigene Vorsorge nicht ausreicht. Es ist also neben dem Wunsch, die eigenen Eltern gut versorgt zu wissen, auch im finanziellen Interesse Ihres Kindes, wenn Sie sich selbst gut versorgen.

Und vergessen Sie nicht: Auch eine Beerdigung kostet Geld. Auch das ist eine finanzielle Verantwortung, die Sie nicht Ihren Erben überlassen sollten. Sie können entweder vorsorgen, indem Sie Rücklagen in entsprechender Höhe einplanen (eine Beerdigung kostet durchschnittlich 13 000 €, mit einer großen Spanne von 2000 € bis 30 000 €[88]), oder indem Sie eine formelle Bestattungsvorsorge beim Bestatter anlegen oder eine Sterbegeldversicherung abschließen. Diese Absicherung hat den Vorteil, dass sie als Schonvermögen gilt; sie wird also nicht angegriffen für den Fall, dass Ihre Rente nicht für die Pflegekosten ausreicht.

Bei einer Bestattungsvorsorge legen Sie eine mit dem Bestattungsunternehmen besprochene Summe auf ein Treuhandkonto. Im Todesfall wird die eingezahlte Summe plus Zinsen an das Bestattungsunternehmen ausbezahlt. Bei einer Sterbegeldversicherung zahlen Sie bis zu einem gewissen Alter (meistens zwischen 65 und 85 Jahre) einen festen monatlichen Betrag, den die Versicherung für Sie anlegt. Verbraucherschützer warnen tendenziell vor solchen Versicherungen, weil sie teuer und schlecht verzinst sind; es lohnt sich eher, das Geld selbst beiseitezulegen und zu investieren.

Auch hier zeigt sich: Durch Ihre eigene Vorsorge sorgen Sie für Ihre Erben vor. Denn wenn Sie die Kosten für Ihre Bestattung nicht tragen können, müssen Ihre Erben dafür aufkommen. Der Staat springt nur im letzten Notfall ein.

Patientenverfügung, Vorsorgevollmacht

Zu Ihrer eigenen Vorsorge zählt auch, festzulegen, was im Falle des Falles passieren soll. Dazu zählt unbedingt eine **Patientenverfügung.** Je konkreter Sie festlegen, welche Art der medizinischen Behandlung Sie haben möchten und welche nicht, umso leichter machen Sie es Ihren Angehörigen. Diese werden in der Situation wahrscheinlich ohnehin emotional angegriffen und möglicherweise überfordert sein. Mit klaren Anweisungen nehmen Sie ihnen die schwierigen Entscheidungen ab und erleichtern ihnen die Situation.

Auch eine **Vorsorgevollmacht** ist enorm wertvoll. Damit legen sie fest, wer welche Entscheidungen in Ihrem Namen treffen darf für den Fall, dass Sie nicht mehr in der Lage sind, diese Entscheidungen selbst zu treffen. Keine Sorge: Solange Sie im Vollbesitz Ihrer geistigen Kräfte sind, kann die von Ihnen bevollmächtigte Person nicht in Ihrem Namen handeln. Erst, wenn Ihre Geschäftsunfähigkeit offiziell bestätigt ist, greift die Vollmacht.

Tipp:

Für Patientenverfügung, Vorsorgevollmacht, Testament und viele andere offizielle Dokumente hat Stiftung Warentest gute Vordrucke. Diese Vordrucke können Ihnen dabei helfen, Ihre Gedanken, Gefühle und Bedürfnisse zu sortieren und Ihre Vorsorge zu gestalten. Möglicherweise helfen Sie auch einfach zur Vorbereitung eines Beratungstermins bei einer Notarin oder einem Anwalt, wodurch Sie sich einiges an Beratungszeit sparen können. Ihre Patientenverfügung und Vorsorgevollmacht müssen handschriftlich unterschrieben sein. Eine notarielle Beglaubigung ist nicht notwendig. Wenn Sie eine gültige Patientenverfügung haben, sind Ärztinnen und Angehörige verpflichtet, sich an Ihre Wünsche zu halten.

Möglichst viel vererben? Ein sehr deutscher Wunsch!

Es gibt interessante kulturelle Unterschiede, wenn es zum Umgang mit Geld und Erbe kommt. In den USA ist es vollkommen normal, den eigenen Reichtum zur Schau zu stellen. Er wird auch genutzt, um damit Aufmerksamkeit auf bestimmte Themen zu lenken, beispielsweise durch Spendengalas, Spendenaufrufe oder Stiftungsarbeit. Ein Großteil des Erbes wird häufig bereits zu Lebzeiten an die Nachkommen vererbt oder an wohltätige Zwecke gespendet. Am Lebensende ist nicht mehr viel übrig, das es zu vererben gäbe. In Deutschland wird Reichtum eher verborgen gehalten; man möchte nicht zu viel Aufmerksamkeit erregen, denn wie war das? Über Geld spricht man nicht! Die Nachkommen bekommen zwar eventuell eine kleine Schenkung zu Lebzeiten, aber der Großteil wird häufig bis ans Lebensende im Verborgenen zusammengehalten und kommt erst mit Testamentseröffnung ans Tageslicht.

In den USA lebt man reich wie Krösus und stirbt arm wie eine Kirchenmaus. In Deutschland ist es andersherum: Leben wie eine Kirchenmaus, sterben wie Krösus.

Es ist Ihr Geld, Ihr Vermögen; Sie haben die Entscheidungshoheit, was zu welchem Zeitpunkt damit geschehen soll. Wenn Sie in der glücklichen Position sind, mehr zu besitzen, als Sie für Ihren eigenen Lebensabend benötigen, können Sie darüber nachdenken, bereits zu Lebzeiten Schenkungen zu machen. Versuchen Sie dabei, Ihre kulturelle und familiäre Prägung außen vor zu lassen und sich darauf zu konzentrieren, was für Sie persönlich richtig ist.

Dazu zählt auch die Überlegung, welchem Ihrer Kinder Sie welchen Anteil Ihres Erbes vermachen. Durchschnittlich sind die Schenkungen an Töchter 37 Prozent kleiner als die an Söhne; auch beim Erbe gibt es einen Unterschied von 13 Prozent.[89] Das liegt vor allem daran, dass Unternehmen und Betriebsvermögen deutlich häufiger an Söhne verschenkt oder vererbt werden als an Töchter, mit all den steuerlichen Vorteilen, die diese Art von Erbschaft mit sich bringt. Damit erben Frauen nicht nur weniger, sondern zahlen auf ihr Erbe auch noch höhere Steuern. Auch hier gilt: Versuchen Sie, (unbewusste) Automatismen zu vermeiden und bewusste Entscheidungen zu treffen.

Privilegien-Check

Wenn Sie Ihren Kindern ein Erbe vermachen können, sind Sie privilegiert und ermöglichen Ihren Kindern einen (finanziellen) Vorsprung gegenüber vielen anderen Menschen. Müssen Sie sich dafür schämen? Nein. Sollten Sie sich Ihres Privilegs bewusst sein? Ja.

Marcel Fratzscher, Präsident des diw, des Deutschen Instituts für Wirtschaftsforschung, schreibt: »Die traurige Wahrheit aber bleibt, dass die Mittelschicht in Deutschland schrumpft, und zwar schneller als in den meisten vergleichbaren Ländern. Dabei hängt die Frage, ob jemand Teil der Mittelschicht oder gar der oberen Mittelschicht ist, immer weniger von der geleisteten Arbeit und den eigenen Anstrengungen ab, sondern immer stärker von Erbschaften und der Lotterie der Geburt.«[90]

Mit einem Erbe hat Ihr Kind in der Lotterie der Geburt ein Gewinnerlos gezogen. Darüber dürfen Sie sich freuen und Ihr Kind natürlich ebenso. Wenn Sie etwas zu vererben haben, dann hatten Sie vermutlich immer ausreichend Geld für Schulmaterialien und Klassenfahrten, für Hobbys und für die Ausbildung Ihres Kindes. Damit hat es eine deutlich bessere Ausgangslage als viele andere Kinder. Ihr Kind sollte deshalb aber nicht auf andere Menschen hinabschauen, die weniger Glück in dieser Lotterie hatten.

Testament

Ein Testament lohnt sich prinzipiell für alle Menschen. Sie vermeiden Streitereien unter Ihren Erben und können festlegen, dass Ihr Vermögen – egal wie groß oder klein – nach Ihrem Willen verteilt wird. Je mehr Erben es gibt, umso wichtiger ist das Testament. Wenn Sie kein Testament hinterlegen, verlagern Sie die Verantwortung auf Ihre Erben und riskieren damit möglicherweise Streitereien, die nicht hätten sein müssen. Gerade für Patchworkfamilien ist ein Testament enorm wichtig. Wer soll welchen Teil des Vermögens erben (oder nicht), wer ist überhaupt erbberechtigt und welche Steuern fallen an? Ein Testament zu verfassen, ist vielleicht die letzte Verantwortung, die Sie in diesem Leben haben.

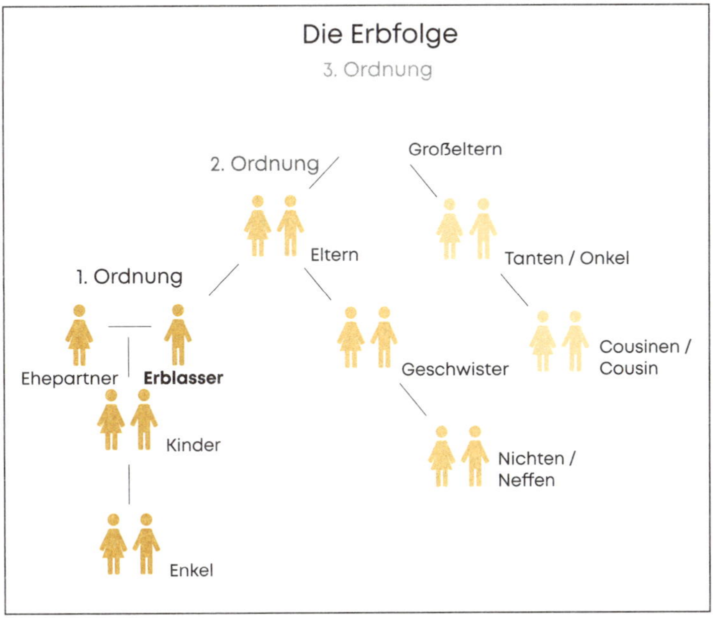

Abbildung 21: Gesetzliche Erbfolge.

Wenn Sie kein Testament verfassen, gilt die gesetzliche Erbfolge. Zuerst erben die Erben erster Ordnung zu gleichen Teilen. Wenn es keine Erben erster Ordnung gibt, werden die Erben zweiter Ordnung bedacht. Nur, wenn es keine Erben erster oder zweiter Ordnung gibt, kommen die Erben dritter Ordnung zum Zug.

Neben der Reihenfolge ist auch die Höhe des Freibetrags und der Erbschafts- und Schenkungssteuer gesetzlich festgelegt. Der Freibetrag, den Sie vererben können, ist steuerfrei. Erbschaftssteuern fallen erst an, wenn Ihr Erbe den Freibetrag überschreitet. Die Höhe der Steuern hängt von Ihrer Beziehung zum Verstorbenen ab. Je enger die Verwandtschaft, desto größer ist der Betrag, den Sie steuerfrei erben (oder vererben) können, und desto geringer ist der Steuersatz, den Sie auf jeden Euro über dem Freibetrag zahlen müssen.

Beziehung zur verstorbenen Person	**Freibetrag**	**Höhe der Erbschafts-/ Schenkungssteuer**
Ehepartner, eingetragene Lebenspartner	500 000 Euro	Bis 75 000 Euro: 7 Prozent Bis 300 000 Euro: 11 Prozent Bis 600 000 Euro: 15 Prozent Bis 6 Mio. Euro: 19 Prozent
Kinder, Stief-/Adoptivkinder, Enkelkinder (wenn deren Eltern verstorben sind)	400 000 Euro pro Kind und pro Elternteil	Ebenso wie bei Ehe-/Lebenspartnern
Enkelkinder	200 000 Euro	Ebenso wie bei Ehe-/Lebenspartnern
Urenkel	100 000 Euro	Ebenso wie bei Ehe-/Lebenspartnern
Eltern, Großeltern (Erbe)	100 000 Euro	Ebenso wie bei Ehe-/Lebenspartnern

Beziehung zur verstorbenen Person	Freibetrag	Höhe der Erbschafts-/ Schenkungssteuer
Eltern, Großeltern (Schenkung)	20 000 Euro	Bis 75 000 Euro: 15 Prozent Bis 300 000 Euro: 20 Prozent Bis 600 000 Euro: 25 Prozent Bis 6 Mio. Euro: 30 Prozent
Geschwister, Nichten, Neffen, geschiedene Ehegatten	20 000 Euro	Ebenso wie bei Geschwistern, …
Alle übrigen	20 000 Euro	Bis 6 Mio. Euro: 30 Prozent

Tabelle 9: Freibetrag und Steuersatz bei Erbe und Schenkung (Stand: 2023).

Sie können jedem Ihrer Kinder also 400 000 € pro Elternteil vererben, ohne dass Ihre Kinder Steuern zahlen müssen. Erst danach wird eine Erbschaftsteuer in Höhe von 7 Prozent (und kontinuierlich steigend) fällig.

Ihr Testament muss entweder vollständig handschriftlich verfasst oder notariell beglaubigt sein. Nur so ist es rechtlich bindend.

Erstellen Sie Ihr Testament nach bestem Wissen und Gewissen. Gestehen Sie sich aber auch zu: Die Zukunft ist nicht vorhersehbar. Sie können sich bemühen, Ihr Erbe fair zu verteilen, aber die perfekte Lösung gibt es nicht. Wenn Sie beispielsweise unterschiedliche Anlageklassen vererben (ein Erbe erhält eine Immobilie, die andere Erbin das Aktiendepot), können Sie nicht garantieren, dass diese Erbteile sich in den nächsten Jahren parallel entwickeln werden. Besprechen Sie diese Herausforderung auch mit Ihren Erben, damit alle Beteiligten wissen, was auf sie zukommt.

»Der letzte Wille ist kein Monolog, sondern ein jahrelanger Dialog.« Kai Jonas

Versuchen Sie, verschiedene Szenarien zu durchdenken. Beispielsweise möchten viele Menschen ihr Elternhaus nur an die eigenen Kinder vererben, nicht an Schwiegerkinder. Außerdem werden Unternehmen häufig ebenfalls ausschließlich an den engen Erbenkreis weitergegeben.

Achten Sie auch auf die genaue Formulierung und die Details. Wenn sie ein Mehrparteien-Wohnhaus an mehrere Erben vererben, kann es sinnvoll sein, nicht das ganze Haus an alle Erben weiterzugeben, sondern die einzelnen Wohnungen.

Vorsicht:
Wenn Sie nicht verheiratet sind, sieht das Gesetz Sie und Ihre Partnerin als Fremde zueinander an. Das bedeutet, dass Sie keine automatischen Erbschaftsrechte haben. In solchen Fällen ist es dringend ratsam, ein Testament zu verfassen. Allerdings werden Sie und Ihre Partnerin selbst mit einem Testament in die Kategorie »alle anderen Erben« eingeordnet. Für Sie gilt somit der niedrigste Freibetrag von aktuell 20 000 €. Zusätzlich dazu müssen Sie auf jeden darüber hinausgehenden Euro die höchste Erbschaftssteuer in Höhe von 30 Prozent zahlen.

Konfliktfrei vererben

»Reden Sie noch miteinander, oder haben Sie bereits geerbt?« Diese vermeintlich witzige Frage enthält viele, oftmals bittere, Wahrheiten. Eine Erbschaft kann eine hochemotionale Angelegenheit sein, selbst wenn es sich um keine hohen Summen handelt. Selten geht es bei den Streitereien wirklich ums Geld;

meistens geht es um Anerkennung oder Macht sowie um empfundene Ungerechtigkeiten, die schon aus der Kindheit stammen können. Der Kampf ums Erbe ist dann ein Stellvertreterkrieg.

Dabei muss eine Erbschaft nicht immer zu gleichen Teilen auf alle Erben verteilt werden. Möglicherweise ist einer der Erben in einer finanziell schlechteren Situation als die anderen. Wenn alle sich einig sind, diese eine Person besonders zu unterstützen, kann eine ungleiche Verteilung des Erbes durchaus gerecht sein. Hier ist es besonders wichtig, ehrlich und offen miteinander zu sprechen: Eine gemeinsam getroffene Regelung wird auch eher gemeinsam getragen als eine Entscheidung im Alleingang.

Sie sollten Ihr Erbe nicht dazu missbrauchen, Ihren Willen hinsichtlich der persönlichen Lebensentscheidungen Ihrer Kinder durchzusetzen. Dies käme einem »verspäteten Taschengeldentzug« gleich und kann eine Form von finanzieller Gewalt sein. Wenn Sie zum Beispiel mit Enterben drohen, weil Ihnen die Berufswahl Ihres Kindes nicht gefällt oder Sie eine Tätowierung unterbinden wollen, dann gefährden Sie die Grundlage für konfliktfreies Vererben.

Ein kluges Testament sollte diese fünf Kriterien erfüllen[91]:

1. Gerechtigkeit üben
2. Juristische Klarheit schaffen
3. Das Vermögen schützen
4. Steuern sparen
5. Frieden stiften

Berliner Testament

Die gesetzliche Erbfolge sieht vor, dass im Falle Ihres Ablebens Ihre Ehepartnerin oder Ihr Ehepartner und Ihre Kinder zu gleichen Teilen erben, ohne Rücksicht auf das Alter der Kinder. Das heißt, dass selbst wenn Ihre Kinder gerade erst zur Welt gekommen sind, ihnen ein gesetzlicher Anteil am Erbe zusteht. Damit kann der überlebende Partner vor besonderen Herausforderungen stehen, da er oder sie die finanzielle Verantwortung für die kleinen Kinder trägt, jedoch das Vermögen der Kinder ausschließlich im Interesse der Kinder verwalten muss; er darf das Geld nicht verwenden, um davon die Lebenshaltungskosten zu decken.

Ein Berliner Testament ist ein gemeinsames Testament, das von Ehepartnern verfasst wird. In einem solchen Testament setzen Sie und Ihr Ehepartner sich gegenseitig als Alleinerben ein. Erst nach dem Tod des zuletzt verstorbenen Partners geht der gemeinsame Nachlass dann an Ihre Schlusserben über, normalerweise die Kinder oder, falls diese bereits verstorben sind, an die Enkel. Der große Vorteil des Berliner Testaments ist, dass Sie damit den Lebensstandard des länger lebenden Partners sicherstellen können. Insbesondere, wenn Ihr Vermögen zu einem großen Teil in einer Eigentumswohnung steckt, ist es praktisch, wenn Ihr Partner weiterhin darin wohnen kann, ohne sich mit Ihren Kindern einigen zu müssen.

Schenkungen zu Lebzeiten

Schenkungen sind rechtlich identisch mit Erbschaften; sie finden allerdings zu Lebzeiten statt. Der Freibetrag bei Erbschaften oder Schenkungen gilt immer über einen Zeitraum von zehn Jahren. Sie können Ihren Kindern also alle zehn Jahre 400 000 € schenken, ohne Steuern zahlen zu müssen. Dieser Absatz soll kein

Plädoyer dafür sein, Erbschaftsteuer zu vermeiden. Allerdings lohnt es sich unabhängig von der Steuer, darüber nachzudenken, wann Sie Ihren Erben eine größere Freude bereiten. Idealerweise verlassen Sie diese Welt in hohem Alter. Ihre Erben werden zu dem Zeitpunkt auch schon im fortgeschrittenen Alter und hoffentlich finanziell aus dem Gröbsten heraus sein. Möglicherweise könnten Ihre Erben eine finanzielle Unterstützung in früherem Alter besser gebrauchen als später. Damit gestalten Sie auch die letzten Schritte Ihres Lebens vorausschauend und selbstbestimmt.

Sie haben es in der Hand!

»Über Geld spricht man nicht!« Mit diesem Irrglauben haben wir in diesem Buch gründlich aufgeräumt und Ihnen gezeigt: Über Geld spricht man doch! Und zwar am besten oft, mit vielen verschiedenen Menschen, in ungewöhnlichen Situationen und über unterschiedliche Aspekte des Themas.

Sie haben durch dieses Buch hoffentlich gemerkt: Es ist weniger kompliziert, als Sie dachten. Die Finanzen für sich und Ihre Kinder in die eigenen Hände zu nehmen und zu gestalten, mag vor der Lektüre dieses Buches noch einschüchternd und überfordernd auf Sie gewirkt haben. Doch Sie haben in diesem Buch viele Erklärungen, Anleitungen und Werkzeuge an die Hand bekommen, wie Sie das Thema auf Ihr Kind und Ihre individuelle Lebenssituation zugeschnitten und in Ihrem eigenen Tempo angehen können.

Und Sie sind nicht allein! Sie können von den Erfahrungen anderer Menschen lernen und sich gegenseitig unterstützen. Trauen Sie sich, die Person in Ihrem Umfeld zu sein, die mit dem Tabu rund um das Thema Geld bricht und zum Beispiel Money Talks in ihrem Freundes- und Bekanntenkreis etabliert.

Sie dürfen sich selbst vertrauen, dass Sie nun in der Lage sind, kluge finanzielle Entscheidungen zu treffen, die Ihr Leben und das Ihrer Familie positiv beeinflussen werden. Denken Sie daran, dass niemand Ihre finanzielle Situation besser versteht als Sie selbst. Sie kennen Ihre Ziele, Wünsche und Bedürfnisse am besten.

Dabei sollte klar sein: Finanzielle Bildung ist ein fortlaufender Prozess. Niemand wird über Nacht zur Expertin oder zum Experten. Es erfordert Zeit, Engagement und Durchhaltevermögen – und vielleicht auch ein bisschen »Trial and Error«. Aber der Weg zur finanziellen Bildung ist genauso wertvoll wie das Ziel selbst. Sie werden auf diesem Weg nicht nur finanziell wachsen, sondern auch persönlich. Lebenslanges Lernen und die Weiterentwicklung kann ein Ziel in sich sein – immer schön an das Growth Mindset denken!

Die aktuellen Krisen beschäftigen uns alle, sie können angsteinflößend sein und die Zukunft düster erscheinen lassen. Je mehr Wissen Sie haben, umso flexibler sind Sie in Ihrem Denken und Handeln und können besser auf neue Herausforderungen reagieren.

Sollten nach der Lektüre unseres Buches noch Fragen offengeblieben sein, gibt es eine Fülle an verschiedenen Ressourcen, die Ihnen zur Verfügung stehen. Einige davon finden Sie im Anhang. Greifen Sie beherzt zu!

Wir wünschen Ihnen alles Gute auf Ihrem eigenen Weg in das Abenteuer Finanzen und freuen uns, dass wir Sie die ersten Schritte begleiten durften. Sie haben es in der Hand, Ihre eigene finanzielle Zukunft und die Ihrer Kinder zu gestalten. Toll, dass es Sie und Ihr Finanzwissen im Leben der Kinder, die Ihnen am Herzen liegen, gibt! Sie machen ihnen damit ein Geschenk von unschätzbarem Wert. Sie werden erstaunt sein, wie viel Sie zusammen erreichen können!

Glossar

Aktie: Eine Aktie ist ein Anteilsschein an einem Unternehmen. Als Aktieninvestorin oder -investor gehört Ihnen ein Teil des Unternehmens.

Erklärbeispiel: Sie können sich das Ganze wie einen Kuchen vorstellen: Der Kuchen stellt das Unternehmen dar. Die Aktie ist in dem Fall ein Stück dieses Kuchens. Sie besitzen also nur einen kleinen Teil des Kuchens, genauso wie Sie nur einen kleinen Teil des Unternehmens besitzen. Wenn der Kuchen wächst, wächst auch Ihr Stück; wenn der Kuchen schrumpft, schrumpft Ihr Stück.

Aktienindex: Ein Aktienindex bildet den Wert eines definierten Aktienportfolios ab. Solch ein Aktienportfolio besteht häufig aus den größten Unternehmen eines Landes oder einer Region, sodass die Entwicklung dieser Region widergespiegelt wird. Das bekannteste Beispiel in Deutschland ist der DAX: der Deutsche Aktienindex. Der DAX beinhaltet die 40 größten und liquidesten deutschen börsennotierten Unternehmen.

Erklärbeispiel: Ein Index ist wie das Rezept für einen Eintopf. Die Lieferanten für die verschiedenen Zutaten (z. B. der Karottenhersteller) können sich ändern, aber das Rezept an sich bleibt dadurch unverändert.

Anlageklasse: Der Kapitalmarkt wird in verschiedene Anlageklassen unterteilt, die jeweils ähnlichen Risikoeinflussfaktoren unterliegen. Zu diesen Anlageklassen zählen zum Beispiel Aktien, Anleihen, Immobilien, Energie oder Rohstoffe.

Erklärbeispiel: Anlageklassen sind wie verschiedene Schubladen, in die Sie ähnliche Gegenstände einsortieren. In die eine Schublade gehören nur Kuscheltiere, in die andere Stifte, und die nächste ist für Socken gedacht.

Anleihe: Eine Anleihe ist eine Schuldverschreibung eines Staates oder eines Unternehmens. Praktisch bedeutet das, dass Sie einem Staat oder Unternehmen einen Kredit geben.

Erklärbeispiel: José leiht Bundeskanzler Olaf Scholz einen Regenschirm, da der Bundeskanzler seinen leider zu Hause vergessen hat. Herr Scholz darf Josés Schirm für eine vorher abgesprochene Zeitspanne behalten, zum Beispiel für zwei Jahre. Nach diesem Zeitraum muss er José den Regenschirm wiedergeben, und als Dankeschön bekommt er noch eine Tafel Schokolade dazu. In der Realität ist der Regenschirm Geld, das José verleiht, und die Schokolade sind Zinsen, also zusätzliches Geld, das er von Herrn Scholz für seine Leihgabe erhält.

Blockchain: Die Blockchain ist eine digitale Datenbank, in der die Daten in Blöcken zusammengefasst gespeichert werden. Das Besondere daran: Die Datenblöcke werden dezentral auf einer Vielzahl vernetzter Rechner kryptografisch verschlüsselt. Die Datenbank ist (in der Regel) komplett transparent und somit öffentlich einsehbar.

Börse: Die Börse ist ein Handelsplatz für Wertpapiere. Dort können Aktien, Anleihen, Zertifikate und andere Papiere gehandelt werden. Die Börse greift nicht in den Preis ein, sondern ermöglicht lediglich den Handel. Bereits 1585 wurde die Börse Frankfurt als eine der ersten formellen Börsen gegründet. Die Börse handelt in staatlichem Auftrag und wird streng überwacht.

Erklärbeispiel: Die Börse funktioniert wie ein Supermarkt: Produzentinnen und Produzenten bringen Schokolade, Obst und Gemüse in den Supermarkt. Sie können alle ihre Produkte im Supermarkt abgeben und bekommen Geld. Wir gehen zum Einkaufen in den Supermarkt, geben unser Geld dort ab und bekommen dafür die Ware. Für uns hat der Supermarkt den Vorteil, dass wir in einem Laden fast alle Produkte kaufen können, die wir brauchen. Für die Produzentinnen und Produzenten hat er den Vorteil, dass sie alle Produkte auf einmal verkaufen können und nicht an jede einzelne Person verkaufen müssen.

Börsencrash: Ein Kurssturz der Börse von mehr als ungefähr 25 Prozent.

Buy & Hold: Die Buy-and-Hold-Strategie bei (Börsen-)Investitionen bedeutet, dass Sie bei Ihren Investitionen langfristig denken. Sie investieren und behalten Ihre Investition langfristig, statt schnell wieder zu verkaufen.

Erklärbeispiel: Sie hoffen darauf, dass eine Sammlerkarte eines Kartenspiels im Laufe der Zeit mehr wert wird. Sie könnten Sie immer wieder verkaufen und einen mittelgroßen Gewinn einstreichen. Wenn Sie die Karte aber viele Jahre oder Jahrzehnte behalten, ist Sie irgendwann – wenn Sie auf die richtige Karte gesetzt haben – viel, viel mehr wert als ursprünglich.

Depot: Ein Depot ist der Zugang, um an der Börse Investitionen in Aktien, Anleihen, Rohstoffe und andere Geldanlagen tätigen zu können.

Erklärbeispiel: Marina hat ein Sparschwein zu Hause, in dem sie ihr Geld aufbewahrt – es ist ein Ablageort für ihr Geld. Wenn sie nun einen Comic kaufen möchte, muss Marina Geld aus ihrem

Sparschwein nehmen und das Buch damit bezahlen. Das Geld in ihrem Depot kann sie allerdings nur für bestimmte Dinge verwenden. Marina kann es nur nutzen, um in Aktien und andere Anlageklassen zu investieren.

Diversifikation: Risikoreduktion durch die Investition in viele verschiedene Wertpapiere, idealerweise aus unterschiedlichen Anlageklassen.

Erklärbeispiel: In Gabriels Nachbarschaft hat eine neue Eisdiele eröffnet. Gabriel ist allerdings sehr wählerisch, wenn es um Eis geht – er ist ein richtiger Feinschmecker. Trotzdem möchte er sich den neuen Laden genauer anschauen. Gabriel hat einen Trick entwickelt, damit er möglichst viele Eissorten probieren und gleichzeitig das Risiko reduzieren kann, diverse Eissorten kosten zu müssen, die ihm nicht schmecken. Zusammen mit seinen Freunden bestellt er zehn verschiedene Sorten, die sich alle gemeinsam teilen. So kann er von zehn Sorten probieren und verringert gleichzeitig die Chance, dass er viel von einer nicht gut schmeckenden Eissorte essen muss. Beim nächsten Mal weiß Gabriel gleich, was ihm schmeckt und was nicht!

Dividende: Auszahlung der Unternehmensgewinne an die Aktionärinnen und Aktionäre. Die Aktionärinnen beschließen auf der jährlichen Hauptversammlung, welcher Anteil des Unternehmensgewinns ins Unternehmen investiert werden soll und wie viel an die Aktionärinnen ausgezahlt wird. Die Dividende wird in Prozent (am Unternehmensgewinn) oder als Eurobetrag angegeben.

Erklärbeispiel: Elif hat einen Limonadenstand an der Straße aufgebaut und steht in den Osterferien jeden Tag draußen und verkauft fleißig die selbst gemachte Limonade – lecker! Das Geld für den Stand hat sie von ihren Eltern und Freunden bekommen, die dafür einen Anteil der Gewinne, die sie erwirtschaftet, erhalten. Weil das Geschäft so gut läuft, macht sie ganz viele Einnahmen und kann ihre Ausgaben für Zutaten und Angestellte (Papa, der die Limonade zubereitet) ganz leicht bezahlen. Die Anteilseignerinnen des Limonadenstandes (ihre Eltern und Freunde) können nun entscheiden, welcher Teil der Gewinne an sie ausgezahlt werden soll und wie viel in das Unternehmen investiert werden soll, damit Elif noch mehr Limonadenstände in der Nachbarschaft aufbauen kann.

Female Finance Forum: Das Start-up bringt (vor allem) Frauen den Umgang mit Geld und das nachhaltige Investieren bei. In Vorträgen und Workshops bietet das Female Finance Forum Frauen das notwendige Wissen, ihre Finanzen in die eigenen Hände zu nehmen und so finanzielle Unabhängigkeit zu erreichen.

Fonds: Ein Fonds bündelt das Geld vieler Anlegerinnen und Anleger. Er investiert damit in ganz viele verschiedene Aktien oder Anleihen. Dabei gibt es unterschiedliche Arten von Fonds, unter anderem:

- **Aktiver Fonds:** Ein aktiver Fonds ist der klassische Aktienfonds, wie Sie ihn von Ihrer Bank kennen: Das Fondsmanagement entscheidet aktiv (daher der Name), welche Unternehmen gekauft werden.
- **ETF:** ETF steht für Exchange Traded Fund, also börsengehandelter Fonds. Bei einem ETF gibt es kein Fondsmanagement, das entscheidet, welche Aktien gekauft werden, sondern einen Computer. Der Computer folgt einem Aktienindex, also einer vorgegebenen Definition, ohne darüber nachzudenken und ohne sie

zu hinterfragen. Dadurch sind ETFs günstiger als aktive Fonds, was Ihre Rendite steigert.

Erklärbeispiel: Ein Fonds ist wie ein Eintopf. Das einzelne Wertpapier (Aktie, Anleihe …) ist eine Zutat (Erbsen, Karotten …). Werden sie zusammengefasst, wird ein leckerer Eintopf daraus.

Inflation: Inflation bezeichnet einen über einen längeren Zeitraum anhaltenden Anstieg des Preisniveaus. Um Preisstabilität zu gewährleisten, strebt die Europäische Zentralbank mittelfristig eine Inflationsrate von 2 Prozent an. In der Praxis bedeutet das, dass Ihr Geld kontinuierlich weniger wert ist.

Erklärbeispiel: Eine Kugel Eis kostete letztes Jahr wahrscheinlich weniger als dieses Jahr. Wenn Sie noch weiter in die Vergangenheit schauen (Ihre Kindheit, die Kindheit Ihrer Eltern), dann war das Eis damals ungleich günstiger; Inflation ist also kein neues Phänomen. Das Geld, mit dem Sie bezahlen, bleibt gleich (1 € ist 1 €); das Eis, das Sie dafür bekommen, wird aber immer kleiner.

ISIN (auf Deutsch WKN): International Securities Identification Number/Wertpapierkennnummer. Jedes Wertpapier (s. u.) hat eine individuelle Kombination aus Buchstaben und Zahlen, mit der es eindeutig identifizierbar ist. Wenn Sie z. B. ETFs vergleichen, ist es gut, immer von der ISIN oder der WKN zu reden; so vermeiden Sie Verwechslungen. Die ISIN ist der internationale Standard und daher weiter verbreitet als die WKN.

Kryptowährung: Kryptowährungen sind digitale oder virtuelle Währungen, die auf der Blockchain-Technologie basieren. Kryptowährungen bieten eine dezentrale Form des Finanzwesens und ermöglichen es Menschen, Transaktionen ohne die Beteiligung traditioneller Finanzinstitute durchzuführen. Sie versprechen Anonymität in einem regulierten Finanzmarkt.

Rendite: Rendite ist der Gewinn oder Verlust Ihrer Geldanlage; sie kann also positiv oder negativ sein. Das können Zinsen sein (auf dem Konto), Wertsteigerung (Ihrer Immobilie) oder Kurssteigerung (Ihrer Aktien- und Anleiheninvestitionen); negative Rendite resultiert aus Kontoführungsgebühren, einem Börsencrash oder einem Wertverlust Ihrer Immobilie.

Erklärbeispiel: Rafael hat sein Geld in Aktien einer Bäckerei investiert (analog zu oben besitzt er also mehrere Kuchenstücke eines Kuchens). Die Bäckerei läuft sehr gut, da viele Menschen Kuchen, Brot und andere Backwaren kaufen. Das Unternehmen wird immer beliebter und die einzelne Aktie daher immer mehr wert. Würde Rafael jetzt seine Aktien verkaufen, würde er mehr Geld bekommen, als er vor einem Jahr ausgegeben hat. Somit hätte er positive Rendite erwirtschaftet.

Wertpapier: Der Begriff stammt noch aus der Zeit, als Handel analog und mit Papierurkunden betrieben wurde. Das Wertpapier war eine Urkunde, die die Besitzansprüche (z. B. Unternehmensanteile) bescheinigte. Heute haben wir keine Urkunde mehr zu Hause, sondern einen elektronischen Nachweis im Depot.

Erklärbeispiel: Wertpapiere stammen aus der Zeit vor Computern und Handys. Früher wurden Stift und Papier genutzt, um Anlageklassen wie Aktien oder Häuser zu kaufen. So hatte man eine Urkunde (ein Wertpapier), die ganz klar regelte, wem welche Aktie gehört. Heute wird das alles online geregelt, und wir besitzen keine Urkunden aus Papier mehr.

Zinsen: Zinsen sind Gebühren, die für die Nutzung von geliehenem Geld gezahlt werden. Der Zinssatz wird in der Regel als Prozentsatz des geliehenen Betrags ausgedrückt. Zinsen beeinflussen die Investitionstätigkeit, den Konsum und das Sparverhalten der Menschen. Sie spielen eine zentrale Rolle, um die Inflation zu kontrollieren und das Wirtschaftswachstum zu steuern.

Erklärbeispiel: Zinsen sind die Belohnung darauf, vorübergehend auf etwas zu verzichten, um langfristig mehr Gewinne zu bekommen. Im Stanford Marshmallow-Experiment wurden Kinder in einen Raum gebracht, in dem ein Marshmallow auf einem Tisch auf das jeweilige Kind wartete. Die Forscher erklärten den Kindern, dass sie das Marshmallow essen könnten, wenn sie wollten. Wenn sie aber darauf warteten, bis der Forscher zurückkam (etwa 15 Minuten später), würden sie als Belohnung zwei Marshmallows bekommen. So funktionieren Zinsen: Kurzer Verzicht kann sich später doppelt auszahlen.

Weitere Inspirationen für Kinder

Kapitel- und themenübergreifende Ressourcen

Kohle, Cash und Pinkepinke: Der hr2 Kinderfunk-Kolleg www.kinderfunkkolleg-geld.de/themen

Checker Tobi: Der Geld-Check www.kika.de/checker-welt/checker-reportagen/checker-tobi/videos/der-geld-check-100

Connie bekommt Taschengeld (Liane Schneider, Annette Steinhauer)

Martys erstes Geld (Mara Catherine Harvey, Mariajose Gajate Molina)

Mein Geld. Dein Geld. (Mike Schäfer, Meike Töpperwien)

Jetzt geht's ums Geld. Einfach verstehen (Eddie Reynolds, Marco Bonatti)

Ein Hund namens Money (Bodo Schäfer)

Die Geldexperten. Laila, Mia, Felix und die Deutsche Bundesbank. (Deutsche Bundesbank)

Ich Kann Das (NOCH) Nicht (Esther Pia Cordova)

Kapitel 1

Checker Tobi: Der Geld-Check www.kika.de/checker-welt/checker-reportagen/checker-tobi/videos/der-geld-check-100

Geolino: Geldnamen rund um die Welt: www.geo.de/geolino/mensch/3255-rtkl-kultur-geldnamen-rund-um-die-welt

Kinderfunkkolleg: Was passiert, wenn Geld seinen Wert verliert? www.kinderfunkkolleg-geld.de/themen/Was-passiert-wenn-das-Geld-seinen-Wert-verliert

Kinderfunkkolleg: Woher kommen die vielen Namen für Geld? www.kinderfunkkolleg-geld.de/themen/Woher-kommen-die-vielen-Namen-f%C3%BCr-Geld

Sendung mit der Maus: Wie werden Geldscheine gedruckt? www.wdrmaus.de/filme/sachgeschichten/geldschein.php5

Kapitel 2

Ein guter Plan Werte-Kompass: https://einguterplan.de/werte-test

Kapitel 3

Kinderfunkkolleg: Was kann man tun, um an eigenes Geld zu kommen? www.kinderfunkkolleg-geld.de/themen/Was-kann-man-tun-um-an-eigenes-Geld-zu-kommen

ZDF Logo: 3 Tipps zum Sparen www.zdf.de/kinder/logo/videos/sparen-tipps-einfach-erklaert-100.html

Kapitel 4

Geld verstehen (Deutsche Bundesbank) www.bundesbank.de/de/publikationen/schule-und-bildung/geld-verstehen-614440

Kapitel 5

ZDF Logo: Achtung Abzocke: www.zdf.de/kinder/logo/in-app-kaeufe-handy-einfach-erklaert-100.html

NDR: Mit Klarna in die Schuldenfalle: www.youtube.com/watch?v=1i_2-H3Yxlo

Literatur

Barišić, Manuela & Consiglio, Valentina Sara: *Frauen auf dem deutschen Arbeitsmarkt. Was es sie kostet, Mutter zu sein.* Bertelsmann Stiftung, 2020.

Blue Ocean: *Forsa-Studie für Blue Ocean Entertainment zeigt: Mädchen bekommen weniger Taschengeld als Jungen!* 12.07.2021. Abgerufen von www.blue-ocean.de/presse/presseartikel/detail/forsa-studie-fuer-blue-ocean-entertainment-zeigt-maedchen-bekommen-weniger-taschengeld-als-jungen

Böhnke, Petra: *Gleichheit und Sicherheit als Voraussetzung für Lebensqualität?* In: WSI-Mitteilungen 4/2011, Seiten 163–170.

Bücker, Teresa: *Alle_Zeit.* Ullstein, 2022.

Bundesministerium der Finanzen: *Das ändert sich 2023.* Abgerufen im Oktober 2023 von www.bundesfinanzministerium.de/Content/DE/Standardartikel/Themen/Steuern/das-aendert-sich-2023.html

Bundesministerium der Finanzen, Bundesministerium für Bildung und Forschung: *Eckpunkte für finanzielle Bildung.* März 2023. Abgerufen von www.bundesfinanzministerium.de/Content/DE/Downloads/Internationales-Finanzmarkt/eckpunkte-fuer-finanzielle-bildung.pdf?__blob=publicationFile&v=9

Bundesministerium für Arbeit und Soziales: *Alterssicherungsbericht 2020.*

Bundesministerium für Familie, Senioren, Frauen und Jugend: *Väterreport 2023. Entwicklungen und Daten zur Vielfalt der Väter in Deutschland.*

Bundesverband deutscher Banken: *Finanzwissen der Deutschen.* 2022.

Bürgerliches Gesetzbuch, § 1360.

Clear, James: *Atomic Habits.* Penguin Random House, 2018.

Cooper, Sarah: *Wie du erfolgreich wirst, ohne die Gefühle von Männern zu verletzen: Das wahrscheinlich wichtigste Buch für Frauen in der Arbeitswelt.* Mentor Verlag, 2021.

Deutsche Rentenversicherung: *Statistik der Deutschen Rentenversicherung: Ergebnisse auf einen Blick.* Juli 2023.

Deutsches Aktieninstitut e. V.: *Kurvenlage. Halbjahresbericht des Deutschen Aktieninstituts. 1. Halbjahr 2023.* Frankfurt am Main, 2023.

Deutsches Jugendinstitut: *Taschengeld.* Abgerufen im Oktober 2023 von www.dji.de/themen/jugend/taschengeld.html

Deutschlandfunk: *Bargeld. Was für und gegen eine Abschaffung spricht.* 28.10.2023. Abgerufen von www.deutschlandfunk.de/bargeld-abschaffung-digital-girokonto-102.html

Dittmann, Anne: *solo, selbst & ständig: Was Alleinerziehende wirklich brauchen.* Kösel, 2023.

Dubbert, Nicole & Hufnagel, Rainer: *Taschengeld und Sparverhalten bei Grundschulkindern.* Institut für Ökonomische Bildung, 2006.

Fratzscher, Marcel: »Warum jeder gerne Mittelschicht wäre«. Zeit Online, 8.09.2023. Abgerufen von www.zeit.de/wirtschaft/2023-09/gesellschaftliche-mitte-mittelschicht-studien-einkommen-deutschland

Fröhlich, Laura: *Die Frau fürs Leben ist nicht das Mädchen für alles!* Kösel, 2020.

Groll, Klaus Michael: *Vererben mit Sinn und Verstand*, Schriftenreihe des Deutschen Forums für Erbrecht E.V., 2010.

Hacke, Detlef: »Taschengeld ist schlecht fürs Kind«. Spiegel Online, 15.12.2019. Abgerufen von www.spiegel.de/panorama/taschengeld-warum-eine-mutter-ihren-kindern-nichts-gibt-a-de5ff967-e431-47b5-a99f-e5c4c0aad911

Hain, Lukas & Wrohlich, Katharina: »Mädchen und Jungen bekommen in Deutschland gleich viel Taschengeld«. DIW Wochenbericht 19/2022, S. 276–280. Abgerufen von www.diw.de/de/diw_01.c.841052.de/publikationen/wochenberichte/2022_19_1/maedchen_und_jungen_bekommen_in_deutschland_gleich_viel_taschengeld.html

Handelsblatt: »Zufriedenheit und Motivation von Arbeitnehmern nimmt laut Studie ab«. 19.05.2023. Abgerufen von www.handelsblatt.com/karriere/job-zufriedenheit-und-motivation-von-arbeitnehmern-nimmt-laut-studie-ab/29160164.html

Hurrelmann, Klaus, Karch, Heribert & Traxler, Christian: *MetallRente Studie 2022: Jugend Vorsorge Finanzen. Zwischen sozialstaatlichem Anspruch und Individualisierung*, Beltz Juventa, 2022.

Imlau, Nora: *Meine Grenze ist dein Halt.* Beltz, 2022.

Kiyosaki, Robert: *Rich Dad Poor Dad.* FinanzBuch Verlag, 2014.

Kleven, H.; Landais, C.; Posch, J.; Steinhauer, A.; Zweimüller, J.: *Child Penalties across Countries: Evidence and Explanations.* NBER Working Paper No. 25524, 2019.

Kommer, Gerd: *Kaufen oder Mieten*. Campus Verlag, 2021.

Kompetenzzentrum Technik-Diversity-Chancengleichheit e. V.: *Eltern und die berufliche Orientierung ihrer Kinder. Gatekeeper zwischen Berufswünschen und Geschlechterklischees,* 2023.

Lange, Elmar & Fries, Karin: *Jugend und Geld 2005*, IJF Institut für Jugendforschung, 2006.

Maslow, Abraham H.: *Motivation und Persönlichkeit*. Rowohlt Taschenbuch, 1981.

Niessen-Ruenzi, Alexandra & Mueden, Vanessa: *Financial Socialization and the Gender Investent Gap,* 2023.

OECD: *Financial Education*. Abgerufen im November 2023 von www.oecd.org/finance/financial-education/oecdpisafinancialliteracyassessment.htm

Piesker, Marilena: »Warum Frauen weniger erben und trotzdem mehr Steuern zahlen«. Zeit Online. 5.11.2023. Abgerufen von www.zeit.de/geld/2023-10/frauen-erbschaftssteuer-schenkungssteuer-gender-tax-gap

Reiche, Matthias: Pläne der EU. Gesetzentwurf zum digitalen Euro vorgestellt. Tagesschau. 28.06.2023. Abgerufen von www.tagesschau.de/wirtschaft/finanzen/digitaler-euro-100.html

Rex, Michael: *Wants vs. Needs vs. Robots*. Penguin Random House, 2023.

Ritz, Manuela: *Adultismus und Kritisches Erwachsensein*. UNRAST Verlag, 2022.

Schnetzer, Simon & Hurrelmann, Klaus: *Jugend in Deutschland – Winter 2022/23.*

Schömann-Finck, Clemens: »Mit seiner Sparbuch-Romantik sendet Olaf Scholz ein faltales Signal an alle Sparer«. Focus-Online, 19.09.2019. Abgerufen von www.focus.de/finanzen/boerse/sparbuch-romantik-olaf-scholz-sendet-ein-fatales-signal-an-alle-sparer_id_11149190.html

Spiegel Online: »Fast jedem Dritten fehlen Rücklagen für unerwartete Ausgaben«. 05.10.2022. Abgerufen von www.spiegel.de/wirtschaft/soziales/finanznot-in-deutschland-fast-jedem-dritten-fehlen-ruecklagen-fuer-unerwartete-ausgaben-a-36aadda4-2eff-47ce-b9a5-0d836b517e99

Statista, *Anzahl der weltweit verwalteten ETFs von 2005 bis 2022.* Abgerufen im November 2023 von https://de.statista.com/statistik/daten/studie/219379/umfrage/anzahl-der-etfs-weltweit-seit-1997/
Statistisches Bundesamt: *Maßzahlen zu Ehescheidungen.* 28.06.2022. Abgerufen von www.destatis.de/DE/Themen/Gesellschaft-Umwelt/Bevoelkerung/Eheschliessungen-Ehescheidungen-Lebenspartnerschaften/Tabellen/masszahlen-ehescheidungen.html#:~:text=Somit%20wurde%202022%20bei%20einer,Nur%20gemischtgeschlechtliche%20Eheschließungen%20und%20Ehescheidungen.
STYLEBOOK: *Beauty Impact Report 2023.* Axel Springer Deutschland GmbH. 2023.
Tully, Claus & van Santen, Eric: »Das verfügbare Geld im Jugendalltag von 13- bis 17-jährigen Schülern und Schülerinnen: Empirische Ergebnisse«. Diskurs Kindheits- und Jugendforschung, 7(2), 197 – 207, 2012.
Vandenhirtz, Marie: »So beeinflussen Eltern das Finanzverhalten ihrer Kinder«. Süddeutsche Zeitung. 29.08.2023. Abgerufen von www.sueddeutsche.de/wirtschaft/psychologie-geld-eltern-kinder-finanzverhalten-bildung-1.6174551?reduced=true
Vervecken, Dries, & Hannover, Bettina: »Yes I can! Effects of gener fair job descriptions on children›s perceptions of job status, job difficulty and vocational self-efficacy«. Social Psychology, 46, S. 76 – 92, 2015.
Von St. Ange, Caroline: *Alles ist SCHWER, bevor es LEICHT wird.*
Rowohlt, 2023.
Watzlawick, Paul: *Anleitung zum Unglücklichsein.* Piper, 2000.

Abbildungsnachweis

Alle Abbildungen und Tabellen, die nicht durch einen anderen Quellennachweis kenntlich gemacht wurden, stammen von den Autorinnen.

Anmerkungen

1 Laut einer Studie, die im Auftrag von der Beratungsgesellschaft Ernst & Young durchgeführt wurde, sind 17 Prozent der Befragten mit ihrem Job eher oder komplett unzufrieden. (Vgl. Handelsblatt: Zufriedenheit und Motivation von Arbeitnehmern nimmt laut Studie ab. 19.05.2023)

2 Der STYLEBOOK – *beauty impact report 2023* hat schockierende Zahlen herausgefunden: 34 Prozent der Frauen gehen davon aus, dass eine Trennung zu finanziellen Problemen führen würde. Und 13 Prozent der Frauen bleiben nur aus finanziellen Gründen in ihrer Beziehung.

3 Bundesverband deutscher Banken: *Finanzwissen der Deutschen*. 2022.

4 Eine kind- (und erwachsenen-)gerechte Erklärung von Inflation finden Sie hier: www.kinderfunkkolleg-geld.de/themen/Was-passiert-wenn-das-Geld-seinen-Wert-verliert

5 Vervecken, D., Hannover, B.: *Yes I can! Effects of gender fair job descriptions on children's perceptions of job status, job difficulty, and vocational self-efficacy.* Social Psychology, 46, 76–92. 2015.

6 OECD: *Financial Education*. Stand November 2023.

7 Die letzte PISA-Studie zur finanziellen Bildung von 15-Jährigen kam 2018 raus und ist abrufbar unter https://read.oecd-ilibrary.org/education/pisa-2018-results-volume-iv_48ebd1ba-en#page1

8 Bundesministerium der Finanzen, Bundesministerium für Bildung und Forschung: *Eckpunkte für finanzielle Bildung*. März 2023.

9 Die Fragen stammen aus dem Buch *Atomic Habits* von James Clear (S. 54) und wurden für das Thema Finanzen angepasst.

10 Welche Spitznamen Geld in anderen Ländern hat, können Sie hier anschauen: www.geo.de/geolino/mensch/3255-rtkl-kultur-geldnamen-rund-um-die-welt
Und die Ursprünge der verschiedenen Namen für Geld in Deutschland sehen Sie hier: www.kinderfunkkolleg-geld.de/themen/Woher-kommen-die-vielen-Namen-f%C3%BCr-Geld

11 Lassen Sie sich von der Maus erklären, wie Geldscheine hergestellt werden: www.wdrmaus.de/filme/sachgeschichten/geldschein.php5

12 Mag Ihr Kind Checker Tobi? Dann können wir Ihnen sein Video zum Thema Geld wärmstens empfehlen: www.kika.de/checker-welt/checker-reportagen/checker-tobi/videos/der-geld-check-100

13 www.femalefinanceforum.de/digitaler-fussabdruck/

14 Die Entstehung von Geld können Sie hier ansehen: www.kinderfunkkolleg-geld.de/themen/wie-ist-das-geld-entstanden

15 Wirtschaftliche Bildung an allgemeinbildenden Schulen – Bericht der Kultusministerkonferenz vom 19.10.2001 i. d. F. vom 27.06.2008.

16 Hurrelmann, Klaus, Karch, Heribert & Traxler, Christian: MetallRente Studie 2022: Jugend Vorsorge Finanzen. Zwischen sozialstaatlichem Anspruch und Individualisierung, Beltz Juventa, S. 77. Befragt wurden junge Menschen zwischen 17 und 27 Jahren.

17 Vgl. Hurrelmann, Klaus, Karch, Heribert & Traxler, Christian: MetallRente Studie 2022: Jugend Vorsorge Finanzen. Zwischen sozialstaatlichem Anspruch und Individualisierung, Beltz Juventa, S.77–78.

18 Hurrelmann, Klaus, Karch, Heribert & Traxler, Christian: MetallRente Studie 2022: Jugend Vorsorge Finanzen. Zwischen sozialstaatlichem Anspruch und Individualisierung, Beltz Juventa, S. 41.

19 Vgl. Mueden, Vanessa & Niessen-Ruenzi, Alexandra: Financial Socialization and the Gender Investment Gap, S.6 & S. 12.

20 Falls Sie sich in die Thematik »Mental Load« weiter einlesen wollen, können wir z. B. *solo, selbst & ständig: Was Alleinerziehende wirklich brauchen* von Anne Dittmann, *Die Frau fürs Leben ist nicht das Mädchen für alles!* von Laura Fröhlich und *Alle_Zeit* von Teresa Bücker empfehlen. Emma Clit hat das Thema treffend in einem Comic dargestellt (https://english.emmaclit.com/my-book/).

21 Keine zwei Monate nach Bannisters Rekord gelang es John Landy, die Meile in 3:58:00 Minuten zu laufen; den aktuellen Rekord hält Hicham El Guerrouj mit 3:43:13 Minuten.

22 Die Bezeichnungen Growth Mindset und Fixed Mindset gehen auf die Autorin Carol Dweck zurück und werden im Deutschen oft mit »Wachstumshaltung« und »Statische/festgelegte Haltung« übersetzt. Da diese Übersetzungen sowohl etwas holprig als auch irreführend sind, verwenden wir die englischen Bezeichnungen.

23 Die Idee stammt aus dem Buch *Alles ist SCHWER, bevor es LEICHT ist. Wie Lernen gelingt* von Caroline von St. Ange, S. 34.

24 Die Übung stammt aus dem Buch *Alles ist SCHWER, bevor es LEICHT ist. Wie Lernen gelingt* von Caroline Von St. Ange, S. 25 f.
25 Watzlawick, Paul: *Anleitung zum Unglücklichsein.* 2000. S. 37 ff. und S. 105 ff.
26 ZDF Logo hat einige Tipps zum Sparen gesammelt: www.zdf.de/kinder/logo/videos/sparen-tipps-einfach-erklaert-100.html
27 Für asexuelle Menschen zählt Sexualität nicht zu den Grundbedürfnissen.
28 Diese Bedürfnispyramide wurde erstmalig entwickelt von Abraham H. Maslow in *Motivation und Persönlichkeit.*
29 Das Beispiel wurde adaptiert aus dem englischsprachigen Kinderbuch *Wants vs. Needs vs. Robots von* Michael Rex.
30 Quelle: https://einguterplan.de/werte-test abgerufen am 03.11.2023.
31 Eine gute Erklärung, wie Kredite (Schulden) entstehen, gibt es hier: www.kinderfunkkolleg-geld.de/themen/Was-ist-ein-Kredit
32 Kiyosaki, Robert: *Rich Dad Poor Dad*, Erstauflage 1994.
33 Spiegel Online: *Fast jedem Dritten fehlen Rücklagen für unerwartete Ausgaben.* 05.10.2022.
34 Bürgerliches Gesetzbuch § 1360. Birte Strack, Anwältin für Familienrecht, beschreibt die Problematik u. a. in Ihrem Blog https://birtestrack.de/care-arbeit-und-mental-load-die-unsichtbare-belastung-von-muttern/
35 Statistisches Bundesamt: *Maßzahlen zu Ehescheidungen.* 28.06.2022.
36 Im Osten Deutschlands arbeiten traditionell mehr Frauen in Vollzeit, sie bleiben kürzer in Erziehungszeiten und kehren seltener nur in Teilzeit in den Beruf zurück. Es wäre also eine gute Idee, auf der Suche nach Vorbildern den Blick dorthin zu richten.
37 Marcel Fratzscher hat in seiner Kolumne in der ZEIT (»Weg mit diesem Überbleibsel aus dem Patriarchat«, 14.07.2023) vorgerechnet, dass der Staat durch die Abschaffung des Ehegattensplittings hohe Ersparnisse hätte. Wir finden, diese Ersparnisse ließen sich hervorragend für eine solide Kindergrundsicherung nutzen.
38 Deutsches Jugendinstitut, abgerufen am 02.11.2023 von www.dji.de/themen/jugend/taschengeld.html
39 Hain, Lukas & Wrohlich, Katharina: *Mädchen und Jungen bekommen in Deutschland gleich viel Taschengeld.* DIW Wochenbericht 19/2022, S. 276–280.
40 Blue Ocean: *Forsa-Studie für Blue Ocean Entertainment zeigt: Mädchen bekommen weniger Taschengeld als Jungen!* 12.07.2021.

41 Vandenhirtz, Marie: *So beeinflussen Eltern das Finanzverhalten ihrer Kinder.* Süddeutsche Zeitung. 29.08.2023.

42 Deutschlandfunk: *Bargeld. Was für und gegen eine Abschaffung spricht.* 28.10.2023.

43 Reiche, Matthias: *Pläne der EU. Gesetzentwurf zum digitalen Euro vorgestellt.* Tagesschau. 28.06.2023.

44 Vgl. Lange, Elmar & Fries, Karin: *Jugend und Geld 2005.* 2006, und Dubbert, Nicole & Hufnagel, Rainer: *Taschengeld und Sparverhalten bei Grundschulkindern.* 2006.

45 Hacke, Detlef: *Taschengeld ist schlecht fürs Kind.* Spiegel Online, 15.12.2019.

46 Nora Imlau: *Meine Grenze ist dein Halt.* Beltz, 2022, S. 29 f.

47 Vgl. Manuela Ritz, *Adultsimus und Kritisches Erwachsensein*, 2022.

48 Kostenlose Wunschzettel-Apps sind zum Beispiel Starsnoopy, Wunschbiber, Wishly und Bitte kaufen.

49 Mehr zum Thema »Risikolebensversicherung über Kreuz« können Sie z. B. bei Finanztip nachlesen: www.finanztip.de/risikolebensversicherung/

50 www.finanztip.de/pflege/kosten-pflegeheim/

51 Halbjahresbericht des Deutschen Aktieninstituts (1. Halbjahr 2023).

52 Die Deutsche Rentenversicherung bietet viele Informationen, Berechnungshilfen und Unterstützung auf Ihrer Homepage: www.deutsche-rentenversicherung.de/DRV/DE/Home/home_node.html

53 Statistik der Deutschen Rentenversicherung: *Ergebnisse auf einen Blick.* Juli 2023.

54 Sie können das Dokument »Antrag auf Feststellung von Kindererziehungszeiten/Berücksichtigungszeiten wegen Kindererziehung« auf der Homepage der Deutschen Rentenversicherung herunterladen: www.deutsche-rentenversicherung.de/SharedDocs/Formulare/DE/_pdf/V0800.html

55 Kleven, Landais, Posch, Steinhauer, Zweimüller: *Child Penalties Across Countries: Evidence and Explanations.* 2019.

56 Barišić, Manuela & Consiglio, Valentina Sara: *Frauen auf dem deutschen Arbeitsmarkt. Was es sie kostet, Mutter zu sein.* Bertelsmann Stiftung, 2020.

57 Bundesministerium für Familie, Senioren, Frauen und Jugend: Väterreport 2023.

58 Barišić & Consiglio, 2020.

59 Barišić & Consiglio, 2020.
60 Bundesmininsterium für Arbeit und Soziales, Alterssicherungsbericht 2020.
61 www.finanztip.de/vermoegenswirksame-leistungen/
62 Schömann-Finck, Clemens: *Mit seiner Sparbuch-Romantik sendet Olaf Scholz ein fatales Signal an alle Sparer.* Focus-Online, 19.09.2019.
63 Vgl. Gerd Kommer: *Kaufen oder mieten*, S. 14.
64 Statista, *Anzahl der weltweit verwalteten ETFs von 2005 bis 2022.*
65 Falls Sie bei verschiedenen Banken oder Kreditinstituten Kapitalerträge generieren (auch einfach durch Konten bei verschiedenen Banken) und den Freistellungsauftrag verteilen, sollten Sie darauf achten, dass Sie die Gesamthöhe des Sparerpauschbetrags nicht überschreiten. Das Finanzamt wittert sonst Steuerhinterziehung, worauf es gar nicht gut zu sprechen ist.
66 Für weitere Informationen rund um BAföG können Sie sich bei Finanztip (www.finanztip.de/bafoeg/) und auf dem Blog des Female Finance Forums (www.femalefinanceforum.de/mehr-bafoeg/) informieren.
67 Wenn Sie sich vertiefend über Kryptowährungen informieren wollen, können wir z. B. die Expertise von femmecapital (www.femmecapital.de/) oder den Podcast Block52 (https://txbh7f.podcaster.de/) von Katharina Gehra empfehlen.
68 In dieser Berechnung lassen wir Inflation, Zinsen und Steuern unberücksichtigt.
69 Der ADAC rechnet 2023 mit Kosten für den Führerschein zwischen 2100 € und 4450 € (www.adac.de/verkehr/rund-um-den-fuehrerschein/erwerb/fuehrerschein-kosten/). Wir nehmen für dieses Beispiel den Mittelwert von 3325 €. Übrigens sind wir nicht der Meinung, dass jeder Mensch selbstverständlich ein Auto besitzen muss. Der Führerschein ist einfach nur ein weitverbreiteter Wunsch, ebenso wie eine Reise nach dem Schulabschluss.
70 Um noch mehr Ideen zu bekommen, können Sie sich hier inspirieren lassen: www.kinderfunkkolleg-geld.de/themen/Was-kann-man-tun-um-an-eigenes-Geld-zu-kommen
71 Deutsches Jugendinstitut, abgerufen im September 2023 von www.dji.de/themen/jugend/taschengeld.html
72 www.finanztip.de/girokonto/kinderkonto/
73 Simon Schnetzer und Klaus Hurrelmann: *Jugend in Deutschland – Trendstudie Winter 2022/23.*

74 Hier gibt es eine gute Warnung, wie schnell man am Handy in die Schuldenfalle geraten kann: www.zdf.de/kinder/logo/in-app-kaeufe-handy-einfach-erklaert-100.html

75 Der NDR hat hierzu ein gutes Video erstellt: www.youtube.com/watch?v=1i_2-H3Yxlo

76 www.zinsen-berechnen.de/sparrechner.php

77 Die Unterschiede zwischen gesetzlicher und privater Krankenversicherung können Sie z. B. bei Finanztip nachlesen: www.finanztip.de/krankenversicherung/

78 Kompetenzzentrum Technik-Diversity-Chancengleichheit e. V.: *Eltern und die berufliche Orientierung ihrer Kinder.* 2023.

79 www.brutto-netto-rechner.info/

80 www.brutto-netto-rechner.info/

81 Barišić & Consiglio, 2020.

82 Bundesministerium für Familie, Senioren, Frauen und Jugend, *Väterreport 2023.*

83 Barišić & Consiglio, 2020.

84 www.finanztip.de/steuererklaerung/

85 2023 lag der Grundfreibetrag bei 10 908 €. Für 2024 ist laut Bundesministerium der Finanzen eine Anhebung auf 11 604 € vorgesehen. (www.bundesfinanzministerium.de/Content/DE/Standardartikel/Themen/Steuern/das-aendert-sich-2023.html)

86 www.femalefinanceforum.de/downloads

87 Petra Böhnke: *Gleichheit und Sicherheit als Voraussetzung für Lebensqualität?* Wissenschaftszentrum Berlin, 2011.

88 www.finanztip.de/todesfall/beerdigungskosten/

89 Marilena Piesker: »Warum Frauen weniger erben und trotzdem mehr Steuern zahlen«, Zeit Online, 07.11.2023.

90 Marcel Fratzscher: »Warum jeder gerne Mittelschicht wäre«, Zeit Online, 08.09.2023.

91 Diese fünf Kriterien stammen aus: Prof. Dr. Klaus Michael Groll: *Vererben mit Sinn und Verstand,* 2010.